ERNST VOLLMER

Die wirtschaftliche Deutung der Rechtsprechung zum Montanvertrag

Schriften zum Wirtschaftsrecht

Band 5

Die wirtschaftliche Deutung der Rechtsprechung zum Montanvertrag

Von

Dr. Ernst Vollmer

DUNCKER & HUMBLOT / BERLIN

Gedruckt 1967 bei Alb. Sayffaerth, Berlin 61
Printed in Germany

Vorwort

Obwohl die europäische Integration letztlich auf einen wie auch immer gearteten politischen Zusammenschluß der europäischen Staaten abzielt, steht im Mittelpunkt der bisher unterzeichneten europäischen Verträge die Integration auf dem wirtschaftlichen Sektor. In den europäischen Verträgen — dem Vertrag über die Gründung der Europäischen Gemeinschaft für Kohle und Stahl, dem Vertrag über die Gründung der Europäischen Wirtschaftsgemeinschaft und dem Vertrag zur Gründung der Europäischen Atomgemeinschaft — sind deshalb in weiten Bereichen ökonomische Sachverhalte zum Gegenstand rechtlicher Normierung geworden.

Bei der Anwendung dieser Verträge muß sich der Jurist somit auf ein Gebiet vorwagen, das ihm durch seinen Ausbildungsgang selten genügend vertraut ist. Es besteht daher die Gefahr, daß er sowohl bei der Interpretation einzelner Vertragsnormen als auch bei der Ermittlung und Bewertung der wirtschaftlichen Tatbestände, die er unter diese Normen faßt, durch mangelnde Wirtschaftskenntnis fehlgeleitet wird. Es muß deshalb untersucht werden, ob und in welchem Maße die Wirtschaftswissenschaft der Rechtswissenschaft bei der Anwendung der europäischen Verträge helfen kann[1].

Es liegt nahe, diese Frage auf dem Wege einer teleologischen Vertragsauslegung zu untersuchen. Es wäre also zunächst einmal festzustellen, welche wirtschaftlichen Vorstellungen in die europäischen Verträge Eingang gefunden haben. Anschließend wäre dann zu prüfen, ob und in welchem Ausmaß diese Vorstellungen realisiert werden können und inwieweit die Rechtswissenschaft dabei durch die Wirtschaftswissenschaft unterstützt wird.

Für den juristischen Laien wird dieses Untersuchungsprogramm allerdings dadurch erschwert, daß der Wirtschaftswissenschaft bei der

[1] Diese Frage ist ein Aspekt der allgemeinen Fragestellung nach dem Verhältnis der Wirtschaftswissenschaft zur Rechtswissenschaft, die erst in jüngster Zeit wieder stärker diskutiert wurde. Vgl. Das Verhältnis der Wirtschaftswissenschaften zur Rechtswissenschaft, Soziologie und Statistik, Verhandlungen auf der Arbeitstagung des Vereins für Socialpolitik der Gesellschaft für Wirtschafts- und Sozialwissenschaften in Würzburg 1963, hrsgg. v. Ludwig *Raiser*, Heinz *Sauermann* u. a., in Schriften des Vereins für Socialpolitik der Gesellschaft für Wirtschafts- und Sozialwissenschaften, N. F. Bd. 33, Berlin 1964.

Anwendung der europäischen Verträge im Verhältnis zur Rechtswissenschaft wohl nur der Charakter einer Hilfswissenschaft zugesprochen werden kann. Es muß damit gerechnet werden, daß die wirtschaftlichen Überlegungen nur innerhalb eines Rahmens angestellt werden können, der durch juristische Argumente abgesteckt ist. Diese Schwierigkeit wurde durch das Studium der Rechtsprechung zu den europäischen Verträgen zu umgehen versucht. Es wurde damit gerechnet, daß bei dieser Rechtsprechung im Einzelfall deutlich wird, wie weit die juristischen Überlegungen gehen und welcher Spielraum für wirtschaftliche Überlegungen offen bleibt. Die „Sammlung der Rechtsprechung des Gerichtshofes", deren erste vier Bände vom Gerichtshof der Europäischen Gemeinschaft für Kohle und Stahl veröffentlicht wurden, während die folgenden Bände vom Gerichtshof der Europäischen Gemeinschaften stammen[2], bildet deshalb die Grundlage für diese Arbeit.

Die Fülle des Materials zwang allerdings zu rigoroser Beschränkung. Einmal wurde nur die Rechtsprechung zum Montanvertrag berücksichtigt. Ferner wurde im Rahmen dieser Rechtsprechung nur auf wenige Prozesse eingegangen. Im ersten Teil der Arbeit wurde die Rechtsprechung zur Bergmannsprämie in Deutschland, die Rechtsprechung zur Ausgleichskasse für Hausbrandkohle in Luxemburg und die Rechtsprechung zur Regelung des Schrottmarktes untersucht. Im zweiten Teil der Arbeit wurde die Rechtsprechung zur Regelung des Ruhrkohlenverkaufs behandelt.

Für die Wahl der Rechtsprechung zum Montanvertrag sprechen zwei Überlegungen. Einmal konnte damit gerechnet werden, daß die Rechtsprechung zum Montanvertrag die besten Auswahlmöglichkeiten bietet, weil sich die Rechtsprechung bisher vorwiegend mit dem Montanvertrag befaßt hat. Ein zweiter Grund ergab sich aus der besonderen Struktur des Vertrags. Die grundlegenden Ziele des Montanvertrags sind in den Artikeln 2—5 enthalten. Sie gelten unmittelbar und unbedingt. Werden sie im Einzelfall durch andere Bestimmungen ergänzt, so sind sie mit diesen gemeinsam anzuwenden[3]. Die Artikel 2—5 MV müssen also von der Rechtsprechung stets beachtet werden. Dieser Umstand erlaubte es, der Arbeit eine Untersuchung der Artikel 2—5 MV voranzustellen. Dabei zeigte sich dann, daß in diesen Bestimmungen die wesentlichen wirtschaftlichen Vorstellungen des Vertrags enthalten sind.

Bei der Auswahl einzelner Verfahren aus der Rechtsprechung zum Montanvertrag blieb dem Ermessen ein verhältnismäßig breiter Spiel-

---

[2] *Gerichtshof der Europäischen Gemeinschaft für Kohle und Stahl,* Sammlung der Rechtsprechung des Gerichtshofes, Bd. 1 ff. (1954 ff.), Luxemburg, (ab Bd. 5 hrsgg. v. *Gerichtshof der Europäischen Gemeinschaften).* Die Sammlung erscheint in den vier Amtssprachen der Gemeinschaften.

[3] Vgl. *Sammlung der Rechtsprechung ...,* Bd. 4, S. 251 f.

raum. Es wurde versucht, diejenigen Prozesse auszuwählen, die möglichst zentrale Fragen der wirtschaftlichen Integration Europas berührten[4]. Es war möglich, diese Verfahren in zwei Gruppen zu unterteilen. Eine Gruppe von Verfahren hatte insbesondere die Anwendung der grundlegenden Bestimmungen des Artikels 4 MV zum Gegenstand. Bei der zweiten Gruppe von Verfahren stand die Anwendung des Artikels 65 MV, der wichtigsten Spezialnorm des Vertrags, im Vordergrund.

Diese Arbeit wäre ohne die stetigen Anregungen und ohne die geduldige Förderung meines verehrten Lehrers, Herrn Professor Dr. Norbert Kloten, nie fertig geworden. Ich bin ihm dafür zu großem Dank verpflichtet. Auch Herr Professor Dr. Ernst Steindorff hat sich in Seminaren und persönlichen Gesprächen um die Arbeit verdient gemacht. Ebenso danke ich Herrn Diplom-Volkswirt Hermann Albeck, der mich in vorbildlicher Weise betreut hat. Dem „Institut de la Communauté Européenne pour les Etudes Universitaires" bin ich für die finanzielle Unterstützung bei der Abfassung dieser Arbeit zu Dank verpflichtet. Schließlich möchte ich auch meinen Eltern und allen meinen Freunden an der Universität Tübingen danken, die in langen Jahren nie die Geduld mit mir verloren haben.

Ernst Vollmer

---

[4] Ernst Joachim *Mestmäcker*, Probleme des Bestmöglichen in der Wettbewerbspolitik in: Probleme der normativen Ökonomik und der wirtschaftspolitischen Beratung, Verhandlungen auf der Arbeitstagung des Vereins für Socialpolitik der Gesellschaft für Wirtschafts- und Sozialwissenschaften in Bad Homburg 1962, hrsgg. v. Erwin *v. Beckerath* u. Herbert *Giersch*, Schriften des Vereins für Socialpolitik der Gesellschaft für Wirtschafts- und Sozialwissenschaften, N. F. Bd. 29, Berlin 1963, S. 305 ff., hat Ansatzpunkte zu einer wirtschaftlichen Deutung der Verfahren zum „Monnet-Rabatt" herausgearbeitet. Auf diese Verfahren wird hier nicht eingegangen.

Inhalt

Einleitung

Durch den Montanvertrag wurden die Kohle- und Stahlindustrien der sechs Mitgliedsstaaten der Gemeinschaft in einem Gemeinsamen Markt zusammengeschlossen[1]. Diese Gemeinschaft verfolgt nach Artikel 1 dieses Vertrags gemeinsame Ziele. Die Artikel 2—5 MV geben, wie der Gerichtshof der Europäischen Gemeinschaft für Kohle und Stahl ausgeführt hat, über diese grundlegenden Ziele der Gemeinschaft Aufschluß[2]. Die Bedeutung dieser Zielsetzungen zeigt sich darin, daß diese Artikel 2—5 MV unmittelbar und unbedingt gelten. Haben sie in andere Bestimmungen des Vertrags Eingang gefunden oder werden sie dort näher geregelt, so sind sie mit diesen gemeinsam anzuwenden[3]. Die Zielsetzungen der Artikel 2—5 MV scheinen somit für die Anwendung im Einzelfall unentbehrlich zu sein. Der Untersuchung der ausgewählten Verfahren wird daher eine Diskussion der Artikel 2—5 MV vorangestellt, wobei insbesondere festzustellen versucht wird, welche wirtschaftlichen Vorstellungen Eingang in diese Bestimmungen gefunden haben.

In Artikel 2 MV wird der Gemeinschaft die Aufgabe gestellt, im Einklang mit der Gesamtwirtschaft der Mitgliedstaaten und auf der Grundlage eines Gemeinsamen Marktes zur Ausweitung der Wirtschaft, zur Steigerung der Beschäftigung und zur Hebung der Lebenshaltung in den Mitgliedstaaten beizutragen. Die Gemeinschaft soll nach Artikel 2 Abs. 2 in fortschreitender Entwicklung die Voraussetzungen schaffen, die von sich aus die rationellste Verteilung der Erzeugung auf dem höchsten Leistungsstande sichern. Dabei hat die Gemeinschaft dafür zu sorgen, daß keine Unterbrechung in der Beschäftigung eintritt und zu vermeiden, daß im Wirtschaftsleben der Mitgliedstaaten tiefgreifende und anhaltende Störungen hervorgerufen werden.

Diese der Gemeinschaft allgemein gestellte Aufgabe wird in Artikel 3 durch näher bezeichnete einzelne Ziele konkretisiert. Danach haben die Organe der Gemeinschaft im Rahmen der ihnen zugewiesenen

---

[1] Die Erzeugnisse, die unter den Vertrag fallen, sind in der Anlage I zum Vertrag im einzelnen aufgeführt. Die Anlagen II und III enthalten Sonderbestimmungen für Schrott und Edelstahl.

[2] Vgl. Sammlung der Rechtsprechung ..., Bd. 4, S. 251 f.

[3] Vgl. Sammlung der Rechtsprechung ..., Bd. 4, S. 252.

Befugnisse und im gemeinsamen Interesse für eine geordnete Versorgung des Gemeinsamen Marktes unter Berücksichtigung des Bedarfs dritter Länder zu sorgen (Artikel 3 Buchst. a). Sie haben allen in vergleichbarer Lage befindlichen Verbrauchern gleichen Zugang zur Produktion zu sichern (Artikel 3 Buchst. b) und auf die Bildung niedrigster Preise zu achten (Art. 3 Buchst. c). Nach Artikel 3 Buchst. d haben die Organe der Gemeinschaft dafür zu sorgen, daß Voraussetzungen erhalten bleiben, die für die Unternehmen einen Anreiz bieten, ihr Produktionspotential auszubauen und zu verbessern und eine Politik rationeller Ausnutzung der natürlichen Hilfsquellen unter Vermeidung von Raubbau zu verfolgen. Artikel 3 Buchst. e hat die Verbesserung und Angleichung der Lebens- und Arbeitsbedingungen der Arbeiter zum Ziel, während die Gemeinschaftsorgane in Artikel 3 Buchst. f angehalten werden, die Entwicklung des zwischenstaatlichen Austausches zu fördern und dafür zu sorgen, daß bei den Preisen auf den auswärtigen Märkten angemessene Grenzen eingehalten werden. Schließlich ist nach Artikel 3 Buchst. g die geordnete Ausweitung und Modernisierung der Erzeugung sowie die Verbesserung der Qualität so zu fördern, daß Schutzmaßnahmen gegen Konkurrenzunternehmen nur dann ergriffen werden, wenn sie durch eine von diesen Unternehmen oder zu ihren Gunsten vorgenommene unzulässige Handlung gerechtfertigt sind.

Artikel 4 MV bestimmt die Wesensmerkmale des Gemeinsamen Marktes[4], die er in negativer Form durch Verbote kennzeichnet. Artikel 4 Buchst. a untersagt Ein- und Ausfuhrzölle oder Abgaben gleicher Wirkung sowie mengenmäßige Beschränkungen des Warenverkehrs. Artikel 4 Buchst. b verbietet Maßnahmen oder Praktiken, die eine Diskriminierung zwischen Erzeugern oder Verbrauchern herbeiführen sowie Maßnahmen oder Praktiken, die den Käufer an der freien Wahl seines Lieferanten hindern. In Artikel 4 Buchst. c werden schließlich von den Staaten bewilligte Subventionen oder Beihilfen oder von ihnen auferlegte Sonderlasten verboten, während Artikel 4 Buchst. d einschränkende Praktiken untersagt, die auf eine Aufteilung oder Ausbeutung der Märkte abzielen.

Schließlich stellt Artikel 5 MV fest, daß die Gemeinschaft ihre Aufgabe durch begrenzte Eingriffe erfüllt und zu diesem Zweck insbesondere für die Schaffung, Aufrechterhaltung und Beachtung normaler Wettbewerbsbedingungen sorgt.

Diese knappe Darstellung der Artikel 2—5 MV zeigt, daß im Montanvertrag wirtschaftliche, soziale und politische Ziele[5] verfolgt werden.

---

[4] Diese Formulierung geht auf Art. 2 MV zurück.

[5] Die politischen Vorstellungen des Vertrages klingen u. a. in der huma-

Es ist hier nicht möglich, diese vielfältigen Ziele in umfassender Weise zu beschreiben. Immerhin läßt sich auch so nicht verkennen, daß in diesen Artikeln 2—5 MV den wirtschaftlichen und sozialen Zielen, die Art. 2 MV durch die Begriffe „Ausweitung der Wirtschaft" und „Steigerung der Beschäftigung" kennzeichnet, eine überragende Bedeutung zukommt. Es wird deshalb versucht, wenigstens diese wirtschaftlichen und sozialen Ziele der Art. 2—5 MV deutlicher herauszuarbeiten.

Artikel 3 MV verdeutlicht zunächst, welch weiten Bereich diese Ziele umspannen. „Sie erstrecken sich auf den Schutz der Verbraucher (geordnete Versorgung, gleicher Zugang zur Produktion, niedrigste Preise), tragen den Interessen der Produktionsunternehmen (Ausbau des Produktionspotentials, Modernisierung der Erzeugung, normale Kapitalverzinsung) und der Arbeiter Rechnung und streben die Entwicklung des Außenhandels an (Berücksichtigung des Bedarfs dritter Länder, Förderung des Exports)[6]."

Diese Zielsetzungen können sich offensichtlich widersprechen. So kann beispielsweise die Zielsetzung niedrigster Preise in einer Weise verfolgt werden, die den Unternehmen jeglichen Anreiz zu einer geordneten Ausweitung der Produktion nimmt. Der Gerichtshof hat deshalb zu Recht festgestellt, daß die Bestimmungen der Artikel 2—5 gleichzeitig ins Auge gefaßt werden müssen, damit ihre sachgemäße Anwendung gewährleistet ist[7]. Es muß also nach einem Maßstab gesucht werden, der angibt, in welchem Ausmaß die einzelnen wirtschaftlichen und sozialen Ziele der Artikel 2—5 MV zu verfolgen sind.

Ein solcher Maßstab scheint in Artikel 2 Abs. 2 MV enthalten zu sein. Artikel 2 Abs. 2 MV verpflichtet die Gemeinschaft dazu, „... die Voraussetzungen zu schaffen, die für sich allein die rationellste Verteilung der Erzeugung auf dem höchsten Leistungsstande sichern". Es erscheint zulässig, diese Zielsetzung der rationellsten Verteilung der Erzeugung auf dem höchsten Leistungsstand mit der für die Wirtschaftswissenschaft zentralen Frage nach dem bestmöglichen Einsatz der Pro-

---

nitären Zielsetzung der „Hebung der Lebenshaltung in den Mitgliedstaaten" des Art. 2 an. Die Erwähnung der „Mitgliedstaaten" kann wohl als Ausdruck der politischen Zielsetzung einer weitgehenden Aufrechterhaltung der Souveränität der Mitgliedstaaten gewertet werden.

[6] Erich *Zimmermann*, Die Preisdiskriminierung im Recht der Europäischen Gemeinschaft für Kohle und Stahl, Frankfurt a.M. 1962, S. 19.

[7] Vgl. Sammlung der Rechtsprechung ..., Bd. 4, S. 251 f. Der Gerichtshof hat diese Erwägung in bezug auf die Zielsetzungen des Art. 3 noch verdeutlicht: es ist festzuhalten, „... daß in der Praxis die verschiedenen Ziele des Artikels 3 aufeinander abgestimmt werden müssen, da es offensichtlich unmöglich ist, sie alle gleichzeitig und jedes einzelne bis zur äußersten Konsequenz zu verwirklichen" (Sammlung der Rechtsprechung ..., Bd. 4, S. 252).

duktivkräfte gleichzusetzen. Diese Frage kann hier zwar nicht untersucht werden[8]; in unserem Zusammenhang ist aber auch nur das Ergebnis wesentlich. Bei gegebener Bevölkerung, gegebener Ausstattung mit Produktivkräften und optimaler Einkommensverteilung[9] lassen sich die Bedingungen formulieren, unter denen der wirtschaftliche Wohlstand ein Maximum erreicht[10]. Die einzelnen wirtschaftlichen und sozialen Ziele könnten somit diesem Ziel eines maximalen wirtschaftlichen Wohlstands untergeordnet werden. Bei der Auslegung und Anwendung des Montanvertrags wäre dieser Zielsetzung dann ein entscheidendes Gewicht beizulegen.

Das wohlfahrtstheoretisch begründete Ziel eines maximalen wirtschaftlichen Wohlstands ist jedoch utopisch; seine Erfüllung läßt sich nur im Modell der vollkommenen Konkurrenz und im Modell einer zentralen Planwirtschaft nachweisen, die wiederum für das Erreichen der Ergebnisse des Modells der vollkommenen Konkurrenz Sorge zu tragen hätte[11]. In Wirklichkeit sind aber die Bedingungen des Modells der vollkommenen Konkurrenz, wie noch zu zeigen sein wird, nicht erfüllt, und sie lassen sich praktisch auch nicht durch zentrale Eingriffe herbeiführen.

Es stellt sich daher die Frage, welche Bedeutung dieser utopischen Formulierung der Zielsetzung des Artikels 2 Abs. 2 MV beigelegt werden kann. Grundsätzlich bestehen zwei Möglichkeiten. Einmal kann dieser Formulierung der Zielsetzung des Artikel 2 Abs. 2 MV im Hinblick auf ihren utopischen Charakter jegliche Bedeutung abgesprochen

---

[8] Vgl. dazu Herbert *Giersch*, Allgemeine Wirtschaftspolitik, Bd. 1, Grundlagen, in: Die Wirtschaftswissenschaften, hrsgg. v. Erich *Gutenberg*, Wiesbaden 1960, S. 106 ff., der diesem Problem einen breiten Raum gewidmet hat.

[9] Die Voraussetzung einer optimalen Einkommensverteilung verdient besondere Beachtung. Die Forderung des Art. 2 Abs. 1, die Lebenshaltung in den Mitgliedstaaten anzuheben, könnte m. E. eine optimale Einkommensverteilung implizieren. Eine derartige Forderung dürfte allerdings schwerlich praktische Bedeutung erlangen, weil es keinen allgemein gültigen Maßstab für eine optimale Einkommensverteilung gibt.

[10] Herbert *Giersch*, Allgemeine Wirtschaftspolitik ..., S. 109 ff. zählt, ohne Anspruch auf Vollständigkeit zu erheben, eine Reihe von *Marginalbedingungen* auf, die sich auf die bestmögliche Verteilung der *tatsächlich* produzierten Güter, auf die bestmögliche Arbeitsteilung zwischen *bestehenden* Betrieben, auf die bestmögliche Verteilung der *verwendeten* Faktoren und auf die optimale Beschäftigung der *vorhandenen* Produktivkräfte beziehen. Er ergänzt diese Marginalbedingungen noch durch *Totalbedingungen*, die der Möglichkeit von Strukturwandlungen Rechnung tragen.

[11] Vgl. E .*Barone*, The ministry of production in the collectivistic state, in: Collectivist economic planning, Critical Studies on the Possibilities of Socialism by N. G. *Pierson*, Ludwig von *Mises*, u. a., Ed. by F. A. Hayek, London Fifth impression 1956 (Il ministro della produzione nello stato colletivisto, in: Giornale degli Economisti e Rivista di Statistica, Bd. 37, Rom 1908) S. 245 ff.

werden. Die „rationellste Verteilung der Erzeugung auf dem höchsten Leistungsstande" würde dann keinen Maßstab für die einzelnen, sich teilweise widersprechenden wirtschaftlichen und sozialen Ziele des Vertrags abgeben[12]. Es kann aber auch versucht werden, diese Formulierung der Ziele des Art. 2 Abs. 2 MV trotz ihres utopischen Charakters als Maßstab zu nehmen, an dem die einzelnen Ziele der Art. 2—5 MV in vorsichtiger Weise abgewogen werden. Da ein völliger Verzicht auf diese Zielsetzung der rationellsten Verteilung der Erzeugung auf dem höchsten Leistungsstand angesichts der überragenden Bedeutung, die dem Art. 2 Abs. 2 im Montanvertrag eingeräumt wurde, nur unter größten Bedenken erfolgen kann, sollte m. E. alles getan werden, um die Möglichkeiten dieses zweiten Lösungsversuchs auszuschöpfen[13]. Es wird daher versucht, die Zielsetzung der rationellsten Verteilung der Erzeugung auf dem höchsten Leistungsstand in vorsichtiger Weise zur Auslegung und Anwendung des Montanvertrags heranzuziehen.

Dabei ist zunächst von folgender Überlegung auszugehen: Da sich die rationellste Verteilung der Erzeugung auf dem höchsten Leistungsstand in Wirklichkeit nicht erreichen läßt, muß die Zielsetzung des Art. 2 Abs. 2 MV als Verpflichtung ausgelegt werden, dieser Utopie so nahe wie möglich zu kommen. Dieses Problem ist Gegenstand der Theorie des Zweitbesten (Theory of Second Best)[14]. Die Theorie des Zweitbesten geht davon aus, daß wegen bestimmter Wettbewerbshindernisse, die von Fall zu Fall verschieden sein können, die Maximierung des wirtschaftlichen Wohlstands nicht möglich ist. Sie leitet daraus, wie dies auch oben geschieht, die Forderung ab, die „zweitbeste" Lösung, d. i. diejenige Lösung, die der Maximalsituation unter Berücksichtigung der bestehenden und unvermeidbaren Wettbewerbshindernisse am näch-

[12] Im Montanvertrag findet sich keine andere Bestimmung, die die Zielsetzungen der Art. 2—5 MV in einer gleichwertigen Formel zusammenfaßt. Bei dieser Lösung würde also von vornherein auf einen Maßstab verzichtet, an dem die einzelnen wirtschaftlichen und sozialen Ziele des Vertrags ausgerichtet werden. Damit würden dem Versuch einer teleologischen Vertragsauslegung sehr enge Grenzen gezogen werden. Der vorliegenden Untersuchung würde nur eine begrenzte Aussagekraft zukommen.

[13] Dieser Lösungsversuch ist offensichtlich mit den größeren Schwierigkeiten verbunden. Er dürfte aber für die gegebene Themenstellung sehr aufschlußreich sein.

[14] Es wird u. a. verwiesen auf: J. *Viner*, The Customs Union Issue, New York 1950; J. M. D. *Little*, Direct versus Indirect Taxes, The Economic Journal, 1951, S. 577 ff.; L. W. *McKenzie*, Ideal Output and the Interdependence of Firms, The Economic Journal, 1951, S. 785 ff.; W. J. *Corlett* and D. C. *Hague*, Complementarity and the Excess Burden of Taxation, The Review of Economic Studies, 1953/54, S. 21 ff.; J. E. *Meade*, Trade and Welfare, London 1955; S. A. *Ozga*, An Essay in the Theory of Tariffs, The Journal of Political Economy, 1955, S. 489 ff.; R. G. *Lipsey* and Kelvin *Lancaster*, The General Theory of Second Best, The Review of Economic Studies, 1956/57, S. 11 ff.

sten kommt, anzustreben[15]. Die Zweckmäßigkeit einer Maßnahme kann dann nicht mehr am Maßstab der Maximalsituation, sondern nur noch am Maßstab der zweitbesten Lösung gemessen werden[16]. Es ist also durchaus möglich, daß die Beseitigung eines bestimmten Wettbewerbshindernisses von der zweitbesten Lösung wegführt, d. h. gemessen an dieser zweitbesten Lösung schädlich ist[17]. Die Beseitigung von Wettbewerbshindernissen dürfte also nur im Rahmen einer solchen zweitbesten Lösung erfolgen.

In Wirklichkeit kann aber nicht mit solchen zweitbesten Lösungen gearbeitet werden. Das scheitert schon daran, daß es einfach nicht möglich ist, sämtliche Faktoren, die den Modellablauf der vollkommenen Konkurrenz bzw. der Theorie der komparativen Kosten stören, systematisch zu erfassen[18]. Es kann daher auch nicht festgestellt werden, welche dieser Störungsfaktoren unvermeidbar sind. Schließlich ist es auch nicht sicher, ob in einer konkreten Situation tatsächlich eine zweitbeste Lösung existiert[19].

---

15 Die zweitbeste Lösung wäre somit als eine Situation optimalen wirtschaftlichen Wohlstands aufzufassen.

16 Dies wird bei R. G. *Lipsey* — Kelvin *Lancaster*, The General Theory ..., a.a.O., S. 26 f. besonders deutlich, die nachweisen, „... that if there is introduced into a general equilibrium system a constraint which prevents the attainment of one of the Paretian conditions [das sind die Bedingungen maximalen wirtschaftlichen Wohlstands], the other Paretian conditions, although still attainable, are, in general, no longer desirable" (R. G. *Lipsey* — Kelvin *Lancaster*, The General Theory ..., a.a.O., S. 11). Herbert *Timm*, Bemerkungen zu einem fundamentalen Problem der Theorie des Zweitbesten, in: Probleme der normativen Ökonomik und der wirtschaftspolitischen Beratung, a.a.O., S. 285 ff. macht auf einige Ausnahmen von der durch Lipsey — Lancaster aufgestellten Regel aufmerksam.

17 Dies macht Ernst Joachim *Mestmäcker*, Probleme des Bestmöglichen ..., a.a.O., S. 305 ff. an einem praktischen Beispiel klar. Diese Gefahr leuchtet auch unmittelbar ein. Werden zunächst relativ unbedeutende Wettbewerbshindernisse abgebaut, während gewichtigere Wettbewerbshindernisse beibehalten werden, dann muß damit gerechnet werden, daß sich das Gewicht der bedeutenderen Wettbewerbshindernisse verstärkt.

18 Rolf *Wagenführ*, Die Vergleichbarkeit der Wirtschafts- und Sozialstatistik zwischen den sechs Ländern der Gemeinschaft, in: Statistische Informationen, hrsg. v. Statistischen Amt der Europäischen Gemeinschaften, 9. Jg. (1962), Heft Nr. 1—2, S. 7 f. weist u. a. darauf hin, daß auf dem Gebiet der Fiskal- und Finanzstatistiken zwischen den Mitgliedstaaten der Gemeinschaft keine Übereinstimmung herrscht. Diese Statistiken sind kaum vergleichbar.

19 „The essential condition that a true second best solution to a given constrained situation should exist is that, if there is a Paretian optimum in which F has a maximum (minimum) [F steht für die Wohlfahrtsfunktion] when the constraint is removed, then the expression (7. 4.) must also have a true maximum (minimum). There is no reason why this should, in general, be the case" (R. G. *Lipsey* — Kelvin *Lancaster*, The General Theory ..., a.a.O., S. 27).

Es wird folglich nicht möglich sein, die Zielsetzung der rationellsten Verteilung der Erzeugung auf dem höchsten Leistungsstand sei es in der Form maximalen wirtschaftlichen Wohlstands, sei es in der Form optimalen wirtschaftlichen Wohlstands — d. h. in der Form einer zweitbesten Lösung — zu präzisieren. Es ist daher auch nicht möglich, die Rechtsprechung zum Montanvertrag unmittelbar an dieser Zielsetzung des Art. 2 Abs. 2 MV zu messen. Dann bleibt m. E. nur noch die Möglichkeit offen, die Zielsetzung der rationellsten Verteilung der Erzeugung auf dem höchsten Leistungsstand in pragmatischer Weise zu verfolgen. Es muß untersucht werden, ob sich im Einzelfall aus der Beschreibung der Ausgangssituation und der zur Verfügung stehenden Eingriffsmöglichkeiten erkennen läßt, in welcher Weise die Zielsetzung des Art. 2 Abs. 2 MV zu verfolgen ist.

Ein erster Anhaltspunkt läßt sich aus der Untersuchung der Mittel, die im Montanvertrag zur Erreichung der Ziele des Art. 2 Abs. 2 MV vorgesehen sind, gewinnen. Nach Art. 2 Abs. 2 MV soll die Gemeinschaft in fortschreitender Entwicklung die Voraussetzungen schaffen, die „für sich allein" die rationellste Verteilung der Erzeugung auf dem höchsten Leistungsstande sichern. Das Modell der vollkommenen Konkurrenz ist eine mögliche Voraussetzung[20]. Art. 5 MV bestimmt, daß die Gemeinschaft ihre Aufgabe durch begrenzte Eingriffe erfüllt und zu diesem Zweck insbesondere für die Schaffung, Aufrechterhaltung und Beachtung normaler Wettbewerbsbedingungen sorgt. Aus diesen beiden Bestimmungen wird somit deutlich, daß im Vertrag das Ziel der rationellsten Verteilung der Erzeugung auf dem höchsten Leistungsstand insbesondere über das Mittel der vollkommenen Konkurrenz erreicht werden sollte[21]. Es liegt also nahe, die Zielsetzung des Art. 2 Abs. 2 MV möglichst über eine Realisierung der vollkommenen Konkurrenz zu verfolgen.

Diese Feststellung erfordert allerdings wiederum einige Einschränkungen. Einmal sieht der Montanvertrag auch andere Mittel, u. a. Eingriffe der Hohen Behörde und der Mitgliedstaaten, vor[22]. Das Modell der vollkommenen Konkurrenz kann daher nur als vorzugsweise zu verwendendes Mittel betrachtet werden. Zum anderen sind die Be-

---

[20] Auf die zweite mögliche Voraussetzung wurde bereits hingewiesen. Es ist das Modell einer zentralen Planwirtschaft.

[21] Die Einordnung der vollkommenen Konkurrenz als Mittel und nicht als Ziel der Wirtschaftspolitik in der Gemeinschaft ist keineswegs unbestritten. Vgl. zur Argumentation aber insbesondere Ernst *Steindorff*, Der Begriff der Preisdiskriminierung im Recht der Europäischen Gemeinschaft für Kohle und Stahl, S. 281 ff., in: Zeitschrift für ausländisches und internationales Privatrecht, 21. Jg. Berlin, Tübingen 1956.

[22] Diese subsidiär anzuwendenden Mittel sind dann im Einzelfall zu berücksichtigen.

dingungen dieses Modells, das nach Art. 2 Abs. 2 MV, wenn auch nur allmählich, zu realisieren ist, sehr extrem[23]. Dasselbe gilt für die Modell-

---

[23] Vgl. Walter Adolf *Jöhr*, Das Modell der vollkommenen Konkurrenz, seine Funktion und seine Stellung in der Nationalökonomie, in: Konkurrenz und Planwirtschaft, Beiträge zur theoretischen Nationalökonomie, hrsg. von der Schweizerischen Gesellschaft für Statistik und Volkswirtschaft, Bern 1964, S. 43 ff. Die von Jöhr hervorgehobenen Voraussetzungen sind, wie er selbst betont, nicht allgemein verbindlich. Seine Auswahl scheint aber sehr zufriedenstellend zu sein, wenngleich er die Möglichkeit einer Abweichung der privaten Kosten der Produktion eines Gutes von den sozialen Kosten seiner Produktion nicht beachtet hat. Im einzelnen nennt Jöhr folgende Voraussetzungen:

1. Eigenschaften der Marktstruktur.
   Es herrscht ein unbeschränkter reiner Wettbewerb. Die Preise sind frei beweglich; es bestehen keine staatlichen, verbandsbedingten oder gewohnheitsmäßigen Konkurrenzbeschränkungen. Die Güter sind homogen und vollkommen substituierbar. Die Zahl der Anbieter und Nachfrager ist so groß, daß keiner der Marktteilnehmer einen merklichen Einfluß auf den Preis ausübt. Der Zugang zum Markt wird durch keine Wettbewerbsbeschränkung berührt.
2. Eigenschaften des Wirtschaftssubjekts.
   Für das einzelne Wirtschaftssubjekt besteht Markttransparenz. Auf Grund der ihnen bekannten Daten streben die Konsumenten nach ihrem größtmöglichen Nutzen und die Unternehmer nach dem größtmöglichen Geldertrag der Produktion. Dabei sollen sich die Wirtschaftssubjekte rational verhalten. Schließlich sollen die Nachfragefunktionen der Konsumenten und die Angebotsfunktionen der Verkäufer ursprünglicher Produktionsfaktoren kontinuierlich verlaufen.
3. Eigenschaften der wirtschaftlichen Leistungen.
   Die Konsumgüter, die ursprünglichen Produktionsfaktoren und die produzierten Produktionsmittel müssen im Hinblick auf die Daten des Wirtschaftsprozesses voll anpaßbar sein. Sie müssen frei beweglich, beliebig teilbar und substituierbar sein. Außerdem muß der Zeitbedarf der Anpassung gleich null sein. Eine durch eine Datenveränderung veranlaßte Umstellung der Produktion soll keinerlei Zeit benötigen.
4. Eigenschaften des Tauschmittels.
   Es besteht ein allgemeines Tauschmittel. Die Tauschrelationen zwischen den Gütern sollen durch das Geld nicht beeinflußt werden.

Unter diesen Bedingungen gilt, wiederum nach Jöhr:

1. „Das gleiche Gut wird, sofern man von den Kosten der Ortsveränderung absieht, überall zum gleichen Preis getauscht. Der Preis stellt sich so ein, daß die nachgefragte Menge und die angebotene Menge übereinstimmen. Die abgesetzte Menge stellt sich so ein, daß Nachfragepreis und Angebotspreis übereinstimmen." (Walter Adolf *Jöhr*, Das Modell ..., S. 57.)
2. „Die Produzenten lösen für ihre Produkte Preise, die gerade ihre Kosten — und zwar sowohl ihre Durchschnittskosten wie ihre Grenzkosten — decken. Die Produzenten erzeugen ihre Produkte in solchen Mengen, daß ihre Stückkosten gerade durch den Erlös — und zwar sowohl den Durchschnittserlös wie den Grenzerlös — gedeckt werden. Da der Durchschnittserlös gleich dem Preis und die Stückkosten gleich den Durchschnittskosten sind, folgt: Preis des Produktes = Durchschnittskosten = Grenzkosten = Durchschnittserlös = Grenzerlös." (Walter Adolf *Jöhr*, Das Modell ..., S. 57.)
3. „Die Produzenten bezahlen für die benötigten Produktionsmittel Preise, die dem produktiven Beitrag derselben — und zwar sowohl der Durch-

vorstellung, die der Theorie der komparativen Kosten zugrunde liegt[24]. In Wirklichkeit sind diese Bedingungen nicht erfüllt. Einmal sind die Gütermärkte mehr oder weniger unvollkommen. Sie machen es den Anbietern möglich, Preise durchzusetzen, die über den Grenzkosten liegen[25]. Dann wird der Staat durch Einnahmen und Ausgaben auf die Preise und Absatzmengen der Produkte einwirken[26]. Schließlich können die privaten Kosten der Produktion eines Gutes von den sozialen Kosten seiner Produktion abweichen und so Störungen des Modellablaufs mit sich bringen[27]. Diese Störungsfaktoren lassen sich auch

---

schnittsproduktivität wie der Grenzproduktivität — gleich sind. Die Produzenten verwenden die Produktionsmittel in jenen Mengen, bei denen der durchschnittliche Ertrag der Einheit den hierfür gemachten Auslagen — und zwar sowohl den Durchschnittsauslagen wie den Grenzauslagen — gleich ist. Da die Durchschnittsauslagen gleich dem Preis und der durchschnittliche Ertrag der Einheit gleich der Durchschnittsproduktivität, folgt: Preis des Produktionsmittels = Durchschnittsproduktivität = Grenzproduktivität = Durchschnittsauslagen = Grenzauslagen." (Walter Adolf *Jöhr*, Das Modell ..., S. 57.)

4. „Die Produzenten erzeugen die Produkte so, daß das einzelne Produkt in allen Betrieben die gleichen Grenzkosten aufweist. Die Produzenten kombinieren die Produktionsmittel so, daß das einzelne Produktionsmittel in allen Verwendungen die gleiche Grenzproduktivität aufweist." (Walter Adolf *Jöhr*, Das Modell ..., S. 58.)

[24] Die Theorie der komparativen Kosten — hier als Sammelbegriff ververstanden, der das klassische Theorem und seine modernen Versionen umfaßt — muß im Falle der Montanunion ergänzend zum Modell der vollkommenen Konkurrenz herangezogen werden, weil diese Theorie der komparativen Kosten die Aspekte des freien internationalen Handels berücksichtigt. Die Theorie der komparativen Kosten gilt unter ganz bestimmten Voraussetzungen (vgl. dazu insbesondere Horst *Bockelmann*, Zur Kritik der klassischen Tradition in der Außenhandelstheorie, Kölner Dissertation 1957, Frankfurt a.M. 1958) und zeigt nach welchen Regeln sich die rationellste Verteilung der Erzeugung auf dem höchsten Leistungsstand im internationalen Handel ergibt: „Jedes Land spezialisiert sich auf jenen Produktionszweig, in dem es einen komparativen Kostenvorteil genießt und wird dadurch in den Stand gesetzt, aus dem ihm zur Verfügung stehenden Arbeits- — (Produktionsmittel-) Vorrat eine größere Produktmenge herzustellen." (Gottfried *Haberler*, Der internationale Handel, Theorie der weltwirtschaftlichen Zusammenhänge sowie Darstellung und Analyse der Außenhandelspolitik, Berlin 1933, S. 99).

[25] Die Argumentation kann sinngemäß auch auf die Nachfrageseite ausgedehnt werden.

[26] Die Auswirkungen einzelner staatlicher Eingriffe werden noch an anderer Stelle untersucht. Herbert *Giersch*, Allgemeine Wirtschaftspolitik ..., S. 128 weist darauf hin, daß es beispielsweise keine Steuer gebe, die nicht wenigstens eine der von ihm aufgezählten Bedingungen für einen maximalen wirtschaftlichen Wohlstand verletze.

[27] Vgl. dazu Probleme der Normativen Ökonomik und der wirtschaftspolitischen Beratung, Verhandlungen auf der Arbeitstagung des Vereins für Socialpolitik der Gesellschaft für Wirtschafts- und Sozialwissenschaften in Bad Homburg 1962, hrsg. v. Erwin *v. Beckerath* und Herbert *Giersch*, Schriften des Vereins für Socialpolitik der Gesellschaft für Wirtschafts- und Sozialwissenschaften, N. F. Bd. 29, Berlin 1963, S. 183 ff.

durch Eingriffe der Gemeinschaft nicht beseitigen. Es muß also stets damit gerechnet werden, daß die eine oder andere der Bedingungen des Modells der vollkommenen Konkurrenz bzw. der Theorie der komparativen Kosten nicht erfüllt ist.

Aus den Bestimmungen der Art. 2 Abs. 2 u. 5 MV kann daher für die Gemeinschaft allenfalls die Verpflichtung abgeleitet werden, das Mittel des Wettbewerbs, das in den Modellvorstellungen der vollkommenen Konkurrenz und der Theorie der komparativen Kosten als entscheidender Faktor enthalten ist, soweit wie möglich zur Erreichung der Ziele des Art. 2 Abs. 2 MV einzusetzen. Dies würde heißen, daß die Bedeutung jener Faktoren, die den Modellablauf stören, herabgesetzt werden muß. Dann kann nämlich damit gerechnet werden, daß sich die Bedeutung derjenigen Kräfte, die auf die rationellste Verteilung der Erzeugung auf dem höchsten Leistungsstand hinwirken, verstärkt[28]. Diese Lösung ist zwar nicht sehr befriedigend, die Wirtschaftswissenschaft scheint aber nicht mehr zur Auslegung und Anwendung des Montanvertrags beitragen zu können.

Die Ausführungen machen deutlich, daß beim Versuch der teleologischen Auslegung und Anwendung des Montanvertrags sehr große Schwierigkeiten auftreten werden. Zwar sind die wichtigsten Ziele des Vertrags in den Art. 2—5 MV enthalten; sie lassen sich auch, obwohl sie sich widersprechen können, verhältnismäßig leicht auf die übergeordnete Zielsetzung der rationellsten Verteilung der Erzeugung auf dem höchsten Leistungsstand zurückführen[29], so daß die Zielsetzung des Art. 2 Abs. 2 MV zunächst als der geeignete Maßstab erscheint, an dem die Auslegung und Anwendung des Montanvertrags zu messen ist. Es hat sich aber gezeigt, daß dieser Maßstab utopisch ist. Da auch der Versuch, eine zweitbeste Lösung zu formulieren, zum Scheitern verurteilt ist, kann die Zielsetzung des Art. 2 Abs. 2 MV nicht unmittelbar angewandt werden. Es wird deshalb versucht, dieser Zielsetzung im Einzelfall in pragmatischer Weise Rechnung zu tragen. Die Untersuchung der im Montanvertrag zur Erreichung der Vertragsziele vorgesehenen Mittel ergab einen Hinweis. Im Montanvertrag wird insbesondere auf das Mittel der Wettbewerbspolitik vertraut. Es wird daher festzustellen versucht, ob sich im Einzelfall aus der Beschreibung der

---

[28] Bei der Darstellung der Ergebnisse der Theorie des Zweitbesten wurde auf einen Punkt besonders hingewiesen, der auch hier zu beachten ist. Es muß darauf geachtet werden, daß zunächst die gewichtigsten Wettbewerbshindernisse und erst danach die weniger gewichtigen Wettbewerbshindernisse abgebaut werden. Wird diese Gefahr nicht beachtet, dann kann sich das Gewicht der bedeutenderen Wettbewerbshindernisse zu Lasten der weniger gewichtigen Wettbewerbshindernisse verstärken.

[29] Das gilt nicht für die politische Zielsetzung des Art. 2 MV.

Ausgangssituation und der in dieser Situation anwendbaren Mittel die Möglichkeit ergibt, indirekt über eine Einschränkung der den Wettbewerb hindernden Faktoren auf die Erreichung der Ziele des Art. 2 Abs. 2 MV hinzuwirken.

Erster Teil

Die Rechtsprechung zu Art. 4 Abs. b und c des Vertrages

Aus den zahlreichen Verfahren vor dem Gerichtshof der Europäischen Gemeinschaft für Kohle und Stahl konnte nur eine beschränkte Zahl ausgewählt werden.

In einer Reihe von Verfahren steht die Anwendung des Art. 4 Abs. b und c im Vordergrund. Es ist dies die Rechtsprechung zur Bergmannsprämie in Deutschland, die Rechtsprechung zur Ausgleichskasse für Hausbrandkohle in Luxemburg und die Rechtsprechung zur Regelung des Schrottmarktes. Im Verfahren über die Bergmannsprämie in Deutschland wurde insbesondere das Subventionsverbot, in den Verfahren zur Ausgleichskasse für Hausbrandkohle in Luxemburg das Verbot der Sonderlasten und das Diskriminierungsverbot untersucht. In den Verfahren zur Regelung des Schrottmarktes kommt dem Diskriminierungsverbot besondere Bedeutung zu.

Bei der Rechtsprechung zur Regelung des Ruhrkohlenverkaufs wird in der Rechtssache 13/60 die Frage eines einheitlichen Ruhrkohlenverkaufs erörtert. Im Mittelpunkt der Auseinandersetzungen steht die Anwendung des Art. 65 § 2 Buchst. c des Vertrags. In den Rechtssachen 2/56, 18/57 und in den verbundenen Rechtssachen 16—18/59 sowie in den verbundenen Rechtssachen 36—38 und 40/59 wird zu den Handelsregelungen der Ruhrkohlen-Verkaufsgesellschaften Stellung genommen. Im Mittelpunkt dieser Verfahren stehen die Buchstaben a und b des Art. 65 § 2.

Erstes Kapitel

Die Rechtsprechung zur Bergmannsprämie in Deutschland

In der Rechtssache 30/59 wird über das Schicksal der Bergmannsprämie in Deutschland entschieden. Sie wurde als vertragswidrige Subvention des Art. 4 Abs. c bezeichnet und angegriffen.

Die Einführung dieser Schichtprämie für alle unter Tage beschäftigten Arbeiter im deutschen Bergbau zu Beginn des Jahres 1956 muß auf dem Hintergrund der damaligen konjunkturellen Situation gesehen werden. Die Wirtschaft hatte sich dem Stadium der Vollbeschäftigung sehr stark angenähert, und es war nach einer Periode relativer Preisstabilität seit Ende des Jahres 1955 mit zunehmenden allgemeinen Preissteigerungen zu rechnen. Diese Situation war auch für den Kohlenbergbau typisch. Zu den gegebenen und noch von der Hohen Behörde kontrollierten Kohlepreisen bestand ein Nachfrageüberhang, die Situation auf dem Absatzmarkt ließ eine Preissteigerung zu. Die Lohnforderungen der Bergarbeiter ließ sie notwendig erscheinen. Der Unternehmensverband Ruhrbergbau hat sich deshalb mit der Industriegewerkschaft Bergbau auf eine Erhöhung der Bergarbeiterlöhne um duchschnittlich 15 v.H. geeinigt. Diese Vereinbarung sollte am 15. Februar 1956 in Kraft treten.

Unter Berufung auf diese Absprache hatte der Unternehmensverband Ruhrbergbau bei der Hohen Behörde eine Erhöhung der Steinkohlenpreise um durchschnittlich 3,— DM/t beantragt. Er hatte ferner angekündigt, daß eine weitere Preiserhöhung um etwa 3,— DM/t erforderlich sei, um eine seit langem bestehende Kostenunterdeckung zu beseitigen. Die Bundesregierung hatte eine solche Preissteigerung für Kohle aus gesamtwirtschaftlichen Gründen abgelehnt. Sie befürchtete von einer solch drastischen Erhöhung der Kohlenpreise einen Anstoß zu einer allgemeinen Preissteigerung. Da in absehbarer Zeit mit einer völligen Freigabe der Preise für Ruhrkohle zu rechnen war, fand sich die Bundesregierung zu einer Unterstützung des Ruhrkohlenbergbaus bereit. Mit Wirkung vom 15. Februar 1956 wurde, zunächst auf provisorischer Basis, den Arbeitnehmern des Bergbaus, die unter Tage beschäftigt waren, für jede verfahrene volle Schicht eine Prämie gewährt. Sie betrug für Arbeiter, die im Schichtlohn beschäftigt waren oder Erziehungsbeihilfe erhielten, DM 1,25 und für Arbeiter, die im Gedingelohn oder gegen Gehalt beschäftigt waren, DM 2,50. Die Prämie war vom Arbeitgeber auszuzahlen und von den Lohnsteuerbeträgen einzubehalten. Die Prämie war sozialabgaben- und lohnsteuerfrei.

Gleichzeitig übernahm der Bund einen Teil des Unternehmerbeitrags zur knappschaftlichen Rentenversicherung. Der Bund übernahm Zahlungen in Höhe von 6,5 v. H. der Lohnsumme, so daß der Satz des Arbeitgeberbeitrags von 14,5 v. H. auf 8. v. H. herabgesetzt werden konnte. Außerdem wurde noch eine Änderung der Richtlinien für die Bewertung des Bergbauvermögens unter Tage durchgesetzt, durch die dem Bergbau zusätzliche Abschreibungsmöglichkeiten geboten wurden. Zur gleichen Zeit einigten sich die Vertreter der Arbeitgeber und Arbeitnehmer auf eine Lohnerhöhung im Bergbau von nur 6 v. H.; die Preiserhöhung blieb entgegen den ursprünglichen, weiterreichenden Absichten auf 2,— DM beschränkt, obwohl die Preise mit Wirkung vom 1. April 1956 von der Hohen Behörde freigegeben wurden.

Die Hohe Behörde hat sich ursprünglich gegen diese Schichtprämie gewandt. Nach langwierigen Verhandlungen, in deren Verlauf sich u. a. der damalige Bundeskanzler Adenauer einschaltete, gab sie sich jedoch im Sommer 1957 mit einem Kompromiß zufrieden. Die Bergmannsprämie wurde beibehalten. Den Unternehmen sollte aber zum Ausgleich eine entsprechende Belastung auferlegt werden. Diese Ausgleichsbelastung wurde darin gesehen, daß der staatliche Beitrag zur knappschaftlichen Rentenversicherung in Höhe von 6,5 v. H. der Lohnsumme, der gleichzeitig mit der Bergmannsprämie eingeführt worden war, mit Wirkung vom 1. April 1958 wieder den Bergbauunternehmen auferlegt wurde[1].

I. Die Rechtssache 30/59

Bei diesem Stand der Dinge schaltete sich der holländische Verband „De Gezamenlijke Steenkolenmijnen in Limburg“ ein. In einem Schreiben vom 11. Juli 1957 hat er von der Hohen Behörde Auskunft über ihre Entscheidung in bezug auf die Schichtprämie erbeten. Die Hohe Behörde teilte dem Verband mit, daß „die Frage der an die deutschen Bergleute gezahlten Bergmannsprämie nunmehr eine Lösung gefunden hat“[2]. Die Hohe Behörde fügte hinzu: „Die Lösung besteht in einem erhöhten Beitrag der Bergbauunternehmen zur Sozialversicherung[3].“ In einem zweiten Schreiben vom 22. August 1957 bat der Verband die Hohe Behörde, ihm die getroffene amtliche Entscheidung mitzuteilen oder sie zu veröffentlichen, damit er gegen diese Entscheidung Klage erheben könne. Am 14. September erhob der Verband Klage beim

---

[1] Vgl. Gottfried *Erb* u. Peter *Rogge*, Preispolitik im teilintegrierten Markt, Mit einem Vorwort von Edgar *Salin*, Basel 1958, S. 149 ff.

[2] Zitiert nach Sammlung der Rechtsprechung ..., Bd. 5, S. 17.

[3] Zitiert nach Sammlung der Rechtsprechung ..., Bd. 5, S. 17.

Gerichtshof. Erst danach, nämlich am 7. Oktober 1957, antwortete die Hohe Behörde. Sie halte die Bergmannsprämie nicht für rechtswidrig und habe daher gar keine amtliche Entscheidung erlassen. Die Klage, die sich gegen eine vermutete Entscheidung der Hohen Behörde richtete, war deshalb unzulässig. Sie wurde vom Gerichtshof in der Rechtssache 17/57 am 4. Februar 1959 zurückgewiesen[4].

Mit Schreiben vom 9. März 1959 befaßte der Kläger die Hohe Behörde gemäß Art. 35 und ersuchte sie, im Entscheidungswege festzustellen, daß die Bundesrepublik gegen den Vertrag verstoßen habe, weil sie die Bergmannsprämie aus öffentlichen Mitteln finanziert habe. Dieser Antrag wurde von der Hohen Behörde mit Schreiben vom 30. April 1959 abgelehnt. Gegen diese ablehnende Entscheidung der Hohen Behörde hat der holländische Verband in der Rechtssache 30/59 Klage erhoben. Die Bundesrepublik ist der Hohen Behörde als Streithelferin beigetreten.

1. Die Auslegung des Subventionsverbots über die Zielsetzung des Art. 2 Abs. 2

Der Kläger stützt sein Vorbringen auf das Subventionsverbot des Art. 4 Abs. c[5]. Dieser untersagt „von den Staaten bewilligte Subventionen oder Beihilfen oder von ihnen auferlegte Sonderlasten, in welcher Form dies auch immer geschieht". Dieser Subventionsbegriff wird allerdings im Vertrag nicht näher beschrieben und auch in den Mitgliedsstaaten der Gemeinschaft unterschiedlich ausgelegt[6]. Immerhin gehen Kläger und Beklagte wie auch der Generalanwalt und der Gerichtshof bei der Auslegung dieses Verbots von derselben Grundvorstellung aus. Die Herleitung des Gerichtshofs ist am ausführlichsten. Er entnimmt eine erste Vorstellung vom Begriffsinhalt der Subvention dem gewöhnlichen Sprachgebrauch. Eine Subvention ist „... eine Geld- oder Sachleistung, die einem Unternehmen zu dessen Unterstützung gewährt wird und die außerhalb des Entgelts liegt, welches der Käufer oder Verbraucher für die von dem betroffenen Unternehmen produzierten Güter oder Dienstleistungen entrichtet"[7]. Dann untersucht er, ob diese Definition mit den Bestimmungen des Vertrags vereinbar ist. Dazu verweist er auf die Zielsetzung des Art. 2 und kommt zum Ergebnis: „Subventionen oder Beihilfen im Sinne der oben angegebenen

---

[4] Vgl. Sammlung der Rechtsprechung ..., Bd. 5, S. 17.

[5] Ein weiterer Klagegrund, der Vorwurf eines Ermessensmißbrauchs der Hohen Behörde, ist für die Entscheidung in dieser Rechtssache unwesentlich.

[6] Vgl. M. *Hochbaum*, Das Diskriminierungs- und Subventionsverbot in der EGKS und EWG, Baden-Baden, Bonn 1962, S. 21 ff.

[7] Sammlung der Rechtsprechung ..., Bd. 7, S. 42 f.

Begriffsbestimmungen sind insoweit schon für sich allein ein Hindernis für die rationellste Verteilung der Erzeugung auf dem höchsten Leistungsstand, als sie es gestatten — da sie ja eine von anderen Personen als den Käufern oder Verbrauchern erbrachte Leistung darstellen —, Verkaufspreise festzulegen oder aufrechtzuerhalten, die nicht unmittelbar kostenbestimmt sind, und damit wirtschaftliche Betätigungen ins Leben zu rufen, zu erhalten oder zu fördern, die nicht der rationellsten Verteilung der Produktion auf dem höchsten Leistungsstand entsprechen[8]." Auch der Kläger, die Hohe Behörde und der Generalanwalt greifen auf die Zielsetzung des Art. 2 Abs. 2 zurück. Der Kläger hält die Bergmannsprämie für eine Subvention, weil durch sie die Wettbewerbsbedingungen verfälscht worden seien[9]. Die Hohe Behörde stimmt dem zu. Eine Maßnahme trage bereits dann den Charakter einer verbotenen Subvention, wenn sie eine Verminderung der Produktionskosten verursache und sich auf die natürlichen Wettbewerbsbedingungen auswirke[10]. Der Generalanwalt führt aus, der Sinn des Art. 4 bestehe darin, die Voraussetzungen für die Schaffung des Gemeinsamen Marktes zu gewährleisten[11]. Lediglich die Bundesrepublik vertritt eine abweichende Meinung. Sie sieht in Art. 4 Abs. c in erster Linie eine Kompetenzenregelung und eine Abgrenzung der Zuständigkeiten der Organe der Gemeinschaft einerseits und der Mitgliedstaaten andererseits[12]. Das Moment der Marktauswirkung ist ihrer Ansicht nach für die generelle Erfassung des Subventionsbegriffs gänzlich ungeeignet[13].

Die unterschiedlichen Auffassungen der Parteien, des Generalanwalts und des Gerichtshofes über das Subventionsverbot zeigen sich erst bei seiner Anwendung auf die Bergmannsprämie. Die Ausführungen in der Rechtssache 30/59 führen zwar zu keiner umfassenden Klärung des Subventionsbegriffs, sie lassen aber immerhin drei Abgrenzungsprobleme erkennen. Es handelt sich einmal um die Begrenzung des

---

[8] Sammlung der Rechtsprechung ..., Bd. 7, S. 43. Der Gerichtshof fügt hinzu, daß der Begriff der Beihilfe sehr eng mit dem Subventionsbegriff verwandt sei. Der Begriff der Beihilfe sei allerdings in stärkerem Maße zweckbetont — diese Abweichung interessiert hier nicht —, und er sei außerdem weiter gefaßt als der Subventionsbegriff. Er umfasse nicht nur positive Leistungen des Staates, sondern auch Maßnahmen, die in verschiedener Form die Belastungen verringern, die ein Unternehmen normalerweise zu tragen habe. Um die fortwährende Unterscheidung zwischen Subventionen und Beihilfen zu verhindern, wird im folgenden der Subventionsbegriff so erweitert, daß er die Beihilfe einschließt.

[9] Vgl. Sammlung der Rechtsprechung ..., Bd. 7, S. 19.

[10] Vgl. Sammlung der Rechtsprechung ..., Bd. 7, S. 18

[11] Vgl. Sammlung der Rechtsprechung ..., Bd. 7, S. 85.

[12] Vgl. Sammlung der Rechtsprechung ..., Bd. 7, S. 24 f.

[13] Vgl. Sammlung der Rechtsprechung ..., Bd. 7, S. 29.

Kreises der Empfänger einer Subvention. Dann taucht die Frage auf, ob die Bergmannsprämie, auch wenn sie formell eine Subvention ist, nicht ihren rechtswidrigen Charakter verliert, wenn ihre Auswirkungen durch eine Gegenmaßnahme vollkommen beseitigt werden. Dabei wird an die Einstellung des staatlichen Zuschusses zur knappschaftlichen Rentenversicherung gedacht. Schließlich wird noch die Frage aufgeworfen, ob die Bermannsprämie nicht außerhalb des Subventionsverbots liegt, weil die Prämie nicht nur die Vertragssektoren trifft. Diese letzte Frage führt zu der Überlegung, wie sich das Subventionsverbot des Artikel 4 Abs. c zu den Vorschriften des Artikel 67 verhält. Das Verhältnis von Artikel 4 Abs. c zu Artikel 67 MV ist für die Handhabung des Subventionsverbots von entscheidender Bedeutung. Dieses Problem wird deshalb ausführlich behandelt, während auf die beiden anderen Abgrenzungsprobleme nur am Rande hingewiesen wird.

2. Die Abgrenzung des Artikel 4 Abs. c von Artikel 67

Art. 4 Abs. c des Vertrags ist eine strikte Verbotsnorm. Er verbietet von den Staaten bewilligte Subventionen oder Beihilfen oder von ihnen auferlegte Sonderlasten, in welcher Form dies auch immer geschieht. Art. 67 handelt gleichfalls von Maßnahmen eines Mitgliedstaates. Diese Maßnahmen sind unter dem Kapitel „Beeinträchtigungen der Wettbewerbsbedingungen" aufgeführt. Der Ausdruck „charges spéciales" wird in beiden Normen gebraucht. Dennoch sind die Bestimmungen des Art. 67 weit weniger entschieden, als diejenigen des Art. 4 Abs. c. Art. 67 § 1 sieht lediglich vor, daß „jede Maßnahme eines Mitgliedstaates, die eine fühlbare Auswirkung auf die Wettbewerbsbedingungen in der Kohle- und Stahlindustrie haben kann, ... der Hohen Behörde durch die beteiligte Regierung zur Kenntnis zu bringen" ist. „Ist eine solche Maßnahme geeignet, eine schwere Störung des Gleichgewichts hervorzurufen, indem sie die Unterschiede der Produktionskosten in anderer Weise als durch Veränderung der Leistungen wesentlich vergrößert", so kann die Hohe Behörde Gegenmaßnahmen ergreifen (Art. 67 § 2). Der Katalog dieser Gegenmaßnahmen ist beschränkt. Es handelt sich um den Erlaß von „Empfehlungen" oder „Ermächtigungen" an die Mitgliedstaaten, die die Beseitigung oder den Ausgleich der Auswirkungen dieser Maßnahmen zum Ziele haben. „Vermindert die Maßnahme dieses Staates die Unterschiede der Produktionskosten, indem sie den Kohle- oder Stahlunternehmen innerhalb seiner Hoheitsgewalt im Vergleich zu anderen Industrien des gleichen Landes einen besonderen Vorteil bringt oder ihnen besondere Lasten auferlegt, so kann die Hohe Behörde an diesen Staat ... die erforderlichen Empfehlungen richten." (Art. 67 § 3.) Wie man sieht, ist in Art. 67 keinesfalls an ein striktes Verbot dieser Maßnahmen gedacht.

Dennoch hat der Gerichtshof schon in den verbundenen Rechtssachen 7 und 9/54 die beiden Artikel in enge Beziehung gebracht. Er führt in bezug auf das Verbot der Sonderlasten aus: „Die Merkmale der in Art. 4 Buchstabe c aufgehobenen und untersagten Sonderlasten sind vor allem den Bestimmungen von Artikel 67 Ziffer 3 zu entnehmen[14]. Der Generalanwalt weist aber in der Rechtssache 30/59 darauf hin, daß dies nur in dem Bestreben geschehen sei, einen beiden Normen gemeinsamen Begriff klarzustellen, nämlich den Begriff „Sonderlasten"[15].

a) Die Argumente der Parteien und des Generalanwalts

In der Rechtssache 30/59 wird dieser Zusammenhang ausführlich untersucht.

Ausgangspunkt ist eine These der Bundesrepublik. Die Streithelferin beruft sich u. a. auf die oben erwähnten Ausführungen des Gerichtshofs in den verb. Rechtssachen 7 und 9/54 und behauptet, Art. 4 Abs. c sei nicht auf die Bergmannsprämie anwendbar. Die Anwendung des Art. 4 Abs. c müsse nämlich mit den Vorschriften des Art. 67 Ziff. 3 in Einklang stehen. Danach sei es aber der Hohen Behörde untersagt, gegen solche staatlichen Maßnahmen einzuschreiten, die nicht ausschließlich den Unternehmen im Sinne des Vertrags, sondern einem darüber hinausgehenden Kreis von Unternehmen einen besonderen Vorteil brächten oder eine besondere Last auferlegten. Die Bergmannsprämie sei aber eine Vergünstigung, die allen Untertagearbeitern im Gebiet der Bundesrepublik zugute komme, gleichgültig ob diese in Unternehmen im Sinne des Vertrags oder in anderen Bergbauunternehmen beschäftigt seien. Die Bundesrepublik will deshalb auf die Bergmannsprämie die Regeln des Art. 67 angewandt wissen[16].

Der Kläger und die Hohe Behörde wenden sich gegen diese Argumentation. Der Kläger lehnt den Hinweis auf das Urteil in den verb. Rechtssachen 7 und 9/54 ab. Er weist darauf hin, daß jenes Urteil das Verbot der Sonderlasten und nicht das Subventionsverbot betrifft. Nach Ansicht des Klägers braucht die Subvention keinen speziellen Charakter aufzuweisen, und er versteht darunter, daß sie nicht auf den Bereich der Montanindustrie beschränkt zu sein braucht. Er meint vielmehr, jede staatliche Subvention, die die Montanindustrie des

---

[14] Sammlung der Rechtsprechung ..., Bd. 2, S. 91.

[15] Vgl. Sammlung der Rechtsprechung ..., Bd. 7, S. 84.

[16] Vgl. Sammlung der Rechtsprechung ..., Bd. 7, S. 34 ff.

betreffenden Staates im Vergleich zu den Montanunternehmen der anderen Staaten begünstigt, sei unzulässig[17]. Auch die Hohe Behörde wendet sich gegen das von der Bundesrepublik angewandte formale Kriterium. Die Hohe Behörde behauptet, eine Subvention sei auch dann eine spezielle Maßnahme, wenn sie sowohl der Kohleindustrie als auch bestimmten anderen Industrien einen Vorteil bringe. Der Artikel 67 betreffe allgemeine Maßnahmen wie Steuern, Sozialleistungen, den Wechselkurs und dergleichen[18].

Der Generalanwalt hat das Verhältnis von Art. 4 Abs. c zu Art. 67 systematisch untersucht. Er kommt zu dem Ergebnis, daß die beiden Bestimmungen auf völlig verschiedenen Grundsätzen beruhen. Alles was das Funktionieren des Gemeinsamen Marktes berührt, „... und zwar sowohl die Überwachung der Einhaltung der für den Markt maßgeblichen Vorschriften (polizeiliches Handeln) als auch die Marktlenkung und die hierfür unter Umständen notwendigen Eingriffe ...“[19], gehört in den Kompetenzbereich der Gemeinschaftsorgane. Hier haben die Staaten ihre Zuständigkeit verloren. Von staatlichen Maßnahmen auf diesem Sektor wird angenommen, „... daß sie als solche den Voraussetzungen für die Schaffung des gemeinsamen Marktes zuwiderlaufen“[20]. „Demgegenüber bleibt die Kompetenz der Staaten in den übrigen Bereichen wie Steuerwesen, Sozialversicherung usw. ... sowie im Bereich der allgemeinen Wirtschafts- und Sozialpolitik erhalten. ... Zu den in Art. 67 genannten ‚Maßnahmen eines Staates‘ muß jede Maßnahme auf einem der Gebiete gerechnet werden, auf dem der Staat

---

[17] Vgl. Sammlung der Rechtsprechung ..., Bd. 7, S. 35 f.

[18] Vgl. Sammlung der Rechtsprechung ..., Bd. 7, S. 35.

Dagegen scheint die Hohe Behörde in bezug auf den staatlichen Zuschuß zur knappschaftlichen Rentenversicherung eine ähnliche Stellung einzunehmen, wie die Bundesrepublik bei der Bergmannsprämie. Die Hohe Behörde anerkennt, daß die Bergmannsprämie für sich betrachtet eine Subvention ist. Sie hat aber die Beibehaltung dieser Subvention mit dem Hinweis zu rechtfertigen versucht, daß die Auswirkungen der Bergmannsprämie in Wirklichkeit vollständig beseitigt würden. Die Hohe Behörde behauptet, es handle sich bei der Bergmannsprämie um eine „unechte“ Subvention. Der Ausgleich der Auswirkungen der Bergmannsprämie wird ihrer Ansicht nach durch die Aufhebung des staatlichen Zuschusses zur knappschaftlichen Rentenversicherung erreicht. Dieses Ergebnis wird vom Kläger bestritten, der u. a. einwirft, der staatliche Zuschuß zur knappschaftlichen Rentenversicherung sei selbst eine Subvention. Seine Aufhebung könne nicht als Ausgleichsmaßnahme gewertet werden. Die Hohe Behörde muß deshalb nachweisen, daß dieser Zuschuß nicht unter das Subventionsverbot fällt. Das erreicht sie, indem sie diesen Zuschuß als eine Soziallast im Sinne des Art. 68 ansieht, der nach den Regeln des Art. 67 zu behandeln ist (vgl. Sammlung der Rechtsprechung ..., Bd. 7, S. 20).

[19] Sammlung der Rechtsprechung ..., Bd. 7, S. 83.

[20] Sammlung der Rechtsprechung ..., Bd. 7, S. 83. Im Original teilweise hervorgehoben.

sich seiner Hoheitsgewalt nicht begeben hat[21]." Die Auswirkungen dieser Maßnahmen werden nach den Regeln des Art. 67 behandelt.

Die Einordnung der staatlichen Eingriffe unter eine dieser Bestimmungen wird schwierig, wenn „... eine Maßnahme zwar im Rahmen der allgemeinen Gesetzgebung und auf einem der Zuständigkeit der einzelnen Staaten vorbehaltenen Gebiet ergeht (Steuerwesen, Sozialgesetzgebung usw. ...), jedoch lediglich die Anwendung dieser gesetzlichen Vorschriften auf die Kohle- und Stahlindustrie betrifft"[22]. Bei ihrer Einordnung geht der Generalanwalt davon aus, daß bei „... der Abfassung von Artikel 67 ... ohne jeden Zweifel an die Auswirkungen der Anwendung von Vorschriften allgemeiner Art, zum Beispiel steuerlicher Vorschriften ..."[23] gedacht worden ist. Maßnahmen, die nur den Vertragsbereich treffen, würden demnach unter Art. 4 Abs. c fallen. Er ist jedoch der Meinung, „... daß die Zuständigkeit der Mitgliedstaaten zum Erlaß von Vorschriften, die im Rahmen derartiger gesetzgeberischer Maßnahmen insbesondere die Gesamtheit oder einen Teil der Montanindustrie der Gemeinschaft betreffen, zum Beispiel in Form von Befreiungen oder umgekehrt in Form besonderer Lasten nicht schlechthin verneint werden kann"[24]. Er schlägt deshalb als weiteres Merkmal den „tatsächlichen Zweck" der Maßnahme vor. Es sollen alle diejenigen Maßnahmen untersagt sein, die im Rahmen der Anwendung allgemeiner Vorschriften mit einer besonderen Belastung oder einem besonderen Vorteil für eine der Industrien der Gemeinschaft verbunden sind und deren tatsächlicher Zweck die Verfälschung der Wettbewerbsbedingungen ist[25].

Die Schichtprämie und der staatliche Zuschuß zur knappschaftlichen Rentenversicherung können deshalb seiner Ansicht nach nicht a priori als Subventionen im Sinne von Art. 4 Abs. c betrachtet werden, nur weil sie bestimmten Montanindustrien einen Vorteil bringen. Diese Maßnahmen können nach Ansicht des Generalanwalts zunächst auch unter dem Gesichtspunkt der Art. 67 und 68 MV betrachtet werden. Nur wenn der wirkliche Zweck dieser Maßnahmen nicht sozialer, sondern wirtschaftlicher Natur ist, „... wenn nämlich den Unternehmen entweder Lasten auferlegt werden, die sie normalerweise nicht zu tragen haben, oder wenn sie umgekehrt von einer Last befreit werden, die sie normalerweise zu tragen haben"[26], ordnet er sie Art. 4 Abs. c unter.

[21] Sammlung der Rechtsprechung ..., Bd. 7, S. 84.
[22] Sammlung der Rechtsprechung ..., Bd. 7, S. 86.
[23] Sammlung der Rechtsprechung ..., Bd. 7, S. 86. Im Original teilweise hervorgehoben.
[24] Sammlung der Rechtsprechung ..., Bd. 7, S. 86.
[25] Vgl. Sammlung der Rechtsprechung ..., Bd. 7, S. 86 f.
[26] Sammlung der Rechtsprechung ..., Bd. 7, S. 87.

In bezug auf die Schichtprämie kommt der Generalanwalt zum Ergebnis, daß sie eine Subvention darstellt. Sie ist eine Gegenleistung für eine vom Bergarbeiter erbrachte Arbeitsleistung und ist somit eine Lohnzulage, die vom Staat erbracht wird. Trägt diese Maßnahme „... einen rein sozialen Charakter und weist sie keinerlei Verbindung mit dem Teil der Produktionskosten auf, der auf den Faktor Arbeitskraft entfällt“[27], so fällt sie in den Bereich der Art. 67 und 68. „Wenn die Prämie dagegen den Unternehmen einen Teil der von ihnen zu tragenden Lohnbelastung abnehmen soll, so ist sie eine Subvention[28].“ Er schließt aus den näheren Umständen bei der Einführung der Bergmannsprämie, „... daß der Staat hier eine Leistung übernommen hat, die den Charakter eines Arbeitsentgelts hat und normalerweise von den Unternehmen zu tragen wäre. Wir haben es also mit einer Subvention zu tun, die diesen Unternehmen in der Absicht gewährt wurde, die Preiserhöhung zu vermeiden oder zumindest zu begrenzen, die zu erwarten gewesen wäre, wenn der Staat nicht eingesprungen wäre“[29].

In bezug auf den staatlichen Zuschuß zur knappschaftlichen Rentenversicherung deutet der Generalanwalt seine Einstellung nur an. Auch hier verweist er auf die näheren Umstände bei der Einführung dieser Maßnahme. „Der Satz des Arbeitgeberbeitrags zur knappschaftlichen Rentenversicherung war für den Bergbau auf 14 1/2 % festgesetzt, und seine Herabsetzung auf 8 v. H. stellte eine der Maßnahmen dar, zu denen sich die Regierung entschlossen hatte, um die Belastungen der Unternehmen zu verringern und ‚die Kohlenpreiserhöhung teilweise aufzufangen‘, wie es in dem Schreiben [des Bundesministers für Wirtschaft an die Hohe Behörde] vom 4. Februar 1956 ... wörtlich heißt[30].“ Zwar behaupten die Bundesrepublik und die Hohe Behörde, es habe sich hierbei um eine nicht außergewöhnliche Maßnahme im Rahmen der Vorschriften über die Finanzierung der Sozialversicherung gehandelt. Für diese Auffassung spricht, daß durch diesen staatlichen Zuschuß der Arbeitgeberbeitrag zur Sozialversicherung im Bergbau auf den in den anderen Industrien üblichen Satz von 8 v. H. gesenkt wurde. Der Generalanwalt bleibt aber skeptisch. „Es bleiben jedoch Zweifel, wenn man bedenkt, daß zur gleichen Zeit die Sozialleistungen für die Bergleute beträchtlich verbessert wurden und damit die Belastungen sich ebenfalls beträchtlich erhöhten, so daß der auf den Staat entfallende ohnehin hohe Anteil an diesen Belastungen in sehr weitem Umfang angewachsen ist. Der Zeitpunkt schien offensichtlich vom Standpunkt der Sozial-

[27] Sammlung der Rechtsprechung ..., Bd. 7, S. 88.

[28] Sammlung der Rechtsprechung ..., Bd. 7, S. 88.

[29] Sammlung der Rechtsprechung ..., Bd. 7, S. 89 f.

[30] Sammlung der Rechtsprechung ..., Bd. 7, S. 97. Im Original teilweise hervorgehoben.

versicherung aus für eine Verringerung des Arbeitgeberanteils ... und damit eine noch weitere Erhöhung der finanziellen Belastung des Staates schlecht gewählt[31]."

b) Die Entscheidung des Gerichtshofs

Der Gerichtshof stimmt bei der Abgrenzung der Bereiche der Art. 4 Abs. c und 67 des Vertrags grundsätzlich mit dem Generalanwalt überein. Auch er stützt sich auf die Kompetenzenregelung des Vertrags. „Artikel 4 stellt ab auf Eingriffe, die ‚innerhalb der Gemeinschaft' — d. h. im Rahmen des sachlichen Geltungsbereichs des Vertrages, durch den die Gemeinschaft errichtet wurde — vorgenommen werden[32]." Innerhalb dieses Bereichs ist den Organen der Gemeinschaft eine ausschließliche Zuständigkeit verliehen worden. „Gerade die strenge, keine Ausnahmen vorsehende Fassung von Artikel 4 unterstreicht die Ausschließlichkeit der Zuständigkeit der Gemeinschaft innerhalb ihres Hoheitsbereichs[33]." Der Anwendungsbereich des Art. 67 ergibt sich durch den Hinweis auf den Teilcharakter der Montanunion. „Nach dem Vertrag gehören bestimmte Sachgebiete der Wirtschaft der Mitgliedstaaten nicht zum Bereich der Gemeinschaft und sind daher auch nicht der Hoheitsgewalt der Hohen Behörde unterstellt[34]." Der Gerichtshof folgert: „Machen die Mitgliedstaaten nun aber von diesen zurückbehaltenen Hoheitsrechten Gebrauch, so kann dies ‚eine fühlbare Auswirkung auf die Wettbewerbsbedingungen in der Kohle- und Stahlindustrie haben'. Andererseits könnten aber solche Beeinträchtigungen des Wettbewerbs, denen auf Grund von Artikel 4 nicht begegnet werden kann, den in Artikel 2 des Vertrages geforderten und in Artikel 4 näher geregelten gemeinsamen Markt gefährden. Da sich jedoch die Ursachen derartiger Beeinträchtigungen der Einwirkung der Hohen Behörde entziehen, war es unerläßlich, diese in die Lage zu versetzen, wenigstens ihre Auswirkungen zu neutralisieren oder abzuschwächen, wenn man den gemeinsamen Markt in seinem Bestand sichern wollte. Eben diesem grundlegenden Erfordernis entspricht Artikel 67[35]."

Diese grundsätzliche Abgrenzung genügt dem Gerichtshof. Er ordnet die Bergmannsprämie den Maßnahmen zu, die unter Art. 4 Abs. c fallen und stellt fest, daß die Bergmannsprämie für sich betrachtet eine Subvention darstellt[36].

---

[31] Sammlung der Rechtsprechung ..., Bd. 7, S. 19
[32] Sammlung der Rechtsprechung ..., Bd. 7, S. 47.
[33] Sammlung der Rechtsprechung ..., Bd. 7, S. 47.
[34] Sammlung der Rechtsprechung ..., Bd. 7, S. 48.
[35] Sammlung der Rechtsprechung ..., Bd. 7, S. 49.
[36] Vgl. Sammlung der Rechtsprechung ..., Bd. 7, S. 52 ff.

II. Die Problematik einer Abgrenzung zwischen den Bereichen der Art. 4 Abs. c und 67 des Vertrages

Zwar ist der Gerichtshof bei der Definition der Subventionen des Art. 4 Abs. c MV zunächst vom gewöhnlichen Sprachgebrauch ausgegangen. Der Gerichtshof hat dann aber diese Definition ausdrücklich auf die Zielsetzung des Art. 2 Abs. 2 gestützt. Die rationellste Verteilung der Erzeugung auf dem höchsten Leistungsstand wird somit vom Gerichtshof als ein Maßstab für die Auslegung und Anwendung des Subventionsverbots anerkannt. Es liegt also zunächst nahe, diesen Maßstab auf die Bergmannsprämie in Deutschland anzuwenden und zu untersuchen, ob durch diese Prämie die Wettbewerbsposition der Montanunternehmen in einer Weise berührt wird, die mit den Vorstellungen des Art. 2 Abs. 2 nicht zu vereinbaren ist.

Die Parteien haben sich mit dieser Frage im Rahmen der Diskussion um die Begrenzung des Kreises der Empfänger einer Subvention auseinandergesetzt. Die Bundesrepublik hat darauf hingewiesen, daß die Bergmannsprämie nicht den Unternehmen der Gemeinschaft, sondern den Bergarbeitern gezahlt werde. Sie hat deshalb die Anwendung des Art. 4 Abs. c abgelehnt[37]. Die Hohe Behörde hat demgegenüber behauptet, es komme darauf an, ob die Bergmannsprämie, auch wenn sie den Arbeitnehmern gezahlt werde, nicht eigentlich den Bergbauunternehmen zugute komme[38]. Der Gerichtshof hat dies bejaht: „Diese Lohnzulage [die Bergmannsprämie] bildet unbestreitbar einen Teil der Produktionskosten. Wird sie von diesen abgesetzt, wie dies in der Tat auf dem Wege der Finanzierung der Schichtprämie aus öffentlichen Mitteln geschieht, so genießt die Kohleindustrie die Vorteile einer Maßnahme, die eine Erhöhung sowohl ihrer Erzeugung als auch ihrer Produktivität bewirkt, ohne für die mit dieser Maßnahme verbundenen finanziellen Lasten aufkommen zu müssen. Die Produktionskosten, die sie aufzubringen hat, stimmen daher nicht mit den effektiven Produktionskosten der von ihr geförderten Kohle überein[39]."

Die Vorgänge bei der Einführung der Bergmannsprämie lassen diese Argumentation des Gerichtshofs plausibel erscheinen. Die Industriegewerkschaft Bergbau hatte zunächst mit dem Unternehmensverband Ruhrbergbau eine Lohnerhöhung von 9 v. H. vereinbart. Diese Vereinbarung wurde dann, noch ehe sie in Kraft getreten war, durch eine neue Vereinbarung, die nur eine Lohnerhöhung von 6 v. H. vorsah, ersetzt, als die Bundesrepublik die Zahlung der Bergmannsprämie in

---

[37] Vgl. Sammlung der Rechtsprechung ..., Bd. 7, S. 28 f.

[38] Vgl. Sammlung der Rechtsprechung ..., Bd. 7, S. 29.

[39] Sammlung der Rechtsprechung ..., Bd. 7, S. 56.

Aussicht stellte. Die Arbeitnehmer waren also wegen der Bergmannsprämie bereit, dieselbe Arbeitszeit zu einem geringeren Lohn zu arbeiten als ursprünglich vorgesehen war. Zwar gilt diese Aussage zunächst nur für den Tariflohn. Der Effektivlohn kann von diesem nach oben abweichen. Die Bergmannsprämie kam den Unternehmen des Kohlenbergbaus also nur zugute, wenn sich diese nachträgliche Beschränkung der Erhöhung der Tariflöhne auch auf den Effektivlohn ausgewirkt hat. Ein Vergleich der Effektiv- und Tariflöhne im Kohlenbergbau von Nordrhein-Westfalen legt dieses Ergebnis aber nahe[40]. Die Bergmannsprämie scheint also der Zielsetzung des Art. 2 Abs. 2 zu widersprechen. Solange die Preiselastizitäten des Angebots an Arbeit und der Nachfrage nach Arbeit im Kohlenbergbau der Bundesrepublik nicht bekannt sind, läßt sich allerdings ein schlüssiger Nachweis der Behauptung des Gerichtshofs nicht führen[41].

---

[40] *Indexziffern der Bruttostundenlöhne und Tariflöhne im Steinkohlenbergbau von Nordrhein-Westfalen (Jahresdurchschnitt 1952 = 100)*

Jahr	Monat	Brutto-stunden-lohn a)	Jeweils gültiger Tariflohn b) für: Vollhauer	Lohngruppe II unter Tage	Lohngruppe III über Tage
1949	September	71	75	77	78
1950	März	77	86	81	81
1950	Dezember	89	89	89	89
1951	Juni	94	100	100	100
1953	Mai	105	105	108	106
1955	Februar	110	105	113	111
1955	Mai	116	117	122	120
1956	Mai	131	130	129	127
			(+ 16) c)	(+ 10) c)	

a) *Quelle:* Statistisches Bundesamt. — b) Löhne der Arbeiter in den Industrien der Gemeinschaft. Maßgebliche Änderungen vorgenommen in den Jahren 1945—1956, Deutschland, Luxemburg, September 1956. — c) Bergarbeiterprämien.

Quelle: Europäische Gemeinschaft für Kohle und Stahl, Hohe Behörde, Entwicklung der Löhne und die Lohnpolitik in den Industrien der Gemeinschaft, Vorläufige Ausgabe. Mit einem Vorwort von Paul Finet, Bd. 1, Luxemburg 1957, S. 28, Tabelle 10.

Die Tabelle zeigt, daß die Bewegungen des Tariflohns in aller Regel auch auf den Effektivlohn durchgeschlagen haben. Es zeigt sich weiter, daß sich im Mai 1956 trotz der Beschränkung der Tariflohnerhöhung der Abstand zwischen den Tarif- und Effektivlöhnen nicht wesentlich verändert hat. Sofern also die ursprünglich vorgesehene Tariflohnerhöhung nicht nur als politisches Manöver betrachtet wird, scheint sich die Beschränkung der Tariflohnerhöhung auch auf die Erhöhung der Effektivlöhne ausgewirkt zu haben.

[41] Die Preiselastizität der Nachfrage mißt die relative Mengenänderung

Es wurde schon einleitend dargelegt, daß diese Argumentation, obwohl sie formal befriedigend ist, zugunsten einer pragmatischen Lösung aufgegeben werden sollte. Der Gerichtshof hat sich auch nicht mit diesen Überlegungen zufrieden gegeben. Er hat vielmehr auf eine Gruppe von Faktoren hingewiesen, die verhindern, daß über das Wirken des vollkommenen Wettbewerbs die Zielsetzung der rationellsten Verteilung der Erzeugung auf dem höchsten Leistungsstande erreicht wird. Die Mitgliedstaaten haben zwar, wie der Gerichtshof ausführt, bei Vertragsabschluß einen Teil ihrer Befugnisse an die Organe der Gemeinschaft abgetreten. Sie haben sich aber weiterhin bestimmte Eingriffsmöglichkeiten vorbehalten. Sie können also weiterhin durch Ausgaben und Einnahmen auf die Wettbewerbsbedingungen in der Montanunion Einfluß nehmen. Diese politische Gegebenheit muß hingenommen werden. Es kann lediglich versucht werden, sie so gut wie möglich mit den wirtschaftlichen Zielsetzungen des Vertrags abzustimmen.

Der Gerichtshof hat auch gezeigt, auf welchem Wege die Abstimmung dieser politischen Gegebenheiten mit den wirtschaftlichen Zielsetzungen des Art. 2 Abs. 2 zu erfolgen hat. Die Eingriffsmöglichkeiten der Mitgliedstaaten müssen über die Abgrenzung der Art. 4 Abs. c und 67 MV bestimmt werden[42]. Diese beiden Bestimmungen geben an, welche Be-

---

$\frac{dx_i}{x_i}$ der Nachfrage nach dem Gut i an der relativen Preisänderung $\frac{dp_i}{p_i}$ des Gutes i ($\eta_i = \frac{dx_i}{x_i} : \frac{dp_i}{p_i}$). Die Preiselastizität des Angebots mißt die relative Mengenänderung $\frac{dy_i}{y_i}$ des Angebots an dem Gut i an der relativen Preisänderung $\frac{dp_i}{p_i}$ des Gutes i ($\varepsilon_i = \frac{dy_i}{y_i} : \frac{dp_i}{p_i}$).

Die Preiselastizität der Nachfrage ist in der Regel negativ. Sie bewegt sich zwischen $\eta = 0$ (vollkommen preisunelastische, starre Nachfrage) und $\eta = \infty$ (vollkommen preiselastische Nachfrage). Zwischen diesen beiden Grenzwerten ist die Nachfrage beschränkt preiselastisch. Die Preiselastizität des Angebots ist in der Regel positiv. Sie bewegt sich zwischen $\varepsilon = 0$ (vollkommen preisunelastisches, starres Angebot) und $\varepsilon = \infty$ (vollkommen preiselastisches Angebot). Zwichen den beiden Grenzwerten ist das Angebot beschränkt preiselastisch. Wird das Gut i als Faktor Arbeitskraft interpretiert, so ergibt sich entsprechend die Preiselastizität der Nachfrage nach Arbeit und die Preiselastizität des Angebots an Arbeit. Die Bergmannsprämie kommt — bei stabilen Bedingungen auf dem Arbeitsmarkt den Unternehmen des Kohlenbergbaus nur dann wenigstens teilweise zugute, wenn die Nachfrage nach Arbeit entweder nicht völlig starr ist, oder aber das Angebot an Arbeit nicht völlig preiselastisch ist.

42 Der Gerichtshof begnügt sich nicht mit der Abgrenzung des Subventionsverbots von den Bestimmungen des Art. 67. Er schließt in seine Unter-

fugnisse im Vertrag auf die Organe der Gemeinschaft übertragen wurden und welche Befugnisse sich die Mitgliedstaaten weiterhin vorbehalten haben. „Der Artikel 4 Buchstabe c beseitigt oder untersagt bestimmte Maßnahmen der Mitgliedstaaten in dem vom Vertrag der Zuständigkeit der Gemeinschaft unterstellten Bereich; Artikel 67 soll bestimmten Beeinträchtigungen des Wettbewerbs begegnen, die sich zwangsläufig einstellen, wenn die Staaten von Befugnissen Gebrauch machen, die sie sich weiterhin vorbehalten haben[43].“ Es muß folglich versucht werden, diese beiden Bestimmungen so voneinander abzugrenzen, daß bei Wahrung der berechtigten Interessen der Mitgliedstaaten die wirtschaftlichen Zielsetzungen des Art. 2 Abs. 2 möglichst wenig gestört werden.

1. Die praktische Bedeutung der Abgrenzung des Art. 4 Abs. c von Art. 67 durch den Gerichtshof

Es liegt nahe, dabei von einer kritischen Betrachtung der Abgrenzung des Gerichtshofs auszugehen. Der Gerichtshof hat sich bei dieser Abgrenzung auf die Kompetenzenregelung des Vertrags gestützt. Er hat zwei Kompetenzbereiche unterschieden. Innerhalb des Sachgebiets der Gemeinschaft ist den Organen der Gemeinschaft eine ausschließliche Zuständigkeit verliehen worden. Art. 4 Abs. c soll Eingriffe der Mitgliedstaaten in diesem Bereich verhindern. Nach dem Vertrag gehören aber bestimmte Sachbereiche der Wirtschaft der Mitgliedstaaten nicht zum Bereich der Gemeinschaft. In diesem Bereich haben die Mitgliedstaaten ihre Hoheitsrechte behalten[44]. Über Art. 67 MV soll verhindert werden, daß die Mitgliedstaaten durch die Ausübung dieser Hoheitsrechte die grundlegenden wirtschaftlichen Ziele der Gemeinschaft beeinträchtigen. Diese Aufgabenstellung des Art. 67 MV ist m. E. das entscheidende Kriterium zur Beurteilung der praktischen Bedeutung

---

suchung auch die übrigen Bestimmungen des Art. 4 Abs. c ein. Auf diese Weise wird auch hier verfahren, was eine eingehende Untersuchung des Verbots der Sonderlasten erspart.

[43] Sammlung der Rechtsprechung ..., Bd. 7, S. 51. Art. 67 MV sieht vor, daß die Auswirkungen dieser Wettbewerbsbeeinträchtigungen möglichst ausgeglichen werden. Die Beibehaltung einer Subvention des Art. 4 Abs. c kann also nicht, wie dies nach der Theorie des Zweitbesten denkbar wäre, durch den Hinweis auf die Wettbewerbsbeeinträchtigungen, die im Gefolge staatlicher Eingriffe auftreten, gerechtfertigt werden.

[44] Der Gerichtshof hat diesen Hoheitsbereich der Mitgliedstaaten an einzelnen Beispielen verdeutlicht. Die Regierungen der Mitgliedstaaten sind nach wie vor für alle Zweige ihrer Wirtschaftspolitik verantwortlich, „... die der Vertrag nicht ausdrücklich dem Kompetenzbereich der Gemeinschaft zugewiesen hat. So bleiben sie nach Art. 68 § 1 Herr ihrer Sozialpolitik; ein Gleiches gilt unzweifelhaft für weite Teile ihrer Steuerpolitik“. (Sammlung der Rechtsprechung ..., Bd. 7, S. 49).

dieser Abgrenzung zwischen Art. 4 Abs. c und 67 MV. Gelingt es nämlich den Mitgliedstaaten, im Rahmen der ihnen verbliebenen Eingriffsmöglichkeiten, auf den Wettbewerb in der Gemeinschaft einzuwirken, so entfällt der Anreiz zu Verstößen gegen Art. 4 Abs. c. Das Subventionsverbot verliert seine praktische Bedeutung. Es kann dann über Art. 67 umgangen werden. Die Abgrenzung des Gerichtshofs muß deshalb daraufhin überprüft werden. Es muß untersucht werden, ob bei dieser Abgrenzung eine Umgehung des Subventionsverbots verhindert werden kann[45].

a) Die Auswirkungen der Maßnahmen, die im Kompetenzbereich der Mitgliedstaaten verblieben sind

Obwohl eine erschöpfende Erfassung derjenigen Maßnahmen, die im Kompetenzbereich der Mitgliedstaaten verblieben sind, hier nicht möglich ist, zeigt schon eine beispielhafte Aufzählung, daß der Katalog dieser Maßnahmen sehr reichhaltig ist. Die Mitgliedstaaten der Gemeinschaft haben mit Sicherheit die Kompetenz zu all jenen Maßnahmen behalten, die den Vertragssektor nicht unmittelbar betreffen. So

---

[45] Zuvor muß allerdings noch darauf hingewiesen werden, daß die Abgrenzung des Gerichtshofs nicht ganz eindeutig ist. So ist zwar deutlich geworden, daß der Gerichtshof den Mitgliedstaaten als logische Folge der nur sektoralen Integration sämtliche Befugnisse auf den außervertraglichen Sektoren beläßt. Der Gerichtshof ist sogar noch weiter gegangen. Den Mitgliedsstaaten ist es auch möglich, etwa im Zuge staatlicher Eingriffe auf dem Gebiet der Sozialversicherung oder der Steuerpolitik unmittelbar auf die Vertragssektoren einzugreifen. (Vgl. Sammlung der Rechtsprechung ..., Bd. 7, S. 50: „Da die Mitgliedstaaten gewisse Hoheitsrechte zurückbehalten haben, bleiben die in den Gebieten dieser Staaten gelegenen Montanunternehmen verschiedenartigen Gesetzgebungen und Regelungen unterworfen"). Der Gerichtshof hat aber die den Mitgliedstaaten verbliebenen Kompetenzen nicht erschöpfend aufgezählt. Wenn der Gerichtshof z. B. darauf hinweist, daß weite Bereiche der Steuerpolitik im Kompetenzbereich der Mitgliedsstaaten verblieben sind, gibt er offensichtlich zu, daß die Mitgliedstaaten immerhin einige Bereiche der Steuerpolitik an die Hohe Behörde abgetreten haben. Außerdem hat der Gerichtshof zwar festgestellt, daß den Mitgliedstaaten bestimmte Kompetenzen verblieben sind. Daraus folgt aber nicht zwingend, daß die Mitgliedstaaten innerhalb dieses Bereichs in ihren Maßnahmen völlig frei sind. Es ist auch denkbar, daß die Mitgliedstaaten bei der Ausübung ihrer Kompetenzen in irgendeiner Weise an die Regeln des Vertrags gebunden sind. Der Gerichtshof hat weder ausdrücklich festgestellt, daß die Mitgliedstaaten innerhalb ihres Kompetenzbereichs in ihren Maßnahmen völlig frei sind, noch hat er diese Möglichkeit ausdrücklich ausgeschlossen. Allerdings führt er gelegentlich aus: „Mithin ist die Hohe Behörde zwar befugt, die Staaten auf die Ziele zu verweisen, die sie sich bei ihrem Eintritt in die Gemeinschaft gesetzt haben, sie kann ihnen aber unzweifelhaft nicht die zur Erreichung dieser Ziele geeigneten Mittel vorschreiben, sobald die Anwendung dieser Mittel den Gebrauch von Befugnissen voraussetzt, die nicht zur Zuständigkeit der Gemeinschaft gehören oder deren sich die Staaten nicht im Vertrag zugunsten der Hohen Behörde entäußert haben." (Sammlung der Rechtsprechung ..., Bd. 7, S. 50); diese Feststellung nimmt aber wohl kaum auf die obige Frage Bezug.

können sie im Rahmen ihrer allgemeinen Wirtschafts- und Sozialpolitik, im Rahmen ihrer Steuerpolitik und im Rahmen der Sozialversicherung jederzeit Maßnahmen auf den außervertraglichen Sektoren ergreifen. Die Mitgliedstaaten der Gemeinschaft können darüber hinaus auch Maßnahmen ergreifen, die sich zugleich auf die Vertragssektoren und auf sämtliche außervertragliche Sektoren erstrecken. Sie können beispielsweise eine Umsatzsteuerreform durchführen oder die Steuersätze von allgemeinen Steuern manipulieren. Sie können auf die Höhe und die Struktur der Sozialabgaben einwirken. Sie können über die Monopol- und Kartellgesetzgebung auf die Konzentration in der Wirtschaft Einfluß nehmen. Sie können Mitbestimmungsgesetze und Kündigungsschutzgesetze erlassen. Daraus folgt — wenn nur auf die Kompetenzenregelung abgestellt wird —, daß die Mitgliedstaaten auch die Möglichkeit haben, Änderungen der Steuer- bzw. Abgabesätze bei den allgemeinen Steuern oder den Sozialabgaben auf die Vertragssektoren zu beschränken[46]. Die Mitgliedstaaten üben zumindest gegenwärtig auch weiterhin die Praktiken der Umsatzsteuerrückvergütung bei der Ausfuhr und der Importausgleichsbelastung bei der Einfuhr aus. Sie können demnach auch Änderungen in den Praktiken der Umsatzsteuerrückvergütung und der Ausgleichsbelastung auf die Vertragssektoren beschränken.

Diese Aufzählung der Eingriffsmöglichkeiten der Mitgliedstaaten der Gemeinschaft ist, wie erwähnt, nicht vollständig. Die möglichen Auswirkungen der Eingriffe dieser Mitgliedstaaten auf den Wettbewerb innerhalb der Gemeinschaft lassen sich deshalb auch nicht in vollständiger Weise beschreiben. Es kann lediglich versucht werden, diese Auswirkungen an einzelnen Beispielen deutlich zu machen:

1. Als Beispiel für staatliche Eingriffe auf dem Sektor der Besteuerung wird eine Mengensteuer untersucht[47]. Es werden die Auswirkungen auf die unmittelbar betroffenen Unternehmen festgestellt. Bei vollständiger Konkurrenz und stabiler Marktlage[48] ergibt sich auf dem Markt jedes Gutes ein Ausgangsgleichgewicht, das durch den Schnitt-

[46] Ob sie dagegen die Möglichkeit haben, eine Steuer auf einzelne Vertragserzeugnisse neu einzuführen, ist weniger sicher. Zwar gibt es genügend Beispiele für Steuern auf einzelne Produkte im außervertraglichen Sektor. Daraus folgt aber nicht zwingend, daß auch im Vertragssektor Steuern auf einzelne Erzeugnisse eingeführt werden können. Hier könnte möglicherweise vom Zustand bei Vertragsabschluß ausgegangen und argumentiert werden, die Mitgliedsstaaten hätten zumindest damals nicht von dieser Kompetenz Gebrauch gemacht.

[47] Die Wahl dieser Steuer ist willkürlich. Es wird lediglich an einem Einzelbeispiel zu zeigen versucht, wie sich eine Steuer auf die Wettbewerbsbedingungen auswirken kann.

[48] Vgl. zu den Stabilitätsbedingungen der Marktlage: Karl *Brandt*, Preistheorie, Ludwigshafen a.R. 1960, S. 63 ff.

punkt der Angebotskurve mit der Nachfragekurve gekennzeichnet ist. Der Schnittpunkt gibt Preis und Absatzmenge des Produkts an. Wird auf eines dieser Produkte eine Mengensteuer erhoben, so können sich Preis und (oder) Absatzmenge dieses Produkts ändern; sie können aber auch konstant bleiben. Das hängt von den Preiselastizitäten ab. Es ergeben sich sehr verschiedenartige Möglichkeiten. Lediglich bei völlig preiselastischer oder beschränkt preiselastischer Nachfrage und bei völlig starrem Angebot bleiben Preis und Absatzmenge unverändert. Bei völlig preiselastischem oder beschränkt preiselastischem Angebot und bei völlig starrer Nachfrage wird dagegen die Mengensteuer vollständig überwälzt, während die Absatzmenge unverändert bleibt. Bei völlig preiselastischem Angebot und bei beschränkt preiselastischer Nachfrage wird zwar die Steuer wieder vollständig überwälzt, die Absatzmenge wird aber reduziert. Bei beschränkt preiselastischer Nachfrage und bei beschränkt preiselastischem Angebot wird die Steuer nur teilweise überwälzt und die Absatzmenge reduziert. Schließlich wird bei völlig preiselastischer Nachfrage und bei beschränkt preiselastischem Angebot die Steuer nicht überwälzt, während der Absatz wieder reduziert wird.

2. Als Beispiel für die Auswirkungen staatlicher Eingriffe auf dem Gebiet der Sozialabgaben wird die Auswirkung des Unternehmerbeitrags zur Sozialversicherung untersucht. Auch hier sind im Ausgangszustand vollständige Konkurrenz und stabile Marktverhältnisse auf dem Arbeitsmarkt und dem Absatzmarkt der betroffenen Unternehmen vorausgesetzt. Die Auswirkungen des Unternehmerbeitrags auf Preis und Absatz des Fertigprodukts hängen einmal von den Preiselastizitäten des Angebots und der Nachfrage nach dem Faktor Arbeit ab. Sie bestimmen, ob der Unternehmerbeitrag zur Sozialversicherung auf die Arbeitnehmer überwälzt werden kann und somit lediglich eine entsprechende Senkung des Leistungslohns bewirkt. Bei nicht inversem Verlauf der Angebots- und Nachfragekurve nach Arbeit wird eine vollständige Überwälzung des Unternehmerbeitrags zur Sozialversicherung auf die Arbeitnehmer nur bei völlig preiselastischer Nachfrage nach Arbeit und starrem oder beschränkt preiselastischem Angebot an Arbeit sowie bei völlig starrem Angebot an Arbeit und beschränkt preiselastischer Nachfrage nach Arbeit gelingen. Gelingt diese Überwälzung nicht vollständig, so werden die Kosten des Faktors Arbeit und die Produktionskosten der betroffenen Unternehmen steigen[49]. Die Angebotsfunktion des Fertigprodukts wird eine Linksverschiebung erfahren. Die Auswir-

---

[49] Das gilt, auch wenn der Faktor Arbeit teilweise durch andere Produktionsfaktoren substituiert wird.

kung des Unternehmerbeitrags zur Sozialversicherung auf den Preis und die Absatzmenge des Fertigprodukts hängt dann von den Preiselastizitäten des Angebots und der Nachfrage nach diesem Fertigprodukt ab. Dabei ergeben sich dann im Prinzip dieselben Kombinationsmöglichkeiten und dieselben Resultate wie bei der Einführung einer Mengensteuer.

3. Die Ausgleichsbelastung bei der Einfuhr und die Steuerrückvergütung bei der Ausfuhr im Rahmen der Umsatzsteuer soll dazu dienen, die Produkte beim Grenzübergang im Gemeinsamen Markt von der Umsatzsteuerlast des Herstellerlandes zu befreien und mit der Umsatzsteuerlast eines entsprechenden Produkts im Bestimmungsland zu belasten. Die Umsatzsteuerlast der Produkte kann aber bei einer kumulativen Gestaltung des Umsatzsteuersystems nicht exakt gemessen werden. Die Mitgliedstaaten werden — bei protektionistischer Wirtschaftspolitik — bestrebt sein, die Warenimporte mit einer möglichst hohen Importausgleichssteuer zu belegen und die Warenexporte durch eine möglichst großzügige Umsatzsteuerrückvergütung zu begünstigen. Das bedeutet, daß die Importnachfrage des Inlands wegen der Importausgleichssteuer künstlich herabgesetzt und die Importnachfrage des Auslands künstlich angehoben wird. Die Auswirkung auf die Preise und die Absatzmengen der Import- und Exportgüter eines Landes hängt einmal für die Importgüter von den Preiselastizitäten der heimischen Nachfrage nach Importgütern und des ausländischen Angebots an Exportgütern und für die Exportgüter von den Preiselastizitäten der ausländischen Nachfrage nach Exportgütern des Inlands und des inländischen Angebots an Exportgütern ab. Zum anderen muß mit Gegenmaßnahmen des Auslands gerechnet werden. Die Auswirkung auf die Preise und Absatzmengen der Import- und Exportgüter ist also einigermaßen ungewiß.

4. Das Monopolverbot setzt eine Ausgangssituation voraus, die sich sehr stark von der Vorstellung der Preisbildung bei vollständiger Konkurrenz unterscheidet. Die Unternehmen sind im Gegensatz zu den Anbietern bei vollständiger Konkurrenz in der Lage, bei geringeren Absatzmengen höhere Produktpreise durchzusetzen. Die Produktpreise sind von ihrer Bindung an die Stückkosten frei. Durch ein Monopolverbot wird dieser Preisspielraum der Unternehmen einzuengen versucht. Der Erfolg derartiger Maßnahmen ist aber umstritten. Eine Preisbildung, die derjenigen bei vollständiger Konkurrenz entspricht, ist jedenfalls höchst unwahrscheinlich.

5. Wird ein Mitbestimmungsgesetz eingeführt, so können die betroffenen Unternehmen in ihrer freien Dispositionsmöglichkeit beschränkt

werden. Die Verlegung des Standorts einer Unternehmung sowie die Umstellung und die Erweiterung oder Einschränkung der Produktion können von der Zustimmung der Arbeitnehmer oder auch der Staatsorgane abhängig sein, so daß sich die Unternehmen nicht mehr mit der gleichen Schnelligkeit wie zuvor an veränderte Marktsituationen anpassen können[50].

6. In gleicher Richtung wirken erweiterte gesetzliche Kündigungsschutzbestimmungen. Bei den betroffenen Unternehmen erhöht sich der Anteil der fixen Kosten, weil bislang variable Kosten fix werden[51].

Es zeigt sich somit, daß sich die verschiedenen staatlichen Eingriffe sehr unterschiedlich auf die direkt betroffenen Unternehmen auswirken können. Die Einführung von Steuern und Sozialabgaben kann dazu führen, daß der Preis und die Absatzmenge des unmittelbar betroffenen Produkts konstant bleibt. Es kann aber auch sein, daß die Absatzmenge konstant bleibt, während sich der Preis erhöht. Schließlich kann sich der Preis und die Absatzmenge gleichzeitig ändern, und endlich kann die Absatzmenge zurückgehen, während der Preis konstant bleibt. Die Umsatzsteuerrückvergütung bei der Ausfuhr und die Importausgleichsbelastung bei der Einfuhr üben gleichfalls Preis- und Absatzeffekte auf die international gehandelten Güter aus. Zwar ist das Ergebnis nicht exakt feststellbar, aber eine „wettbewerbsneutrale" Wirkung dieser Praktiken wäre rein zufällig. Durch das Monopolverbot wird zu verhindern versucht, daß sich die tatsächlichen Preise und Absatzmengen eines Produkts allzusehr von der Idealvorstellung der Preisbildung bei vollständiger Konkurrenz entfernen. Der Erfolg dieser Maßnahme ist fraglich. Änderungen im Bereich der Gesetzgebung über das Mitbestimmungsrecht oder der Gesetzgebung über die Kündigungsschutzbestimmungen wirken sich erst dann aus, wenn das Marktgleichgewicht gestört wird, womit allerdings stets gerechnet werden muß. Erst dann werden sie zu Preis- und Mengeneffekten bei den Produkten der direkt betroffenen Unternehmen führen.

Die Untersuchung der Auswirkungen dieser unterschiedlichen staatlichen Eingriffe blieb bisher jeweils auf die direkt betroffenen Unternehmen beschränkt. Dieser Blickwinkel ist aber zu eng. Die beschriebenen staatlichen Eingriffe können auch Auswirkungen auf die nicht

---

50 Vgl. F. W. *Meyer* u. H. *Willgerodt*, Der wirtschaftspolitische Aussagewert internationaler Lohnvergleiche, in: Internationale Lohngefälle, wirtschaftspolitische Folgerungen und statistische Problematik, hrsg. vom Bundesministerium für wirtschaftliche Zusammenarbeit, Bonn (1956), S. 36 f.

51 Vgl. F. W. *Meyer* u. H. *Willgerodt*, Der wirtschaftspolitische Aussagewert ..., S. 37.

unmittelbar betroffenen Unternehmen haben. Die Auswirkugnen dieser Eingriffe auf den Wettbewerb in der Gemeinschaft lassen sich somit erst übersehen, wenn ihre mittelbaren und unmittelbaren Auswirkungen bekannt sind. Dabei zeigt sich, daß die Eingriffe der Mitgliedstaaten die Wettbewerbslage in der Gemeinschaft mit großer Wahrscheinlichkeit verändern. Sie können verhindern, daß die „rationellste Verteilung der Produktion auf dem höchsten Leistungsstand" erreicht wird.

Das ist im Modell der vollständigen Konkurrenz unmittelbar ersichtlich, wenn z. B. bei der Einführung einer Mengensteuer zwar der Preis der unmittelbar betroffenen Produkte konstant bleibt, aber die Absatzmenge verändert wird. Die Absatzänderung zieht eine Produktionsverlagerung im direkt betroffenen Produktionszweig nach sich. Diese Produktionsverlagerung kann sich über den Wettbewerb auf dem Markt der Produktionsfaktoren auch auf andere Produktionszweige auswirken. Bleiben Preis und Absatzmenge im unmittelbar betroffenen Produktionszweig konstant, so wird dennoch eine Produktionsverlagerung eintreten. Die Gewinne der betroffenen Unternehmen schrumpfen. Einzelne Anbieter werden aus dem Markt ausscheiden. Auch hier ist über den Wettbewerb auf dem Markt der Produktionsfaktoren eine Ausweitung des Prozesses auf nicht direkt betroffene Produktionszweige möglich. Bleibt die Absatzmenge konstant, während sich der Preis des direkt betroffenen Gutes ändert, so wird diese Preisänderung bei anderen Produkten zu Veränderungen in der Nachfrage führen. Die Preise und Absatzmengen dieser nur mittelbar betroffenen Produkte werden sich ändern[52]. Es wird zu Produktionsverlagerungen kommen. Ändern sich Preis und Absatzmenge der unmittelbar betroffenen Produkte gleichzeitig, so werden beide Effekte zu einer Produktionsverlagerung führen. Jeder dieser staatlichen Eingriffe wird zu Produktionsverlagerungen im direkt betroffenen Produktionszweig und (oder) in den nur indirekt betroffenen Produktionszweigen führen. Wenn sich die Eingriffe auf mehrere oder sämtliche Bereiche der Volkswirtschaft erstrecken, so können sich die Produktionsverlagerungen, die von jedem direkt betroffenen Produktionszweig ausgehen, gegenseitig ausgleichen; sie können sich auch addieren. Eine Verteilung der Erzeugung, die den Vorstellungen des Modells der vollständigen Konkurrenz entspricht, wäre rein zufällig.

Die staatlichen Eingriffe werden auch die Ausgangslage im Außenhandel verändern. Führt z. B. eine Mengensteuer zu einer Preissteigerung im direkt betroffenen Produktionszweig, so wird, sofern nicht

---

[52] Diese Preisänderungen können wiederum Rückwirkungen auf die Nachfrage nach den unmittelbar betroffenen Produkten haben und auch dort zu Produktionsverlagerungen führen.

zufällig im Ausland eine entsprechende Preissteigerung stattfindet, der inländische Produktionszweig im Wettbewerb benachteiligt. Wirkt sich die Mengensteuer wegen der besonderen Elastizitätsverhältnisse nicht auf den Preis und die Absatzmenge des direkt betroffenen Produktionszweigs aus, so wird der Außenhandel nur mittelbar berührt. Im direkt betroffenen Produktionszweig werden Produktionsfaktoren ausscheiden und in andere Produktionszweige drängen. Dort werden wegen des erhöhten Angebots die Preise der Produktionsfaktoren und mit ihnen die Produktionskosten sinken. Das wird zu Preissenkungen führen, die sich auf den internationalen Handel auswirken.

b) Die Bedeutung der Eingriffsmöglichkeiten der Mitgliedstaaten für die Wirksamkeit des Subventionsverbots

Die Auswirkungen der staatlichen Maßnahmen, die im Kompetenzbereich der Mitgliedstaaten verblieben sind, sind somit sehr komplexer Natur. Ihre Ermittlung würde mit einem ungeheuren Arbeitsaufwand verbunden und doch mit sehr großen Unsicherheitsfaktoren belastet sein. So müßte für jede Maßnahme, die den Vertragssektor mittelbar oder unmittelbar trifft, zunächst die Auswirkung auf die unmittelbar betroffenen Produkte über eine Berechnung der Preiselastizitäten von Angebot und Nachfrage ermittelt werden. Anschließend müßten eventuelle mittelbare Auswirkungen dieser Maßnahmen auf den Vertragssektor abgeschätzt werden. Diese Aufgaben können noch nicht zufriedenstellend gelöst werden.

Schon allein deshalb wird es der Hohen Behörde sehr schwer fallen, die Auswirkungen derartiger Eingriffe auf den Wettbewerb in der Gemeinschaft in Grenzen zu halten und eine Umgehung des Subventionsverbots zu verhindern. Dies gilt um so mehr, als die Bestimmungen des Art. 67 sehr zurückhaltend sind. „Der Grundgedanke seiner verschiedenen Regelungen zielt darauf hin, durch ein Eingreifen der Hohen Behörde diejenigen staatlichen Maßnahmen ... zu unterbinden oder in ihren Wirkungen zu paralysieren, welche die Unterschiede der Produktionskosten in den Gemeinschaftsindustrien vergrößern' und hierdurch den Wettbewerb für die Industrien mit größeren Produktionskosten erschweren. Künstliche Kostenelemente werden durch Art. 67 aber nicht unmittelbar und tatsächlich nur in begrenztem Umfange ausgeschlossen. Ihnen kann die Hohe Behörde im wesentlichen nur entgegentreten, soweit ihre Einführung durch staatliche Maßnahmen eine Vergrößerung von Kostenunterschieden zur Folge hat. Bewirken sie eine Angleichung der Kostenlage in den verschiedenen Mitgliedstaaten, so sind sie dagegen vorbehaltlich der begrenzten Eingriffsmöglichkeit gemäß Art. 67 § 3 gegen Angriffe der Hohen Behörde geschützt[53]."

2. Der Versuch einer Ergänzung der Abgrenzung des Gerichtshofs

Wenn der Gerichtshof die Abgrenzung der Bereiche der Art. 4 Abs. c und 67 nur an der Kompetenzenregelung des Vertrags orientiert, muß er also damit rechnen, daß das Subventionsverbot über Art. 67 umgangen wird. Es wird deshalb versucht, die Abgrenzung des Gerichtshofs in einer Weise zu ergänzen, die dem Subventionsverbot wieder stärkere Geltung verschafft, indem der Bereich derjenigen Maßnahmen, die unter Art. 67 fallen, eingeschränkt und der Bereich jener Maßnahmen, die unter das Subventionsverbot fallen, ausgedehnt wird. Dabei wird durchaus an der bestehenden Kompetenzenregelung festgehalten. Es wird nur auf eine Frage stärkeres Gewicht gelegt, auf die der Gerichtshof nicht ausführlich genug eingegangen ist. Es wird nämlich eingehend untersucht, ob die Mitgliedstaaten innerhalb ihres Kompetenzbereichs in ihren Maßnahmen völlig frei sind oder ob ihnen innerhalb dieses Bereichs in ihren Maßnahmen Einschränkungen auferlegt werden können.

Der Versuch einer solchen Einengung der Befugnisse der Mitgliedstaaten erscheint einigermaßen sinnvoll, wenn auf die Ergebnisse der Untersuchung über die Auswirkungen einzelner staatlicher Maßnahmen zurückgegriffen wird. Bei dieser Untersuchung hat sich zwar gezeigt, daß bei jedem staatlichen Eingriff mit Wettbewerbsverzerrungen gerechnet werden muß, es hat sich aber auch gezeigt, daß die Auswirkungen sehr unterschiedlich sind. Die staatlichen Eingriffe wirken sich bei den direkt betroffenen Unternehmen mit großer Wahrscheinlichkeit[54] unmittelbar auf die Preise und Absatzmengen aus und führen so unmittelbar zu Wettbewerbsbeeinträchtigungen dieser Unternehmen im nationalen und auch im internationalen Raum. Werden die Unternehmen dagegen nur indirekt von staatlichen Maßnahmen getroffen, so besteht nur ein mittelbarer Einfluß auf ihre Wettbewerbsposition. Für diese Unternehmen werden die Preise und Absatzmengen ihrer Produkte nicht unmittelbar berührt. Es ändern sich zunächst lediglich die Preise und Absatzmengen der direkt betroffenen Unternehmen. Erst diese Veränderungen sowie die Preis- und Absatzmengenänderun-

---

[53] Vgl. Ernst *Steindorff*, Sonderlasten und Subventionen im Gemeinsamen Markt der Europäischen Gemeinschaft für Kohle und Stahl, Anmerkung zu dem Urteil des Gerichtshofes der EGKS vom 23. April 1956, in: Wirtschaft und Wettbewerb, Jg. 7 (1957), S. 636.

[54] Die Preise und Absatzmengen werden nur bei extremen Elastizitätsverhältnissen nicht unmittelbar berührt.

gen anderer nur indirekt betroffener Unternehmen können sich auf ihre eigenen Preise und Absatzmengen auswirken.

a) Staatliche Eingriffe mit mittelbaren und unmittelbaren Auswirkungen auf den Montanbereich

Dieser Unterschied in den Auswirkungen der staatlichen Eingriffe erscheint zunächst nicht sehr bedeutungsvoll. Er erhält aber praktisches Gewicht, wenn berücksichtigt wird, daß in der Montanunion nur eine sektorale Integration auf dem Gebiet von Kohle und Stahl angestrebt wird. Die Auswirkungen der staatlichen Eingriffe sind nur insoweit interessant, als sie die Vertragssektoren berühren. Dabei kann zwischen den Maßnahmen unterschieden werden, die die Wettbewerbsbedingungen in den Kohle- und Stahlindustrien unmittelbar berühren und jenen Eingriffen, die nur mittelbare Auswirkungen auf die Kohle- und Stahlindustrien der Gemeinschaft haben[55].

Die unmittelbaren Auswirkungen der staatlichen Eingriffe auf den Montansektor lassen sich relativ leicht feststellen. So wird bei der Auferlegung einer Mengensteuer auf ein Vertragserzeugnis nur bei völlig starrem Angebot und völlig oder beschränkt preiselastischer Nachfrage keine unmittelbare Auswirkung auf den Preis oder die Absatzmenge des Produkts festzustellen sein. Desgleichen wird der Unternehmerbeitrag zur Sozialversicherung nur bei völlig preiselastischer Nachfrage und starrem oder beschränkt preiselastischem Angebot des Faktors Arbeit vollständig auf die Arbeitnehmer überwälzt werden. Gelingt die Überwälzung nur unvollkommen, so wird sich dies nur bei völlig starrem Angebot und völlig oder beschränkt preiselastischer Nachfrage nicht auf Preis und Absatzmenge des Fertigprodukts auswirken. Diese Maßnahmen werden sich also nur bei sehr extremen Elastizitätsverhältnissen, die leicht erkennbar sind, nicht unmittelbar auf die Preise oder Absatzmengen der Vertragserzeugnisse auswirken.

Die mittelbaren Auswirkungen staatlicher Maßnahmen auf die Vertragssektoren lassen sich dagegen nur sehr schwer abschätzen. Zunächst müssen die unmittelbaren Auswirkungen dieser Maßnahmen auf die Unternehmen im außervertraglichen Sektor bekannt sein. Diese un-

---

[55] Eingriffe mit mittelbaren Auswirkungen auf den Wettbewerb in der Gemeinschaft wirken sich auf die Unternehmen der Gemeinschaft nur insoweit aus, als diese Unternehmen von Preis- oder Mengenänderungen außervertraglicher Wirtschaftseinheiten berührt werden, die im Gefolge dieser Maßnahmen auftreten. Bei Eingriffen mit unmittelbaren Auswirkungen auf den Wettbewerb in der Gemeinschaft sind keine Preis- oder Mengenänderungen außervertraglicher Unternehmen erforderlich. Die Unternehmen der Gemeinschaft werden durch diese Eingriffe unmittelbar betroffen.

mittelbaren Auswirkungen können sich auf andere nicht unmittelbar betroffene Unternehmen der Volkswirtschaft und damit auch auf die Vertragsunternehmen auswirken. Die Feststellung dieser Auswirkungen ist aber mit sehr großen Schwierigkeiten verbunden. Im Grunde ist wegen der allgemeinen Interdependenz stets mit mittelbaren Auswirkungen zu rechnen. Konkrete Vorstellungen lassen sich nur über quantitative Untersuchungen gewinnen, deren Aussagewert aber derzeit noch sehr umstritten ist[56]. Die mittelbaren Auswirkungen staatlicher Maßnahmen auf den Bereich des Montanvertrags werden sich nur in den seltensten Fällen abschätzen lassen[57].

Dieses Ergebnis läßt m. E. den Schluß zu, daß den Mitgliedstaaten bei Maßnahmen, die nur mittelbare Auswirkungen auf den Wettbewerb im Montanbereich haben, keine zusätzliche Einschränkungen auferlegt zu werden brauchen. Den Mitgliedstaaten kann hier im Rahmen ihrer Kompetenzen völlige Freiheit gelassen werden. Zwar werden durch diese Maßnahmen die Wettbewerbsbedingungen in den Kohle- und Stahlindustrien der Gemeinschaft ohne jeden Zweifel beeinträchtigt, dies läßt sich aber, solange den Mitgliedstaaten nicht sämtliche Befugnisse abgesprochen werden, ohnehin nicht verhindern. Die Anwendung des Subventionsverbots wird im Montanvertrag also stets mit der Unsicherheit, die sich daraus ergibt, belastet sein. Da aber die Auswirkungen dieser Maßnahmen nur mittelbarer Art und somit einigermaßen unbestimmt sind, können sie wenigstens nicht zu einer bewußten Umgehung des Subventionsverbots herangezogen werden. Soweit sich im Rahmen dieser Maßnahmen dennoch gezielte Wettbewerbsverfälschungen im Bereich der Gemeinschaft erreichen lassen, kann ihnen m. E. im Rahmen des Art. 67 begegnet werden.

b) Spezielle und allgemeine staatliche Maßnahmen

Bei den Eingriffen, die unmittelbare Auswirkungen auf die Wettbewerbsbedingungen in der Gemeinschaft haben, lassen sich diese unmittelbaren Auswirkungen mit einiger Sicherheit bestimmen. Die Mitgliedstaaten können im Rahmen ihres Kompetenzbereichs über diese Maßnahmen eine Umgehung des Subventionsverbots versuchen. Andererseits kann den Mitgliedstaaten nicht jeder Eingriff untersagt werden, der unmittelbare Auswirkungen auf den Gemeinschaftsbereich hat. So werden die Mitgliedstaaten beispielsweise keinesfalls darauf

[56] Hier könnte z. B. das Instrument der Kreuzpreiselastizität Anwendnug finden. Es wird aber noch an anderer Stelle ausgeführt, daß die praktische Handhabung dieses Instruments mit großen Schwierigkeiten verbunden ist.

[57] Ein solcher Ausnahmefall ist die Heizölsteuer. Sie wurde eingeführt, um die Kohle vor dem Wettbewerb des Heizöls zu schützen.

verzichten, weiterhin die Umsatzsteuer auch im Montansektor zu erheben. Den Mitgliedstaaten werden deshalb in diesem Bereich von Maßnahmen zusätzliche Einschränkungen auferlegt werden müssen, die wenigstens eine Umgehung des Subventionsverbots verhindern sollen.

Hier bietet sich m. E. die Unterscheidung zwischen allgemeinen und speziellen staatlichen Maßnahmen an. Allgemeine staatliche Maßnahmen erstrecken sich in gleicher Weise auf sämtliche Sektoren der Volkswirtschaft. Spezielle staatliche Eingriffe erstrecken sich nur auf Teilbereiche der Volkswirtschaft[58]. Es erscheint plausibel, daß zwischen den Auswirkungen dieser beiden Gruppen von Maßnahmen ein wichtiger Unterschied besteht. Es kann nämlich vermutet werden, daß die Mitgliedstaaten über spezielle staatliche Eingriffe, die unmittelbare Auswirkungen auf den Wettbewerb in der Gemeinschaft haben, gezielt auf den Wettbewerb in der Gemeinschaft einwirken können, während ihnen dies über allgemeine staatliche Maßnahmen weniger leicht gelingen dürfte. Die Mitgliedstaaten könnten demnach über spezielle staatliche Eingriffe, die unmittelbare Auswirkungen auf den Wettbewerb in der Gemeinschaft haben, das Subventionsverbot des Art. 4 Abs. c zu umgehen versuchen, während diese Versuchung bei allgemeinen staatlichen Maßnahmen nicht sehr groß wäre[59].

Wenn diese Vermutung zutrifft, sollte diese Unterscheidung mit zur Abgrenzung der Bereiche der Art. 4 Abs. c und 67 des Vertrags herangezogen werden. Es sollte dann den Mitgliedstaaten die Verpflichtung auferlegt werden, auf spezielle Maßnahmen, die unmittelbare Auswirkungen auf den Wettbewerb in der Gemeinschaft haben, zu verzichten, auch wenn sich die Mitgliedstaaten dabei im Rahmen ihres Kompetenzbereichs bewegen. Allgemeine staatliche Maßnahmen und spezielle Eingriffe mit nur mittelbaren Auswirkungen auf den Wettbewerb in der Gemeinschaft wären den Mitgliedstaaten dagegen weiterhin erlaubt.

---

[58] Wird im Rahmen einer allgmeinen Maßnahme ein einzelner Wirtschaftszweig in besonderer Weise getroffen, dann kommt diese besondere Auswirkung einer speziellen Maßnahme gleich. Wird im Rahmen einer allgemeinen Maßnahme ein einzelner Wirtschaftszweig in geringerem Maße oder überhaupt nicht getroffen, so kommt dies einer speziellen Maßnahme gleich, die diesen besonderen Wirtschaftszweig trifft.

[59] Das wird auch dann erreicht, wenn die Auswirkungen allgemeiner staatlicher Maßnahmen auf den Wettbewerb in der Gemeinschaft nicht genau festgestellt werden können. Es genügt also der Nachweis, daß über allgemeine staatliche Eingriffe nicht gezielt auf den Wettbewerb in der Gemeinschaft eingewirkt werden kann. Es braucht nicht nachgewiesen zu werden, daß allgemeine staatliche Maßnahmen den Wettbewerb in der Gemeinschaft nicht beeinträchtigen.

3. Der Ausgleich der Zahlungsbilanz in der Montanunion

Ein erster Anhaltspunkt für diese Unterscheidung der Auswirkungen allgemeiner staatlicher Maßnahmen von den Auswirkungen unmittelbarer und spezieller staatlicher Eingriffe auf den Wettbewerb in der Gemeinschaft läßt sich aus dem Steuerstreit in der Montanunion gewinnen. Dort ging es um die Frage, welches System der Besteuerung auf die Waren beim Grenzübergang im Gemeinsamen Markt anzuwenden sei. Dabei standen zwei Idealtypen zur Diskussion: die Besteuerung nach dem Bestimmungsland (System a) und die Besteuerung nach dem Ursprungsland (System b). Beim System a wird die Ware beim Grenzübergang in vollständiger Weise von der Steuerlast des Inlands befreit und mit der Steuerlast des Bestimmungslands belastet. Beim System b bleibt die Steuerlast beim Grenzübergang unverändert[60]. Der sog. Tinbergen-Ausschuß sollte diese Frage untersuchen. Er kam zu dem Ergebnis, daß bei allgemeinen direkten und indirekten Steuern kein Unterschied zwischen den beiden Besteuerungssystemen besteht, weil keines der beiden Systeme zu Beeinträchtigungen des Handels in der Montanunion führt. Der Ausschuß hat dieses Ergebnis mit dem Hinweis auf die Ausgleichsmechanismen der Zahlungsbilanz gerechtfertigt. „Wenn mit der Steuer die Ausfuhr ebenso wie der Absatz auf dem Inlandsmarkt belegt würde, könnten die Produzenten aller Waren auf den Auslandsmärkten ‚vom Standpunkt des Wettbewerbs aus benachteiligt‘ erscheinen; aber das ‚Gleichgewicht‘ könnte durch eine im Vergleich zu der Stellung im System a erfolgenden Senkung der Kosten der Produktionsfaktoren in ausländischen Devisen erfolgen, das heißt durch einen niedrigeren Wechselkurs als den Kurs, den man beim System a hätte, oder alternativ durch eine relative Senkung der Kosten der Produktionsfaktoren. In bezug auf das statische Gleichgewicht auf lange Sicht, würde die einzige Differenz zwischen den Systemen a und b in dem Wechselkurs liegen[61].“ Der Ausschuß geht also davon aus, daß die Auswirkungen allgemeiner staatlicher Eingriffe durch Ausgleichsprozesse über die Zahlungsbilanz ausgeglichen werden können. In bezug auf spezielle staatliche Eingriffe scheint er das nicht anzunehmen. Zwar hat der Ausschuß nicht ausdrücklich untersucht, wie sich etwa eine spezielle Steuer auf den Wettbewerb in der Gemeinschaft aus-

---

[60] In Wirklichkeit wird z. B. in Deutschland bei der Umsatzsteuer ein System angewandt, das weder dem System a noch dem System b entspricht. Es findet zwar eine Steuerrückvergütung bei der Ausfuhr und eine Ausgleichsbelastung bei der Einfuhr statt. Diese Beträge werden aber nicht exakt ermittelt.

[61] Europäische Gemeinschaft für Kohle und Stahl, Hohe Behörde (Hrsg.), Bericht über die durch die Umsatzsteuer aufgeworfenen Probleme auf dem Gemeinsamen Markt, verfaßt von dem gemäß Beschluß der Hohen Behörde Nr. 1/53 vom 5. März 1953 gebildeten Sachverständigenausschuß, S. 24.

wirkt. Seine Ausführungen enthalten aber entsprechende Hinweise. Der Ausschuß stellt nämlich fest: „Was durch einen Wechselkurs nicht erreicht werden kann, ist, u n g l e i c h e Erhöhungen, die zu den Preisen für verschiedene exportierte Waren hinzukommen (Anwendung von Regieabgaben in veränderlicher Höhe, usw.) auszugleichen[62]." Er folgert auch wenig später: „Vielleicht ist es von gewissem theoretischem Interesse, ... darauf hinzuweisen, daß, wenn eine gegebene Industrie eine besonders hohe Steuer vom Einkommen zahlen müßte, das Land grundsätzlich eine Erstattung für alle für die Ausfuhr gelieferten Erzeugnisse dieser Industrie gewähren müßte, um das außergewöhnliche Niveau dieser Steuer auszugleichen und daß es ferner eine Ausgleichsabgabe für die Einfuhr dieser Erzeugnisse vorschreiben müßte[63]." Der Ausschuß scheint demnach davon auszugehen, daß spezielle Eingriffe nicht durch Ausgleichsprozesse über die Zahlungsbilanz ausgeglichen werden.

Der Bericht des Tinbergen-Ausschusses wurde insbesondere von deutscher Seite heftig angegriffen[64], wobei sich die Kritik vor allem gegen die Annahme derartiger Ausgleichsprozesse über die Zahlungsbilanz wandte. Dieser Einwand muß in einer eingehenden Untersuchung geklärt werden, die von den Ausgleichsmechanismen der Zahlungsbilanz auszugehen hat.

a) Die Ausgleichsmechanismen der Zahlungsbilanz

„Die Zahlungsbilanz ist die bilanzmäßige Gegenüberstellung aller empfangenen und geleisteten Zahlungen eines Landes im Verkehr mit anderen Volkswirtschaften in einem bestimmten Zeitraum[65]." Sie umfaßt in der Aufgliederung der deutschen Bundesbank die Leistungs- und Kapitalbilanz, die Devisenbilanz und den Saldo der nicht erfaßbaren Posten und der statistischen Ermittlungsfehler. In der Leistungs- und

---

62 Europäische Gemeinschaft für Kohle und Stahl, Hohe Behörde (Hrsg.), Bericht über ..., S. 24. z. T. im Original hervorgehoben.

63 Europäische Gemeinschaft für Kohle und Stahl, Hohe Behörde (Hrsg.), Bericht über ..., S. 25. Die außergewöhnliche Belastung im Rahmen der Einkommensteuer kann als eine direkte Steuer auf einzelne Erzeugnisse gedeutet werden.

64 Vgl. dazu W. *Albers*, Steuerprobleme der Montanunion, Eine Auseinandersetzung mit dem Bericht des Tinbergen-Ausschusses, in: Die Weltwirtschaft, Halbjahresschrift des Intituts für Weltwirtschaft an der Universität Kiel, hrsg. von Fritz *Baade*, Jg. 1953, Heft 2, S. 162 ff. Rudolf *Regul*, Wirtschaftsintegration und Steuersysteme, Der gegenwärtige Stand der Untersuchungen über das Steuerproblem in der Europäischen Gemeinschaft für Kohle und Stahl, in: Finanzarchiv, begründet von Georg von *Schanz*, fortgeführt von Hans *Teschemacher*, hrsg. von Fritz *Neumark*, N. F., Bd. 20 (1955/56), S. 313 ff.

65 Alfred *Kruse*, Außenwirtschaft, Die Internationalen Wirtschaftsbeziehungen, Berlin 1958, S. 163.

Kapitalbilanz sind unter der Bezeichnung „laufende Posten" die Positionen „Warenhandel und Dienstleistungen" — darunter auch der Posten „Kapitalerträge" — und „unentgeltliche Leistungen" verzeichnet. Unter dem Posten „Kapitalleistungen" werden die langfristigen und die kurzfristigen Kapitalleistungen erfaßt. In dieser Zahlungsbilanz wird jeder Zahlungsvorgang im Verkehr mit anderen Volkswirtschaften nach dem Grundsatz der doppelten Buchführung zugleich auf beiden Seiten der Bilanz verzeichnet; die Zahlungsbilanz muß also stets ausgeglichen sein. Das gilt nicht für die einzelnen Teilbilanzen, die durchaus unausgeglichen sein können und für die nur gilt, daß sich ihre Salden insgesamt ausgleichen. Werden aus dieser Zahlungsbilanz einzelne Positionen herausgenommen, so spricht man von einer Zahlungsbilanz im engeren Sinne. Die ausgeklammerten Positionen sind nicht immer dieselben[66]. Diese Zahlungsbilanz im engeren Sinne kann somit unausgeglichen sein, sie kann einen Überschuß oder ein Defizit aufweisen. „Unter Defizit bzw. Überschuß der Zahlungsbilanz versteht man im allgemeinen Gold- plus passive, d. h. durch den Stand der Zahlungsbilanz induzierte Kapitalbewegungen und eigens zwecks Ausgleich der Zahlungsbilanz aufgenommene Kredite[67]."

Wird in einem Zwei-Länder-Modell (Land A = Inland, Land B = Rest der Welt) unterstellt, daß die Zahlungsbilanz des Inlands aus irgendeinem Grund unausgeglichen ist, so läßt sich zeigen, daß unter ganz bestimmten Voraussetzungen eine Tendenz[68] zu einem automatischen Ausgleich der Zahlungsbilanz besteht[69]. Bei beweglichem Wechselkurs und freiem internationalem Handel wird über den Devisenmarkt ein Anpassungsprozeß in Gang gesetzt, der über die Veränderung des Außenwerts der Währung auf einen Ausgleich der Zahlungsbilanz hinwirkt. Die Wirksamkeit dieses Wechselkursmechanismus hängt von der Beweglichkeit des Wechselkurses[70], von den Elastizitä-

---

[66] Emil *Küng*, Die Selbstregulierung der Zahlungsbilanz, Eine Untersuchung über die automatischen Methoden des Zahlungsbilanzausgleiches, St. Gallen 1948, S. 7 klammert die Übertragungen internationaler Zahlungsmittel und die kurzfristigen Kredite aus; Alfred *Kruse*, Außenwirtschaft ..., S. 172 schließt nur die Devisenbilanz aus, Gottfried *Haberler*, Artikel „Außenhandel (Theorie)", in: HdSW Bd. 1, S. 467 zeigt eine weitere Definitionslöglichkeit, die aus dem oben nachfolgenden Zitat deutlich wird. Er stellt auf die Ursache der Kapitalbewegung ab.

[67] Gottfried *Haberler*, Artikel „Außenhandel (Theorie)", in: HdSW Bd. 1, S. 467. Im Original teilweise hervorgehoben.

[68] Es ist allerdings höchst unwahrscheinlich, daß die Zahlungsbilanz vollständig ausgeglichen oder gar die Ausgangslage vor dem Auftreten der Zahlungsbilanzstörung exakt wiederhergestellt wird.

[69] Es ist nicht notwendig, diese Ausgleichsmechanismen ausführlich darzustellen. Es wird lediglich versucht, die wesentlichen Voraussetzungen zu nennen, unter denen diese Ausgleichsmechanismen abgeleitet werden.

[70] Bei Wechselkursen, deren Schwankungen in engen Grenzen gehalten werden, ist der Wechselkursmechanismus nur sehr beschränkt wirksam.

ten der Nachfrage jedes Landes nach den Exportgütern des anderen Landes und von den Elastizitäten des korrespondierenden Angebots sowie vom Ausgangszustand der Leistungsbilanz ab[71]. Bei stabilen Wechselkursen, frei beweglichen Preisen und freiem internationalem Handel sorgt der Geldmengen-Preis-Mechanismus über eine Veränderung der „commodity terms of trade“[72] für einen solchen Ausgleichsprozeß. Der Geld-Mengen-Preis-Mechanismus setzt darüber hinaus noch das Fehlen störender Kapitalbewegungen, ein bestimmtes Verhalten der Notenbanken beider Länder und die Gültigkeit bestimmter von der Quantitätstheorie postulierter Zusammenhänge voraus[73]. Der Einkommensmechanismus ist bei stabilen und flexiblen Wechselkursen sowie bei freiem internationalem Handel wirksam. Er beruht auf den üblichen Annahmen über die makroökonomische Konsumfunktion [mit steigendem (sinkendem) Volkseinkommen steigen (sinken) die Konsumausgaben der betreffenden Volkswirtschaft] und zeigt, daß das Zahlungsbilanzungleichgewicht über eine Veränderung der Ex- und Importe der Länder beseitigt werden kann. Die Auswirkung auf die Zahlungsbilanz hängt ab von der Größe der autonomen Änderung der Leistungsbilanz und vom Verhältnis der marginalen Importquote zur marginalen Sparquote im In- und Ausland. Sind die marginalen Sparquoten von null verschieden, so wird das Zahlungsbilanzungleichgewicht zwar verringert, es wird aber nicht vollständig beseitigt[74]. Der Zins-Kredit-Mechanismus ist nur bei Vorhandensein wanderungsbereiten Kapitals, bei Vollbeschäftigung im In- und Ausland und bei stabilen politischen Verhältnissen wirksam. Es wird erwartet, daß von einer unausgeglichenen Zahlungsbilanz über Veränderungen der Zinssätze auf den Kapitalmärkten internationale Kapitalbewegungen induziert werden, die auf einen provisorischen Ausgleich der Zahlungsbilanz hinwirken[75].

---

[71] Vgl. Erich *Schneider*, Einführung in die Wirtschaftstheorie, Teil 3, Geld, Kredit, Volkseinkommen und Beschäftigung, 7. verb. Auflage, Tübingen 1962, S. 318.

[72] Die commodity terms of trade geben das reale Austauschverhältnis zwischen Im- und Exportgütern an. $\lambda = \frac{p_i}{p_a \cdot w}$ p_i ist der Preisindex der Exportgüter, w ist der Wechselkurs. Einer Geldeinheit des Auslandes entsprechen w Geldeinheiten des Inlands. p_a ist der Preisindex der Importgüter. (Vgl. Erich *Schneider*, Einführung in die Wirtschaftstheorie ..., Teil 3, Geld, Kredit, Volkseinkommen und Beschäftigung, 5. verb. Aufl., Tübingen 1959, S. 293).

[73] Vgl. zur Kritik an der Quantitätstheorie Erich *Schneider*, Einführung in die Wirtschaftstheorie ..., Teil 3, 7. Aufl., S. 209 ff.

[74] Vgl. Erich *Schneider*, Einführung in die Wirtschaftstheorie ..., Teil 3, 7. Aufl., S. 301 f.

[75] Vgl. Emil *Küng*, Die Selbstregulierung ..., S. 101, Alfred *Kruse*, Außenwirtschaft ..., S. 180.

b) Die Beschränkung dieser Ausgleichsprozesse in den Mitgliedstaaten der Montanunion

Diese Ausgleichsmechanismen werden nur dann wirksam sein, wenn die Voraussetzungen gegeben sind, unter denen sie abgeleitet wurden.

Eine erste Einschränkung ergibt sich aus der Modellvorstellung, die diesen Mechanismen zugrunde liegt. Das ist ein Zwei-Länder-Modell mit den Bezeichnungen Inland und Ausland. Das Ausland war der Rest der Welt; es verfügte über einen einheitlichen Wirtschafts- und Währungsraum. Im Hinblick auf die Montanunion kann dieses Modell nicht aufrechterhalten werden. Die Wirtschaftsbeziehungen zwischen den Mitgliedstaaten der Montanunion unterscheiden sich von den Wirtschaftsbeziehungen zu Drittländern. Es müssen deshalb zumindest drei Wirtschaftsräume unterschieden werden. Das sind: ein einzelner Mitgliedstaat der Gemeinschaft, z. B. Deutschland, der Rest der Montanunion, der als einheitlicher Wirtschafts- und Währungsraum verstanden wird, und der Rest der Welt, der wiederum als ein einheitlicher Wirtschafts- und Währungsraum angesehen wird. Die These vom Zahlungsbilanzausgleich erstreckt sich nun nicht etwa nur auf die Wirtschaftsbeziehungen der Bundesrepublik zum Rest der Gemeinschaft, die Zahlungsbilanz im engeren Sinne umfaßt vielmehr auch die Transaktionen zwischen der Bundesrepublik und dem Rest der Welt. Nur für die Summe dieser beiden Transaktionen gelten die Ausgleichsmechanismen. Wird nun berücksichtigt, daß zwar der Waren-, Dienstleistungs- und Kapitalverkehr der Bundesrepublik mit dem Rest der Gemeinschaft nur wenigen Einschränkungen unterliegt, daß dies aber nicht im selben Maße für die Wirtschaftsbeziehungen zum Rest der Welt gilt, so wird die Gefahr einer Verzerrung des Wettbewerbs auch in den Wirtschaftsbeziehungen zwischen der Bundesrepublik und der Gemeinschaft deutlich. Allgemeine Maßnahmen der staatlichen Wirtschafts- und Finanzpolitik, die nur den Wirtschaftsverkehr mit Drittländern betreffen, stören das Ausgangsgleichgewicht der Zahlungsbilanz und beeinflussen über die Ausgleichsmechanismen auch den Wettbewerb in der Montanunion. Allgemeine Maßnahmen der staatlichen Wirtschafts- und Finanzpolitik, die nur den Handel zwischen den Mitgliedstaaten der Montanunion betreffen, können in ihren Auswirkungen auf die Zahlungsbilanz durch Eingriffe in die Wirtschaftsbeziehungen zu Drittländern kompensiert werden, so daß die Wettbewerbsverzerrung in der Montanunion erst ermöglicht wird.

Eine zweite Einschränkung ergibt sich aus dem Teilcharakter der Montanunion. Die Bestimmungen des Montanvertrags, die insbesondere einen unbeschränkten Warenverkehr zwischen den Ländern der Montanunion zum Ziele haben, gelten nur für wenige Produkte. Wettbewerbsbeschränkungen auf den übrigen Wirtschaftssektoren sind weiterhin möglich, wenn sie auch durch die Errichtung des Vertrags über die Europäische Wirtschaftsgemeinschaft erheblich eingeschränkt wurden. Auch hier umschließt die These vom Zahlungsbilanzausgleich die außervertraglichen Wirtschaftsbeziehungen, so daß durch Wettbewerbsverzerrungen auf diesem Sektor der Wettbewerb innerhalb der Gemeinschaft beeinträchtigt werden kann. Eine allgemeine Maßnahme der Wirtschafts- und Finanzpolitik kann so in ihrer Wirkung auf die Zahlungsbilanz neutralisiert werden und sich im Ergebnis als spezieller Eingriff erweisen. Spezielle Maßnahmen auf den außervertraglichen Sektoren können sich über die Ausgleichsmechanismen der Zahlungsbilanz auf den Wettbewerb in der Montanunion auswirken.

Weitere Einschränkungen ergeben sich aus der Natur der beschriebenen Ausgleichsprozesse. Diese Ausgleichsprozesse erstrecken sich nicht auf alle Positionen der Zahlungsbilanz. Der Einkommensmechanismus und der Geldmengen-Preis-Mechanismus stellen nur auf Vorgänge in der Leistungsbilanz, der Zins-Kredit-Mechanismus stellt allein auf Vorgänge in der Kapitalverkehrsbilanz ab. Der Wechselkursmechanismus erfaßt neben den Vorgängen in der Leistungsbilanz auch diejenigen in der Kapitalverkehrsbilanz. Die restlichen Zahlungsbilanzpositionen werden jeweils als konstant vorausgesetzt. In Wirklichkeit brauchen diese Voraussetzungen nicht erfüllt zu sein. Die Ausgleichsprozesse können durch autonome Entwicklungen in jenen Positionen gestört werden, die bei der Darstellung der Ausgleichsprozesse nicht berücksichtigt wurden. So weist die Bundesrepublik beispielsweise von 1953 bis 1962, also über 9 Jahre hinweg, einen ständigen Passivsaldo der unentgeltlichen Leistungen auf. Von diesem Passivsaldo muß bei dem gegebenen Wechselkurs eine ständige, überschüssige Nachfrage nach Devisen ausgegangen sein. In ähnlicher Weise können Sonderentwicklungen in der Kapitalverkehrsbilanz, die im Zuge außerordentlicher spekulativer Erwartungen aufreten mögen, zu einer Beeinträchtigung der Ausgleichsprozesse führen.

Schließlich ist die Wirksamkeit der Ausgleichsmechanismen noch von den besonderen Voraussetzungen abhängig, unter denen die einzelnen Ausgleichsmechanismen gelten. Zwar sind diese besonderen Voraussetzungen beim Einkommensmechanismus einigermaßen unproblematisch. Es wird im Grunde lediglich unterstellt, daß die Konsumausgaben einer Volkswirtschaft mit steigendem Volkseinkommen steigen. Dieser Mechanismus darf deshalb nicht vernachlässigt werden, auch wenn seine Wirkung nicht offen zutage tritt. Bei den anderen Mechanismen kommt diesen besonderen Voraussetzungen aber eine wesentlich größere Bedeutung zu. So wirkt der Wechselkursmechanismus in den Ländern der Montanunion nur in engen Grenzen, weil eine seiner Voraussetzungen, nämlich die Flexibilität der Wechselkurse, für die Mitgliedstaaten der Gemeinschaft nur unzureichend erfüllt ist.

Auch der Geldmengen-Preis-Mechanismus unterliegt Einschränkungen. Die wichtigsten Ansatzpunkte sind die Erwartung eines bestimmten Verhaltens der Notenbanken und die Voraussetzung beweglicher Preise. Die Notenbank paßt sich beim Geldmengen-Preis-Mechanismus lediglich passiv an die Lage auf dem Devisenmarkt an. Will der Wechselkurs den oberen Interventionspunkt überschreiten, so verkauft sie Devisen gegen Zentralbankgeld und verringert damit den Notenumlauf des Inlands. Dieser Effekt kann aber ausbleiben, wenn die Notenbank diese Geldmengenverringerung durch andere Eingriffe kompensiert. Eine solche Überschneidung der Maßnahmen der Notenbank ist durchaus möglich. Die Maßnahmen der Notenbank sind nicht nur am Außenhandelssaldo orientiert. Besondere Bedeutung kommt beispielsweise auch der binnenwirtschaftlichen Konjunktur zu. Selbst wenn die Notenbank diese Geldmengenverminderung nicht durch andere Eingriffe kompensiert, kann die Veränderung der Preisniveaus ausbleiben, wenn nämlich der von der Quantitätstheorie behauptete Zusammenhang zwischen Geldmengenverminderung und sinkendem Preisniveau nicht besteht. Dieser Zusammenhang kann durch die mangelnde Preisflexibilität, die im Zuge wirtschaftspolitischer Eingriffe und zunehmender Monopolisierung der Märkte aufgetreten ist, beeinträchtigt werden. Allerdings stellt der Geldmengen-Preis-Mechanismus nicht auf Veränderungen im Preisgefüge, sondern auf Veränderungen des Preisniveaus ab. Wird berücksichtigt, daß ungleiche Veränderungen der Preisniveaus zweier Länder in gleicher Richtung genügen, um den Ausgleichsmechanismus ins Spiel zu bringen, so dürfte diese mangelnde Preisflexibilität den Mechanismus wohl abschwächen, ihn aber nicht ausschalten können. Zumindest zeigt sich am Beispiel der deutschen Zahlungsbilanzentwicklung der Nachkriegszeit, daß die treibenden Kräfte dieses Ausgleichsprozesses durchaus wirksam waren. Die Bundesrepublik wies vor allem infolge einer verhältnismäßig erfolgreichen Politik der Währungsstabilisierung von 1951 bis 1961 einen ständigen Aktivsaldo der Leistungsbilanz auf. Dies hätte über den Geldmengen-Preis-Mechanismus zu einer Erhöhung des inländischen Preisniveaus und damit zu einem Ausgleich der Leistungsbilanz führen sollen. Die Notenbank hat diese Entwicklung durch eine deflatorische Geldpolitik zu verhindern versucht[76]. Schließlich hatte sich aber gezeigt, daß dieser Entwicklung mit kreditpolitischen Mitteln allein nicht begegnet werden

---

[76] Vgl. L. Albert *Hahn*, Geld und Kredit, Währungspolitische und konjunkturtheoretische Betrachtungen, Frankfurt a.M. 1960, S. 95.

konnte[77]. Als Ausweg wurde am 6. März 1961 die Aufwertung der DM um etwa 5. v. H. gewählt. Statt des Ausgleichs über den Geldmengen-Preis-Mechanismus wurde der Anpassungsprozeß über den Wechselkursmechanismus nachvollzogen.

Ähnliche Einschränkungen gelten für den Zins-Kredit-Mechanismus. Zwar sind einige seiner wichtigsten Voraussetzungen für die Mitgliedstaaten der Gemeinschaft im wesentlichen erfüllt. Die Währungen der Mitgliedstaaten der Gemeinschaft sind seit Ende des Jahres 1958 für Ausländer konvertierbar. Damit ist der Kapitalverkehr zwischen diesen Ländern wesentlich erleichtert worden. Auch wird er kaum durch Risiken der wirtschaftlichen oder politischen Entwicklung in diesen Ländern gefährdet. Es zeigt sich aber, daß auch hier der Ausgleichsprozeß durch Eingriffe der Notenbanken gestört wird. So wäre in Deutschland infolge der Zahlungsbilanzüberschüsse mit relativ niedrigen Zinssätzen und mit einem Zinsgefälle vom Ausland ins Inland zu rechnen gewesen. Dieses Zinsgefälle hätte sich in Richtung auf einen Kapitalstrom vom Inland ins Ausland und somit auf einen provisorischen Ausgleich der Zahlungsbilanz ausgewirkt. Die Bundesbank hat diese Entwicklung verhindert. Sie sorgte — schon vor der Einführung der Ausländerkonvertibilität — unter dem Eindruck der konjunkturellen Anspannung der Binnenwirtschaft über eine restriktive Geld- und Kreditpolitik für ein hohes Zinsniveau. Diese Politik wurde auch nach der Konvertibilitätserklärung beibehalten und im Herbst 1959 und Sommer 1960 noch verschärft. Zur Vermeidung der drohenden Kapitalimporte wurde u. a. ein Verzinsungsverbot für Auslandsgelder eingeführt und somit auf devisenrechtliche Beschränkungen zurückgegriffen, die erst im Vorjahr aufgehoben wurden[78]. Den Maßnahmen war allerdings kein Erfolg beschieden, so daß sich die Bundesbank zu einem Kurswechsel entschloß[79]. Der Diskontsatz wurde im Herbst 1960 und im Frühjahr 1961 von 5 v. H. auf 3 v. H. herabgesetzt.

Es zeigt sich somit, daß trotz aller Einschränkungen durchaus mit Ausgleichsprozessen über die Zahlungsbilanz zu rechnen ist[80]. Aller-

---

[77] Vgl. Monatsberichte der Deutschen Bundesbank, 13. Jg., Nr. 3 (März 1961), S. 4.

[78] Vgl. Geschäftsbericht der Deutschen Bundesbank für das Jahr 1960, S. 37 f.

[79] Vgl. Geschäftsbericht der Deutschen Bundesbank für das Jahr 1960, S. 42 f.

[80] Dafür bietet gerade die deutsche Geld- und Kreditpolitik der Nachkriegszeit ein eindringliches Beispiel. Die Bundesbank hat sich mit allen ihr zur Verfügung stehenden Mitteln gegen diese Ausgleichsprozesse gewandt. Sie hat sich aber, nachdem ihre Eingriffsmöglichkeiten weitgehend erschöpft waren, bei ihrer Konsultation durch die Bundesregierung für eine Aufwertung der DM ausgesprochen und damit im Ergebnis einen solchen Ausgleichsprozeß mit veranlaßt.

dings muß dieses Ergebnis mit einigen Einschränkungen versehen werden. Zunächst ist nicht sicher, ob durch die Zahlungsbilanzmechanismen die Ausgangslage wieder exakt hergestellt wird. Auch muß dabei mit sehr erheblichen Verzögerungen gerechnet werden. Dann muß vor allem berücksichtigt werden, daß diese Ausgleichsprozesse durch Faktoren beeinflußt werden, die außerhalb des Vertrages stehen. Es handelt sich hierbei um Maßnahmen im Handel zwischen den Mitgliedstaaten der Gemeinschaft, die nicht den Vertragssektor betreffen, um Maßnahmen, die nur den Handel zwischen den Mitgliedstaaten der Gemeinschaft und Drittländern betreffen, und schließlich um Entwicklungen in den verschiedenen Positionen der Zahlungsbilanz, die nicht durch die Ausgleichsmechanismen erfaßt werden.

Dennoch kann wohl gesagt werden, daß im Gefolge allgemeiner staatlicher Eingriffe in aller Regel über die Zahlungsbilanz Ausgleichsprozesse induziert werden, die den unmittelbaren Auswirkungen derartiger Maßnahmen entgegenwirken. Es kann zwar nicht behauptet werden, daß durch diese Ausgleichsprozesse die Ausgangslage vor Einführung der allgemeinen Maßnahmen wiederhergestellt wird. Es muß aber damit gerechnet werden, daß diese Ausgleichsprozesse den unmittelbaren Auswirkungen dieser allgemeinen Maßnahmen in allen Wirtschaftsbereichen so stark entgegenwirken, daß es kaum möglich ist, den Nettoeffekt dieser Maßnahmen für einen bestimmten Wirtschaftsbereich auch nur abzuschätzen. Den Mitgliedstaaten der Gemeinschaft wird es daher kaum möglich sein, über allgemeine staatliche Maßnahmen gezielt auf den Wettbewerb in der Gemeinschaft einzuwirken.

Für spezielle staatliche Eingriffe gilt dieses Argument nicht. Spezielle staatliche Maßnahmen werden in den direkt betroffenen Wirtschaftszweigen unmittelbare Auswirkungen auf die Preise und Absatzmengen haben, die wieder zu mittelbaren Auswirkungen in den nicht direkt betroffenen Bereichen führen können. Diese unmittelbaren Auswirkungen auf den Wettbewerb in der Gemeinschaft lassen sich mit einiger Sicherheit bestimmen. Zwar werden auch diese speziellen Maßnahmen die Zahlungsbilanzsituation der Volkswirtschaft verändern und von dort her entgegengerichtete Ausgleichsprozesse induzieren. Diese werden sich aber auf den Bereich der gesamten Volkswirtschaft verteilen. Es kann daher davon ausgegangen werden, daß die unmittelbaren Auswirkungen auf den Wettbewerb in der Gemeinschaft nicht durch diese Ausgleichsprozesse kompensiert werden[81].

---

[81] Eine Ausnahme ist allerdings möglich, wenn z. B. der speziell getroffene Wirtschaftszweig von größter Bedeutung für den Außenhandel ist. Die Ausgleichsprozesse teilen sich dann diesem Wirtschaftszweig wohl in besonderem Maße mit.

4. Ergebnis: Vorschlag einer Ergänzung der Abgrenzung des Gerichtshofs

Die Abgrenzung des Gerichtshofs sollte deshalb durch die herausgearbeiteten Kriterien ergänzt werden. Dabei ändert sich an der Kompetenzenregelung des Vertrags nichts. Den Mitgliedstaaten stehen nach wie vor dieselben Befugnisse zu. Es werden ihnen aber bei der Ausübung dieser Befugnisse Einschränkungen auferlegt. Zwar sind sie in denjenigen Maßnahmen, die den Vertragsbereich nicht direkt berühren, weiterhin völlig frei. Bei denjenigen Maßnahmen, die den Vertragsbereich direkt berühren, ist dagegen eine Unterscheidung in spezielle und allgemeine staatliche Eingriffe notwendig. Allgemeine staatliche Maßnahmen treffen sämtliche Bereiche einer Volkswirtschaft in gleicher Weise. Bei speziellen Eingriffen ist dies nicht der Fall. Zu dieser Gruppe von Maßnahmen zählen Eingriffe, die nur einen oder wenige Wirtschaftszweige treffen. Dazu gehören aber auch Maßnahmen, die nur einen Wirtschaftszweig nicht treffen und Eingriffe, die einen Wirtschaftszweig in besonderem Maße treffen. Fällt der Wirtschaftszweig, der die Sonderbehandlung erfährt, unter den Vertrag, so findet, sofern die übrigen Merkmale einer Subvention erfüllt sind, das Subventionsverbot des Art. 4 Abs. c Anwendung. Maßnahmen, die den Vertragssektor nicht direkt berühren und allgemeine staatliche Maßnahmen fallen dagegen nicht unter das Subventionsverbot.

Auch bei dieser Abgrenzung der Bereiche der Art. 4 Abs. c und 67 des Vertrags kommt dem Artikel 67 eine Aufgabe zu. Es besteht auch bei dieser Abgrenzung die Möglichkeit, daß die Mitgliedstaaten in Ausnahmefällen dennoch den Wettbewerb innerhalb der Gemeinschaft beeinträchtigen. Sie können auf den außervertraglichen Sektoren Maßnahmen ergreifen, deren Auswirkungen auf den Vertragssektor vorhersehbar sind. Die Einführung der Heizölsteuer in Deutschland ist ein solches Beispiel. Die Heizölsteuer soll den Kohlenbergbau vor dem Wettbewerb des Heizöls schützen. Auch können im Rahmen allgemeiner Maßnahmen die Wettbewerbsbedingungen in den Gemeinschaftsindustrien in besonderem Maße berührt werden. Bei einer Reform des deutschen Umsatzsteuersystems in Richtung auf eine Nettoumsatzsteuer würde die Wettbewerbsposition der deutschen Montanindustrie verbessert werden. Hier kann m. E. über Art. 67 ein Ausgleich dieser Wettbewerbsbeeinträchtigungen angestrebt werden, wobei die Frage offen bleiben soll, ob Art. 67 in diesen beiden Beispielen einen solchen Ausgleich fordert.

Es kann hier nicht beurteilt werden, ob diese Abgrenzung mit dem Vertrag vereinbar ist. Diese Entscheidung muß dem Juristen überlassen bleiben. Immerhin bietet sich in Art. 70 eine interessante Parallele. Die

Verkehrspolitik bleibt grundsätzlich im Kompetenzbereich der Mitgliedstaaten. Den Mitgliedstaaten werden in ihren Maßnahmen lediglich einige Einschränkungen auferlegt. Die Transporttarife dürfen z. B. nicht gegen das Verbot der Diskriminierung verstoßen.

III. Die Beurteilung der Rechtsprechung in der Rechtssache 30/59

Bei der Beurteilung der Rechtsprechung zur Bergmannsprämie in Deutschland muß zwischen der Bewertung des Urteils über die Bergmannsprämie und der Bewertung der praktischen Bedeutung dieses Urteils unterschieden werden.

1. Zum Urteil über die Bergmannsprämie in Deutschland

Der Gerichtshof hat sich bei der Definition des Subventionsverbots auf die Zielsetzung der rationellsten Verteilung der Erzeugung auf dem höchsten Leistungsstand gestützt. Er hat also offenbar erkannt, daß diese Zielsetzung als Maßstab für die Anwendung und Auslegung des Subventionsverbots herangezogen werden kann. Bei der Anwendung dieses Maßstabs sind im wesentlichen drei Probleme aufgetreten.

Zunächst hat der Gerichtshof untersucht, ob auf die Bergmannsprämie Art. 4 Abs. c oder Art. 67 oder beide Bestimmungen gemeinsam anzuwenden waren. Der Gerichtshof hat die unterschiedliche Aufgabenstellung der beiden Bestimmungen herausgestellt. Er hat wohl auch erkannt, daß die Abgrenzung dieser beiden Bestimmungen von großer Bedeutung für den Grad der Realisierung der grundlegenden wirtschaftlichen Ziele des Vertrags ist. Dennoch ist seine Abgrenzung nicht ganz zufriedenstellend. Sie läßt m. E. den Mitgliedstaaten zu viele Möglichkeiten offen, das Subventionsverbot zu umgehen und auf den Wettbewerb in der Gemeinschaft einzuwirken. Es besteht aber m. E. die Möglichkeit, die Abgrenzung des Gerichtshofes so zu ergänzen, daß die grundlegenden wirtschaftlichen Ziele der Gemeinschaft möglichst wenig gefährdet werden, ohne die Eingriffsmöglichkeiten der Mitgliedstaaten in unzumutbarer Weise einzuengen. Dies würde sich auf die Beurteilung der Bergmannsprämie nicht auswirken. Auf die Bergmannsprämie muß in beiden Fällen das Subventionsverbot des Art. 4 Abs. c angewandt werden.

Anschließend hat der Gerichtshof untersucht, ob die Bergmannsprämie, die ja an die Arbeiter im Untertagebergbau gezahlt wird, tatsächlich den Unternehmen des deutschen Kohlenbergbaus zugute kommt. Diese Frage kann ohne eine eingehende Untersuchung nicht eindeutig beantwortet werden. Der Gerichtshof hat sich mit verhältnismäßig groben Überlegungen zufrieden gegeben. Sein Ergebnis ist aber plausibel. Die Bergmannsprämie müßte den Unterehmen des deutschen Kohlenbergbaus mit größter Wahrscheinlichkeit zumindest teilweise zugute kommen.

Schließlich mußte der Gerichtshof noch auf die Behauptung der Hohen Behörde eingehen, die Bergmannsprämie habe ihren rechtswidrigen Charakter verloren, weil ihre Auswirkungen durch eine Ausgleichsmaßnahme vollständig beseitigt worden seien. Die Hohe Behörde hat die Aufhebung des staatlichen Zuschusses zur knappschaftlichen Rentenversicherung als eine solche Ausgleichsmaßnahme bezeichnet. Der Gerichtshof hat die Frage offen gelassen, ob ein solcher Ausgleich zulässig ist. Er hat auch nicht geprüft, ob der staatliche Zuschuß zur knappschaftlichen Rentenversicherung selbst unter das Subventionsverbot fällt. Der Gerichtshof hat lediglich festgestellt, daß ein solcher Ausgleich allenfalls nur ungefähr erfolgt sei und hat deshalb die Bergmannsprämie endgültig abgelehnt[82].

Die Entscheidung des Gerichtshofs erscheint verständlich, wenn die Argumente des Klägers und der Hohen Behörde miteinander verglichen werden. Die Hohe Behörde hat ursprünglich die Zahlungen im Rahmen der Bergmannsprämie vom 1. 4. 1958 bis zum 1. 4. 1959 auf 195 Mill. DM angesetzt. Die Mehrausgaben der Arbeitgeber, die durch die Aufhebung des staatlichen Zuschusses zur knappschaftlichen Rentenversicherung notwendig wurden, hat sie mit 209,5 Mill. DM angegeben. Die Hohe Behörde folgerte daraus, daß die Auswirkungen der Bergmannsprämie vollständig beseitigt worden seien. Der Kläger hat aber die Angaben der Hohen Behörde, soweit sie die Entlastung durch die Bergmannsprämie betreffen, bestritten. Er hat zu den 195 Mill. DM einen Zuschlag von 10 v. H. hinzugerechnet, weil die Schichtprämie lohnsteuerfrei ist, und ist damit auf 214,5 Mill. DM gekommen. Der Kläger hat deshalb den Ausgleich der Wirkungen der Bergmannsprämie in Frage gestellt. Daraufhin hat die Hohe Behörde die Zahlungen im Rahmen der Bergmannsprämie mit nunmehr 173,5 Mill. DM[83] angegeben, so daß selbst bei einem Zuschlag von 10 v. H. die Grenze von 209 Mill. DM nicht mehr erreicht würde. Diese Gegenüberstellung ist in mehrfacher Hinsicht unbefriedigend.

---

[82] Vgl. Sammlung der Rechtsprechung ..., Bd. 7, S. 60.

[83] Eine Begründung für diese andere Zahl findet sich in der Rechtsprechung nicht. Nach brieflicher Angabe des Unternehmensverbands Ruhrbergbau, Essen, waren im anfänglich genannten Betrag von 195 Mill. DM auch die Prämienzahlungen an die außervertraglichen Bergbauunternehmen enthalten (vgl. briefliche Äußerung des Unternehmensverbands Ruhrbergbau, Essen, vom 22. Juni 1964).

Beide Parteien berücksichtigen das Überwälzungsproblem nicht. Es wurde gezeigt, daß die Bergmannsprämie mit einiger Sicherheit teilweise den Arbeitgebern zugute kommt. Die Lohnsätze und mit ihnen die Arbeitskosten der Unternehmer werden sinken. Aber auch beim staatlichen Zuschuß zur knappschaftlichen Rentenversicherung muß mit einem ähnlichen Ergebnis gerechnet werden. Die Nachfrage der Unternehmer auf dem Arbeitsmarkt wird steigen, die Lohnsätze werden ebenfalls steigen. Gleichzeitig werden aber die Arbeitskosten der Unternehmen sinken. Die beiden Maßnahmen wirken sich also in gleicher Weise auf die Unternehmen aus. Deren Arbeitskosten werden sinken. Umgekehrt werden, wenn den Unternehmen der staatliche Zuschuß zur knappschaftlichen Rentenversicherung entzogen wird, die Arbeitskosten der Unternehmen für sich betrachtet steigen. Die Aufhebung des staatlichen Zuschusses zur knappschaftlichen Rentenversicherung ruft also bei den Unternehmen einen Effekt hervor, der demjenigen der Bergmannsprämie entgegengerichtet ist. Es ist aber, auch wenn die Summe der Prämienzahlungen und der Staatszuschüsse einander gleich sind, keinesfalls sicher, daß die Arbeitskosten der Unternehmen bei der Aufhebung dieser Staatszuschüsse im gleichen Ausmaß steigen, wie sie durch die Gewährung der Prämie gesunken sind.

Im übrigen muß darauf hingewiesen werden, daß den Zahlungen im Rahmen der Bergmannsprämie zwar ein Zuschlag hinzuzufügen ist, der die Lohnsteuereinsparungen der Arbeitnehmer ausmacht, die Festsetzung dieses Zuschlags in Höhe von 10 v. H. der Prämiensumme ist aber zunächst durch nichts gerechtfertigt.

Schließlich muß auch berücksichtigt werden, daß sich die Bemessungsgrundlagen für die Schichtprämie und für den staatlichen Zuschuß zur knappschaftlichen Rentenversicherung voneinander unterscheiden. Die Schichtprämie wird pro volle verfahrene Schicht gewährt. Der staatliche Zuschuß zur knappschaftlichen Rentenversicherung, der nunmehr von den Unternehmen zu tragen ist, betrug 6,5 v. H. der Lohnsumme. Es ist nicht sicher, ob die Zahlungen im Rahmen der Bergmannsprämie stets ungefähr 6,5 v. H. der Lohnsumme ausmachen.

2. Die praktische Bedeutung des Urteils in der Rechtssache 30/59

Die praktische Bedeutung dieses Urteils ergibt sich aus der Geschichte der Bergmannsprämie. Die Prämie wurde zu Beginn des Jahres 1956 eingeführt. Ihre Zielsetzung war gesamtwirtschaftlicher Art. Sie sollte eine Preissteigerung für Ruhrkohle in engen Grenzen halten, weil davon Preissteigerungen auch in anderen Wirtschaftssektoren befürchtet wurden. Die Hohe Behörde wandte sich zwar ursprünglich gegen diese Prämie, sie gab sich aber im Juli 1957 mit einem Kompromiß zufrieden. Der gleichzeitig mit der Bergmannsprämie eingeführte staatliche Zuschuß zur knappschaftlichen Rentenversicherung wurde wieder eingestellt. Die Bergmannsprämie wurde beibehalten. Noch im Juli 1957 unternahm der Kläger die ersten Schritte zur Beseitigung dieser Prämie. Seine erste Klage wurde in der Rechtssache 17/57 am 4. Februar 1959 als unzulässig abgewiesen. Daraufhin mußte der Kläger die Hohe Behörde zunächst zu einer Entscheidung über die Bergmannsprämie veranlassen, gegen die er dann im April 1959 Klage erheben konnte. Das Urteil in der Rechtssache 30/59 erging am 23. Februar 1961. Von der Einführung der Prämie bis zur Entscheidung, daß sie rechtswidrig ist, vergingen somit 5 Jahre.

Damit war aber die Bergmannsprämie noch nicht aufgehoben. Die Rechtssache wurde an die Hohe Behörde zurückverwiesen. Diese hatte für die Beseitigung der Bergmannsprämie zu sorgen. Dabei hat sich die Hohe Behörde im Ergebnis sehr viel Zeit gelassen. Die Bergmannsprämie wurde erst mit Wirkung vom 1. 1. 1964 neu geregelt[84]. Nach dieser Regelung werden die Prämien zwar weiterhin zunächst vom Lohnsteueraufkommen einbehalten. Die Arbeitgeber müssen aber spätestens am 30. Juni des folgenden Jahres 110 v. H. dieser Prämienbeträge an den Fiskus abführen. Die überschüssigen 10 v. H. sollen eine pauschale Belastung des Bergbaus darstellen und die Steuerfreiheit der Prämie ausgleichen. Damit würde die Prämie frühestens nach einer Dauer von etwa 8 Jahren beseitigt werden.

Von besonderem Interesse ist aber, daß vorgesehen ist, die Wirkungen der Aufhebung der Bergmannsprämie auf den Kohlenbergbau nunmehr durch eine Entlastung des Bergbaus bei den Zahlungen zur knappschaftlichen Rentenversicherung zu kompensieren. Nach Angaben des Unternehmensverbands Ruhrbergbau ist vorgesehen, „... daß die Bundesregierung einen Betrag von 4,5 v. H. der Lohnsummen für Rechnung der Unternehmen zur knappschaftlichen Rentenversicherung, deren Arbeitgeberanteil insgesamt 15 v. H. der Lohnsumme ausmacht, zahlen wird. Entsprechende Zusagen sind erteilt, die Zahlungen an die Knappschaften sind jedoch noch nicht angelaufen“[85]. Damit wird eine Frage aktuell, die der Gerichtshof in seinem Urteil in der Rechtssache 30/59 umgangen hat. Es muß geprüft werden, ob dieser staatliche Zuschuß zur knappschaftlichen Rentenversicherung unter das Verbot des Art. 4 Abs. c fällt. Die bisherigen Untersuchungen legen dieses Ergebnis nahe. Der staatliche Zuschuß hat unmittelbare Auswirkungen auf den Wettbewerb in der Gemeinschaft. Er führt, soweit er tatsächlich

---

[84] Vgl. Bundesgesetzblatt Teil I, Jg. 1963, S. 983.

[85] Briefliche Äußerung des Unternehmensverbands Ruhrbergbau, Essen, vom 22. Juni 1964.

den Arbeitgebern zugute kommt, zu einer Senkung der Arbeitskosten im Kohlenbergbau. Außerdem werden nur einzelne Sektoren der Wirtschaft getroffen. Es handelt sich also um einen speziellen staatlichen Eingriff, der unter das Verbot des Art. 4 Abs. c fällt. Hier scheint sich somit das vorsichtige Verhalten des Gerichtshofs nachteilig auszuwirken.

Das Ergebnis der obigen Untersuchung ist entmutigend. Die Bergmannsprämie konnte 8 Jahre aufrechterhalten werden, obwohl sie gegen das Subventionsverbot des Art. 4 Abs. c verstößt. Zudem besteht die Gefahr, daß sie, zumindest vorübergehend, nur durch eine andere Subvention ersetzt wird. Inzwischen ist der Grund für die Einführung dieser Bergmannsprämie längst hinfällig geworden. Seit Herbst 1957, d. h. also kurz nachdem der Kläger die ersten Schritte zur Beseitigung dieser Prämie unternommen hat, hat sich die Lage im Kohlenbergbau grundlegend gewandelt. Bei weiterhin bestehender allgemeiner Vollbeschäftigung hat sich im Kohlenbergbau eine strukturelle Absatzkrise eingestellt. Die Prämie hat den Charakter einer Preissubvention verloren, sie ist zu einer Überbrückungshilfe geworden.

Werden die Gründe für diese erstaunlichen Verzögerungen untersucht, so zeigt sich, daß die Hohe Behörde und die Bundesrepublik die größte Schuld trifft. Zunächst vergingen von der Einführung der Prämie bis zu ihrer Genehmigung durch die Hohe Behörde nahezu 1 1/2 Jahre. Nach der Entscheidung des Gerichtshofs in der Rechtssache 30/59 bis zur Beseitigung der Prämie vergingen wiederum drei Jahre, die ebenfalls die Bundesrepublik und die Hohe Behörde zu verantworten haben. Schließlich hätte die Hohe Behörde, die ja bis zum Jahre 1957 einige Erfahrung auf dem Gebiet der Rechtsprechung des Gerichtshofs sammeln konnte, die Rechtssache 17/57 durch eine ausreichende Informierung des Klägers vermeiden können, so daß sich die Entwicklung wohl rascher vollzogen hätte. Diese Zeitersparnis kann ungefähr auf ein Jahr veranschlagt werden. Wenn die Bergmannsprämie schließlich nur durch eine andere Subvention ersetzt wird, so kann dafür die Zurückhaltung des Gerichtshofs verantwortlich gemacht werden.

Zweites Kapitel

Die Rechtsprechung zur Ausgleichskasse für Hausbrandkohle in Luxemburg

In den verbundenen Rechtssachen 7 und 9/54 wird auf Fragen eingegangen, die in engem Zusammenhang mit den Problemen stehen, die in der Rechtssache 30/59 erörtert wurden. Die staatliche Wirtschafts- und Finanzpolitik der Mitgliedstaaten der Gemeinschaft wird nicht nur durch das Subventionsverbot des Art. 4 Abs. c, sondern u. a. auch durch das Verbot der Sonderlasten des Art. 4 Abs. c und durch das Diskriminierungsverbot des Art. 4 Abs. b eingeengt. Die verbundenen Rechtssachen 7 und 9/54 geben Gelegenheit, diese Grenzen zu untersuchen.

In dem genannten Prozeß wird über die Ausgleichsregelung für Hausbrandkohle in Luxemburg entschieden. In Luxemburg gab es schon vor Errichtung des Gemeinsamen Marktes ein „Office Commercial du Ravitaillement du Grand-Duché de Luxembourg", das alleiniger Kohleimporteur für das Großherzogtum Luxemburg war. Diesem „Office" wurde durch Ministerialbeschluß vom 8. März 1954 eine Ausgleichskasse angegliedert, die eine Umlage auf den Verbrauch fester Brennstoffe, die nicht für den Hausbrand bestimmt sind, erhob. Die Umlage betrug 8 bfrs. je Tonne für den Hausbrand bestimmte Importkohle, sie wurde zur Subventionierung der Preise für Hausbrandkohle verwendet[1]. Die luxemburgische Regierung ließ sich bei dieser Maßnahme von gesamtwirtschaftlichen Überlegungen leiten. „Das durch die Umlage ermöglichte Preisausgleichssystem sollte die Voraussetzung dafür schaffen, daß der Preis für Hausbrand auf dem niedrigeren amtlichen luxemburgischen Hausbrandpreis festgehalten werden konnte. Hierdurch sollte eine Verschlechterung der Kaufkraft verhindert werden und das in einer gleitenden Skala an diese Kaufkraft gebundene Lohn- und Gehaltsniveau erhalten bleiben[2]."

I. Die verbundenen Rechtssachen 7 und 9/54

In einem Schreiben vom 14. 7. 1954 erhob der „Groupement des Industries Sidérurgiques Luxembourgeoises" bei der Hohen Behörde Einspruch gegen das „Office" und gegen die Tätigkeit der Ausgleichs-

---

[1] Da in Luxemburg keine Kohle abgebaut wird, wurde somit der gesamte Verbrauch von Industriekohle durch die Umlage getroffen.

[2] Ernst *Steindorff*, Sonderlasten und Subventionen ..., in Wirtschaft und Wettbewerb, Jg. 7 (1957), S. 634.

kasse. Die Hohe Behörde hat dem „Groupement“ mit Schreiben vom 27. 11. 1954 geantwortet, daß die Ausgleichskasse keine Auswirkungen zeitige, die mit dem Vertrag nicht vereinbar seien. Sie könne daher auch nicht verboten werden. Dem Einspruch gegen das „Office“ wurde stattgegeben. Die luxemburgische Regierung wurde in einer Entscheidung vom 7. 1. 1955 zur Beseitigung der vertragswidrigen Bestimmungen des ‚Office‘ aufgefordert. Diese hat daraufhin die Einfuhr fester Brennstoffe mit Wirkung vom 1. 10. 1955 freigegeben.

Der „Groupement“ hatte zwei Klagen erhoben. Die Klage Nr. 7/54 wurde schon am 11. 10. 1954 eingereicht. Sie richtete sich gegen die ablehnende Entscheidung der Hohen Behörde, die aus ihrem Schweigen auf den Antrag vom 14. 7. zu entnehmen war. Die Klage Nr. 9/54 richtete sich gegen die Entscheidung der Hohen Behörde in ihrem Schreiben vom 27. November[3]. Die luxemburgische Regierung ist der Hohen Behörde als Streithelferin beigetreten[4]. Nach der Klageerhebung wurde die Ausgleichskasse von der luxemburgischen Regierung mit Wirkung vom 2. 4. 1955 aufgehoben. Die Ausgleichszahlungen bis zum 2. 4. 1955 wurden aber nicht rückgängig gemacht, so daß der Kläger weiterhin ein Interesse an der Weiterverfolgung seiner Klage nachweisen konnte.

Der Kläger stützt seine Klage in der Hauptsache auf den Vorwurf der Vertragsverletzung. Er behauptet insbesondere, die Ausgleichskasse verstoße gegen das Verbot der Sonderlasten des Art. 4 Abs. c und gegen das Diskriminierungsverbot der Art. 4 Abs. b MV.

1. Der Vorwurf einer Verletzung des Verbots der Sonderlasten des Art. 4 Abs. c MV

In Art. 4 Abs. c MV wird das Verbot der Sonderlasten zusammen mit dem Subventionsverbot ausgesprochen. Art. 4 Abs. c untersagt „von den Staaten bewilligte Subventionen oder Beihilfen oder von ihnen auferlegte Sonderlasten, in welcher Form dies auch immer geschieht“. Beide Begriffe sind im Vertrag nicht genau definiert worden, wenn auch Art. 67 von Sonderlasten spricht, die den Kohle- und Stahlunternehmen von einem Mitgliedstaat im Rahmen seiner Hoheitsgewalt im Vergleich zu den anderen Industrien dieses Staates auferlegt werden. Bei der Auslegung und Anwendung beider Begriffe tauchen im wesentlichen dieselben Probleme auf. In den verbundenen Rechtssachen

[3] Die Klage Nr. 9/54 wurde nur „soweit erforderlich“ erhoben. Die Klage Nr. 7/54 wurde vom Gerichtshof als zulässig erkannt, so daß die Klage Nr. 9/54 gegenstandslos wurde. Eine weitere Klage, die vom Verband „Association des Utilisateurs de Charbon du Grand-Duché de Luxembourg“ eingereicht wurde und denselben Inhalt hatte, wurde vom Gerichtshof in den verbundenen Rechtssachen 8 und 10/54 als unzulässig abgewiesen.

[4] Die Argumente der Streithelferin werden aber im Urteil nicht angeführt.

7 und 9/54 lassen sich deshalb, obwohl die Ausführungen der Prozeßteilnehmer in den verbundenen Rechtssachen 7 und 9/54 zu einem wesentlich früheren Zeitpunkt erfolgten als in der Rechtssache 30/59, einige Parallelen zur Rechtsprechung in der Rechtssache 30/59 feststellen.

a) Die Auslegung des Verbots der Sonderlasten über die Zielsetzung des Art. 2 Abs. 2

Auch in den verbundenen Rechtssachen 7 und 9/54 stellen die Prozeßteilnehmer — wenn auch nicht in so deutlicher Weise wie in der Rechtssache 30/59 — bei der Auslegung des Verbots der Sonderlasten auf die Zielsetzung des Art. 2 Abs. 2 ab. Zwar gewinnt der Gerichtshof eine erste Vorstellung von diesem Begriff, indem er auf Art. 67 hinweist: Die Sonderlast des Art. 67 „... ist offensichtlich deshalb eine besondere Last, weil sie nur einen bestimmten Teil der Industrien trifft, die der Hoheitsgewalt desselben Staates unterstehen und sich daher diesem Staat gegenüber in einer vergleichbaren Lage befinden“[5]. Er richtet diese Definition dann aber an der Zielsetzung des Art. 2 aus, die er zunächst erläutert. „... die rationellste Verteilung der Erzeugung gemäß Artikel 2 [ist] diejenige, die vor allem auf einer Staffelung der sich aus der Produktivität ergebenden Produktionskosten beruht, d. h. den natürlichen und technischen Bedingungen, unter denen die einzelnen Erzeuger arbeiten[6].“ Er kommt zu dem Ergebnis: „Nach dieser ersten Untersuchung und ohne daß dieses Merkmal für sich allein ausschlaggebend wäre, kann eine Last als Sonderlast angesehen werden, die damit durch den Vertrag aufgehoben und untersagt ist, wenn sie die Produktionskosten der Erzeuger, die sich in vergleichbarer Lage befinden, nicht in gleicher Weise berührt und hierdurch Verzerrungen bei der Verteilung der Erzeugung mit sich bringt, die sich nicht aus einer Veränderung der Produktivität ergeben[7].“ Auch der Generalanwalt stellt auf die wettbewerbsverzerrende Wirkung einer Sonderlast ab. „Die Abschaffung von Subventionen und Beihilfen hat ... den Zweck, künstliche Vorteile im Wettbewerb zu beseitigen. Umgekehrt hat das Verbot von Sonderlasten den Zweck, natürliche Vorteile zur vollen Auswirkung kommen zu lassen. Nur auf diese Weise kann erreicht werden, daß die Produktion sich auf die wirtschaftlichste Weise vollzieht[8].“ Bei den Parteien kommt die Bezugnahme auf die Zielsetzung des Art. 2 weniger deutlich zum Ausdruck. Immerhin bringen

---

[5] Sammlung der Rechtsprechung ..., Bd. 2, S. 91.
[6] Sammlung der Rechtsprechung ..., Bd. 2, S. 92.
[7] Sammlung der Rechtsprechung ..., Bd. 2, S. 92.
[8] Sammlung der Rechtsprechung ..., Bd. 2, S. 135

auch die Hohe Behörde und der Kläger die Sonderlasten mit einer Wettbewerbsverzerrung in Beziehung[9].

b) Die Abgrenzung des Verbots der Sonderlasten von den Bestimmungen des Art. 67

Auch in den verbundenen Rechtssachen 7 und 9/54 machen die Argumente der Parteien und des Generalanwalts deutlich, daß zwischen den Sonderlasten des Art. 4 Abs. c und den Sonderlasten des Art. 67 unterschieden werden muß. Der Kläger bezeichnet die Ausgleichsumlage als eine Sonderlast im Sinne des Art. 4 Abs. c und hält sie für vertragswidrig. Die Hohe Behörde und der Generalanwalt ordnen die Ausgleichsumlage dem Art. 67 unter.

Die Hohe Behörde unterscheidet zwischen allgemeinen und besonderen Lasten. Die allgemeinen Lasten fallen unter Art. 67 des Vertrags. Haben diese allgemeinen Lasten besondere Auswirkungen auf den Wettbewerb in der Gemeinschaft, so kann ihnen im Rahmen des Art. 67 begegnet werden. Die besonderen Lasten fallen unter das Verbot des Art. 4 Abs. c des Vertrags. Als entscheidendes Merkmal einer Subvention, Beihilfe oder Sonderlast sieht die Hohe Behörde die Tatsache an, daß die betreffende Maßnahme ausschließlich Unternehmen der Gemeinschaft trifft[10]. In bezug auf die Ausgleichsumlage räumt die Hohe Behörde zwar ein, daß die Umlage vor allem die Eisen- und Stahlindustrie Luxemburgs trifft. Sie weist aber darauf hin, daß sich diese Maßnahme durchaus über den Vertragssektor hinaus erstreckt und betrachtet die Umlage deshalb als allgemeine Last[11].

Der Kläger scheint der Hohen Behörde in dieser Abgrenzung zwischen speziellen und allgemeinen Lasten zu folgen. Wenigstens trägt er ihr Rechnung, indem er zwischen der Umlage auf Hüttenkoks und der Umlage auf Industriekoks unterscheidet. Er behauptet nämlich, die Umlage auf den Verbrauch von Hüttenkoks treffe ausschließlich die luxemburgische Eisen- und Stahlindustrie, da sie praktisch der einzige Verbraucher dieses Brennstoffes in Luxemburg sei[12]. In bezug auf die Umlage auf Industriekohle stellt er auf den Lieferanten dieser Kohle ab. Er behauptet, die Umlage beeinträchtige diese Unternehmen in

---

[9] Vgl. Sammlung der Rechtsprechung ..., Bd. 2, S. 76 ff.

[10] Vgl. Sammlung der Rechtsprechung ..., Bd. 2, S. 78. Die Hohe Behörde meint weiter, Subventionen, Beihilfen oeder Sonderlasten, die auf ein Erzeugnis der Gemeinschaft an irgendeinem Punkt seines Verteilungsweges Anwendung finden, seien nur dann untersagt, wenn sie indirekt zur Folge haben, daß der Wettbewerb verfälscht oder für die Unternehmen der Gemeinschaft eine Begünstigung oder ein Nachteil geschaffen werde.

[11] Vgl. Sammlung der Rechtsprechung ..., Bd. 2, S. 77.

[12] Vgl. Sammlung der Rechtsprechung ..., Bd. 2, S. 76.

ihrer Konkurrenzfähigkeit gegenüber den flüssigen Brennstoffen[13]. Diese Umlage erscheint somit als eine Sonderlast, die sämtlichen Kohleproduzenten der Gemeinschaft auferlegt wurde.

Der Generalanwalt vezichtet auf eine ausführliche Abgrenzung der Geltungsbereiche der Art. 4 Abs. c und 67 des Vertrags. Er macht seine Entscheidung davon abhängig, ob diese Ausgleichsumlage den Wettbewerb im Gemeinsamen Markt beeinflußt. Er kommt zum Ergebnis, daß diese Maßnahme für „den Wettbewerb auf dem Gebiet der Kohle" überhaupt ohne jeden Einfluß und die — indirekte — Auswirkung auf „den Wettbewerb auf dem Gebiet des Stahls" so minimal sei, daß das Vertragsziel nicht beeinträchtigt werde. Er hält die Umlage für eine Maßnahme, die aus sozialen Gründen erfolgt und nach den Regeln des Art. 67 zu behandeln ist[14].

2. Der Vorwurf einer Verletzung des Diskriminierungsverbots des Art. 4 Abs. b

Art. 4 Abs. b Montanvertrag verbietet „Maßnahmen oder Praktiken, die eine Diskriminierung zwischen Erzeugern oder Käufern oder Verbrauchern herbeiführen". Zwar wird dieser Begriff in den Art. 60 § 1 Abs. 3 und 70 Abs. 2 Montanvertrag insoweit verdeutlicht, als Einzelfälle von Diskriminierungen beschrieben werden. Art. 60 § 1 Abs. 3 verbietet vor allem „... die diskriminierenden Praktiken, die auf dem gemeinsamen Markt die Anwendung von ungleichen Bedingungen auf vergleichbare Geschäfte durch ein und denselben Verkäufer mit sich bringen, insbesondere wenn die Käufer mit Rücksicht auf ihre Nationalität unterschiedlich behandelt werden". Art. 70 Abs. 2 bestimmt: „Im Verkehr zwischen den Ländern der Gemeinschaft sind insbesondere die auf dem Herkunfts- oder Bestimmungsland der Erzeugnisse beruhenden Diskriminierungen bei den Frachten und Beförderungsbedingungen aller Art verboten. Die Beseitigung dieser Diskriminierungen bringt insbesondere die Verpflichtung mit sich, auf die Kohlen- und Stahltransporte aus oder nach einem anderen Mitgliedstaat die Frachttafeln, Frachten und Tarifbestimmungen aller Art anzuwenden, die für die Binnentransporte der gleichen Güterart gelten, sofern das Gut auf der gleichen Strecke befördert wird." Das allgemeine Diskriminierungsverbot des Art. 4 Abs. c erschöpft sich aber nicht in diesen Bestimmungen. Der Begriff der Diskriminierung ist somit im Vertrag nicht genau bestimmt[15]. Die Prozeßteilnehmer haben allerdings auf

---

[13] Vgl. Sammlung der Rechtsprechung ..., Bd. 2, S. 76 f.

[14] Vgl. Sammlung der Rechtsprechung ..., Bd. 2, S. 135 f.

[15] Vgl. M. *Hochbaum*, Das Diskriminierungs- und Subventionsverbot ..., S. 16 f. Erich *Zimmermann*, Die Preisdiskriminierung ..., S. 67.

eine Umschreibung dieses Begriffs verzichtet. Sie haben sich bei der Behandlung des Vorwurfs einer Verletzung des Diskriminierungsverbots nur auf die Einschätzung der tatsächlichen Verhältnisse verlassen.

Durch die von der Ausgleichskasse erhobene Umlage erhöhen sich die Kohlenpreise für die industriellen Kohleverbraucher Luxemburgs. Der Kläger hält die Umlage deshalb für eine Maßnahme, die eine Diskriminierung zwischen den industriellen Kohleverbrauchern Luxemburgs und denjenigen der übrigen Mitgliedstaaten der Gemeinschaft herbeiführt[16].

Die Hohe Behörde bringt zwei Gegenargumente vor. Einmal führt sie aus, die Ausgleichsumlage sei eine allgemeine Last, die nicht unter das Verbot des Art. 4 Abs. c falle. Die Unterschiede in den allgemeinen Lasten der Mitgliedstaaten der Gemeinschaft könnten aber nicht als diskriminierend angesehen werden[17]. Zum andern behauptet sie, eine unterschiedliche Behandlung sei dann keine verbotene Diskriminierung, wenn sie durch eine verschiedenartige Lage der jeweils Beteiligten gerechtfertigt ist[18]. Sie führt weiter aus: so „... können die Regierungen, gerade weil sie auf dem Gebiet der allgemeinen Wirtschaftspolitik ihre Hoheitsrechte behalten haben, Bevölkerungsgruppen, die sich in wirtschaftlicher und sozialer Hinsicht unterscheiden, unterschiedlich behandeln“[19].

Der Generalanwalt unterstützt die Argumentation der Hohen Behörde. Er geht davon aus, daß die Ausgleichsumlage keine Sonderlast und somit nach Art. 4 Abs. c erlaubt ist, und folgert weiter: „Der luxemburgischen Regierung nun fehlen alle Befugnisse dazu, den Industrien anderer Länder der Gemeinschaft ebenfalls eine Abgabe von 8 Francs je Tonne aufzuerlegen. Man kann ihr also keinen Vorwurf daraus machen, daß sie etwas nicht getan hat, was sie gar nicht tun konnte[20].“

3. Das Urteil des Gerichtshofs

Der Gerichtshof untersucht zunächst, ob die Ausgleichsumlage gegen das Verbot der Sonderlasten verstößt. Sein Untersuchungsergebnis erleichtert ihm die Entscheidung bei der Anwendung des Diskriminierungsverbots.

---

[16] Vgl. Sammlung der Rechtsprechung ..., Bd. 2, S. 79.
[17] Vgl. Sammlung der Rechtsprechung ..., Bd. 2, S. 79.
[18] Vgl. Sammlung der Rechtsprechung ..., Bd. 2, S. 80.
[19] Sammlung der Rechtsprechung ..., Bd. 2, S. 80.
[20] Sammlung der Rechtsprechung ..., Bd. 2, S. 133.

a) Die Anwendung des Verbots der Sonderlasten

Der Gerichtshof sieht, wie erwähnt, eine Last als Sonderlast an, wenn sie die Produktionskosten der Erzeuger, die sich in vergleichbarer Lage befinden, nicht in gleicher Weise berührt und hierdurch Verzerrungen bei der Verteilung der Erzeugung mit sich bringt, die sich nicht aus einer Veränderung der Produktivität ergeben. Er prüft folglich, ob die Ausgleichsumlage eine wettbewerbsverzerrende Wirkung hat.

Zunächst untersucht er die Auswirkung auf die industriellen Kohleverbraucher Luxemburgs. Er stellt fest, daß sämtliche Produkte und sämtliche Verbraucher in gleicher Weise getroffen werden. Die Tatsache, daß die Stahlindustrie in besonderem Maße von dieser Umlage betroffen wird, berührt ihn nicht[21]. Anschließend untersucht er die Auswirkung auf die Kohleproduzenten der Gemeinschaft. „Die Preiserhöhung durch die Ausgleichskasse trifft in Luxemburg ... alle festen Brennstoffe, die nicht für den Hausbrand bestimmt sind, und zwar ohne Rücksicht auf ihre Herkunft. Auf diese Weise berührt sie gleichmäßig alle Erzeuger der Gemeinschaft, die Kohle, die nicht für den Hausbrand bestimmt ist, in Luxemburg verkaufen ...[22]." Er kommt somit zum Ergebnis, daß die Ausgleichsumlage den Wettbewerb nicht verzerrt und folglich keine Sonderlast ist.

b) Die Anwendung des Diskriminierungsverbots

Der Gerichtshof folgt dem Kläger zwar darin, daß nur die luxemburgischen industriellen Kohleverbraucher und nicht sämtliche industriellen Kohleverbraucher der Gemeinschaft von der Umlage getroffen werden, und stellt fest, daß diese Last zu unterschiedlichen Produktionskosten für diese beiden Kategorien von Verbrauchern führt. Er sieht darin aber noch keine Diskriminierung. Er folgert vielmehr, dieser Unterschied könne nur durch den Wegfall dieser Preiserhöhung innerhalb Luxemburgs oder durch die Ausdehnung dieser Regelung auf die Gemeinschaft beseitigt werden. Die luxemburgische Regierung sei aber zur Beibehaltung dieser Umlage berechtigt, weil diese Umlage eine allgemeine Last ist. Andererseits sei es der luxemburgischen Regierung aber auch nicht möglich, diese Belastung auf die Verbraucher der übrigen Mitgliedstaaten der Gemeinschaft auszudehnen. Der Gerichtshof schließt daraus, daß auch das Diskriminierungsverbot nicht zu einer absoluten Gleichheit der Wettbewerbsbedingungen in den Gemeinschaftsindustrien führen kann[23]. „Das Fortbestehen von Un-

---

[21] Vgl. Sammlung der Rechtsprechung ..., Bd. 2, S. 93.
[22] Sammlung der Rechtsprechung ..., Bd. 2, S. 93.
[23] Vgl. Sammlung der Rechtsprechung ..., Bd. 2, S. 94 ff.

gleichheiten bei den Wettbewerbsbedingungen ist, ohne daß dies eine im Vertrag verbotene Diskriminierung mit sich bringt, eine notwendige und unvermeidbare Folge der im Vertrag nur teilweise verwirklichten Integration[24]." Der Gerichtshof folgert daraus in bezug auf die Ausgleichsumlage: „Die Form der den Verbrauchern von festen Brennstoffen, die nicht für den Hausbrand bestimmt sind, auferlegten Last läßt kein Urteil darüber zu, ob die Belastung eine in Artikel4 Buchstabe b des Vertrages verbotene diskriminierende Maßnahme oder Praktik ist oder nicht[25]."

II. Die Grundlagen des Diskriminierungsverbots im Montanvertrag

Das Verbot der Sonderlasten ist wie das Subventionsverbot in Art. 4 Abs. c MV enthalten. Beide Bestimmungen verfolgen dasselbe Ziel. Sie sollen die Erreichung der Zielsetzung der rationellsten Verteilung der Erzeugung auf dem höchsten Leistungsstand ermöglichen. Bei beiden Verboten tauchen im wesentlichen dieselben Anwendungsprobleme auf. Die sinngemäße Anwendung der Ausführungen zum Subventionsverbot auf das Verbot der Sonderlasten des Art. 4 Abs. c erscheint verhältnismäßig leicht. Es wird deshalb auf eine ausführliche Untersuchung dieses Verbots der Sonderlasten verzichtet. Dagegen sind in den verbundenen Rechtssachen 7 und 9/54 die Ausführungen zum Diskriminierungsverbot sehr knapp gehalten[26]. Es wird deshalb versucht, stärker auf die Grundlagen dieses Diskriminierungsverbots im Montanvertrag einzugehen[27].

1. Das Diskriminierungsverbot als Anwendungsfall des Gleichheitssatzes

Die Diskriminierung hat als Rechtsbegriff erst in neuerer Zeit Eingang in den europäischen Rechtskreis gefunden. Der Begriff wurde im

---

[24] Sammlung der Rechtsprechung ..., Bd. 2, S. 96.

[25] Sammlung der Rechtsprechung ..., Bd. 2, S. 96 f.

[26] Dies gilt inbesondere für die Ausführungen des Gerichtshofs und des Generalanwalts. Beide gehen davon aus, daß die Ausgleichsumlage eine allgemeine Last darstellt, die von den Vorschriften des Art. 4 Abs. c nicht berührt wird, Auf diese Weise können sie plausibel machen, daß die Umlage nicht gegen das Diskriminierungsverbot verstößt, oder daß doch wenigstens ein solcher Verstoß nicht nachweisbar ist, ohne auf dieses Verbot näher eingehen zu müssen. Dieses Verfahren kann, so naheliegend es im Einzelfall auch sein mag, auf die Dauer kaum befriedigen.

[27] Es kann sich hierbei nicht um eine umfassende Untersuchung des Diskriminierungsverbots handeln. Es wird vielmehr versucht, das Diskri-

anglo-amerikanischen Rechtskreis entwickelt. Er hat nach dem ersten Weltkrieg in stärkerem Maße Eingang in das Vertragsvölkerrecht gefunden. Von hier aus und im Zuge der zunehmenden Beschäftigung mit dem amerikanischen Antritrustrecht ist er in das internationale und das europäische Wirtschaftsrecht übernommen worden. Der Begriffsinhalt, nämlich der Tatbestand einer Unterscheidung, hat im amerikanischen Recht eine spezielle Ausprägung erfahren. Diskriminierung ist eine vom Recht mißbilligte Unterscheidung. In dieser Bedeutung ist der Begriff in das Völkerrecht übernommen worden, und so wird er auch im Montanvertrag verstanden. Die Diskriminierung setzt somit die Verletzung einer Gleichbehandlungspflicht voraus. Die Gleichbehandlungspflicht kann eine absolute sein, d. h. sie gilt dort, wo sie Anwendung findet, ohne Ausnahme und duldet keine Wertungen (z. B. die Wahlgleichheit im öffentlichen Recht); sie kann aber auch verhältnismäßig, proportional, zu verstehen sein. Es sind nur gleiche Tatbestände gleich zu behandeln[28].

2. Das Diskriminierungsverbot im Montanvertrag

Im Montanvertrag wird der Begriff der Diskriminierung in den Art. 4 Abs. b, 60 § 1 und 70 Abs. 2 genannt.

Art. 4 Abs. b untersagt „Maßnahmen oder Praktiken, die eine Diskriminierung zwischen Erzeugern oder Käufern oder Verbrauchern herbeiführen ...“.

Art. 60 § 1 Abs. 3 verbietet insbesondere „... die diskriminierenden Praktiken, die auf dem gemeinsamen Markt die Anwendung von ungleichen Bedingungen auf vergleichbare Geschäfte durch ein und denselben Verkäufer mit sich bringen, insbesondere wenn die Käufer mit Rücksicht auf die Nationalität unterschiedlich behandelt werden“.

Art. 70 anerkennt, „... daß die Errichtung des gemeinsamen Marktes die Anwendung solcher Transporttarife für Kohle und Stahl erforderlich macht, die den in vergleichbarer Lage befindlichen Verbrauchern vergleichbare Preisbedingungen bieten“. Artikel 70 untersagt deshalb im Verkehr zwischen den Ländern der Gemeinschaft „... insbesondere die auf dem Herkunfts- oder Bestimmungsland der Erzeugnisse beru-

minierungsverbot im Hinblick auf die wirtschaftspolitische Konzeption des Vertrags zu deuten. Die Darstellung stützt sich in besonderem Maße auf Erich *Zimmermann*, Die Preisdiskriminierung ..., S. 29 ff.

[28] Diese proportionale Gleichbehandlungspflicht kann die Normadressaten einmal lediglich dazu verpflichten, nur gleiche Tatbestände gleich zu behandeln. Sie kann für die Normadressaten aber auch noch die zusätzliche Verpflichtung mit sich bringen, unterschiedliche Tatbestände in unterschiedlicher Weise zu behandeln.

henden Diskriminierungen bei den Frachten und Beförderungsbedingungen aller Art ... Die Beseitigung dieser Diskriminierungen bringt insbesondere die Verpflichtung mit sich, auf die Kohlen- und Stahltransporte aus oder nach einem anderen Mitgliedstaat die Frachttafeln, Frachten und Tarifbestimmungen aller Art anzuwenden, die für die Binnentransporte der gleichen Güterart gelten, sofern das Gut auf der gleichen Strecke befördert wird".

Aus diesen Bestimmungen geht hervor, daß es sich im Montanvertrag um eine proportionale Gleichbehandlungspflicht handelt. Aus dem Diskriminierungsverbot folgt also die Pflicht zur Gleichbehandlung nur, soweit vergleichbare Tatbestände gegeben sind[29].

Diese Bestimmungen weisen aber auch darauf hin, daß als zu vergleichender Tatbestand einmal die Lage der Verbraucher und zum anderen die Geschäfte ein und desselben Verkäufers zu wählen sind. Der Sinn dieser Unterscheidung wird deutlich, wenn der unterschiedliche Kreis der Normadressaten berücksichtigt wird, an den sich die Artikel 60 und 70 wenden. Art. 60 wendet sich nur an die Unternehmen des Vertrags. Er verpflichtet sie zur Anwendung von gleichen Bedingungen auf vergleichbare Geschäfte. Auf diese Weise wird dem Wettbewerb der Anbieter eine bestimmte Gestalt verliehen. Er kann sich nur jeweils gegenüber einer Gesamtheit oder Mehrzahl von Kunden vollziehen[30]. Der Art. 70 wendet sich — wenigstens mittelbar — an die Hohe Behörde und an die Verkehrsträger. Zu diesen Verkehrsträgern zählen zunächst die Einzelstaaten, soweit sie an der Tarifbildung beteiligt sind oder in eigener Regie Transportleistungen erbringen. Das Verbot richtet sich aber auch an alle einzelnen Transportbetriebe[31]. Nicht alle diese Normadressaten schließen mit den Unternehmen des Vertrags Geschäfte ab. Schon aus diesem Grund mußte in Art. 70 ein weiterer Begriff, die Vergleichbarkeit der Lage der Verbraucher, angewandt werden.

a) Das Diskriminierungsverbot des Art. 4 Abs. b

Das Diskriminierungsverbot des Art. 4 Abs. b ist inhaltlich nicht näher bestimmt. Das Verbot ist aber grundsätzlich nicht unmittelbar für die Unternehmen der Gemeinschaft verbindlich[32]. Es trifft vielmehr die

---

[29] Vgl. Erich *Zimmermann*, Die Preisdiskriminierung ..., S. 64 f.

[30] Vgl. Erich *Zimmermann*, Die Preisdiskriminierung ..., S. 122 f.

[31] Vgl. M. *Hochbaum*, Das Diskriminierungs- und Subventionsverbot ..., S. 93 f.

[32] Vgl. Erich *Zimmermann*, Die Preisdiskriminierung ..., S. 59. Zimmermann fügt allerdings hinzu, daß es zwei Ausnahmen gibt. Das allgemeine Diskriminierungsverbot ist verbindlich für marktbeherrschende Unterneh-

Organe der Gemeinschaft und die Mitgliedstaaten der Gemeinschaft. Das Verbot des Art. 4 Abs. b stellt demnach, wie dies auch aus der Zielsetzung des Art. 3 Abs. b zu schließen ist, auf die Vergleichbarkeit der Lage ab und wendet sich somit gegen die unterschiedliche Behandlung von Erzeugern, Käufern oder Verbrauchern, die sich in vergleichbarer Lage befinden.

Diese „vergleichbare Lage" ist gegenüber der „nicht vergleichbaren Lage", in der sich andere Verbraucher des Gemeinsamen Marktes befinden können, dadurch abgegrenzt, daß ihre Tatbestandsmerkmale nicht mit denjenigen der „nicht vergleichbaren Lage" übereinstimmen. Andererseits bedeutet aber die „vergleichbare Lage", in der sich mehrere Verbraucher befinden mögen, nicht, daß sich diese Verbraucher in sämtlichen Merkmalen, die ihre Lage charakterisieren, entsprechen. Würde man sämtliche Unterschiede in der Lage der Betroffenen als erheblich ansehen, so wäre für das Gebot der Gleichbehandlung kein Raum. Es besteht keine „Identität der Lage", in der sich die Verbraucher befinden. Die Verbraucher, die sich in vergleichbarer Lage befinden, unterscheiden sich durchaus in einigen Merkmalen ihrer Lage. In anderen Merkmalen ihrer Lage unterscheiden sie sich aber nicht[33].

Die Anwendung des Diskriminierungsverbots ist somit wesentlich davon abhängig, welche Merkmale zur Charakterisierung der Lage eines Verbrauchers, Käufers oder Erzeugers herangezogen werden.

Eine katalogartige Zusammenstellung der Merkmale, die für die Vergleichbarkeit der Lage von entscheidender Bedeutung sind, ist wenig sinnvoll. Die Bedeutung der einzelnen Merkmale ist vom sachlichen Zusammenhang abhängig, in dem sie gesehen werden. So läßt sich selbst das Merkmal der nationalen Grenze, das vom Vertrag besonders hervorgehoben wird, nicht eindeutig einordnen. Wohl wird in den Art. 60 und 70 Montanvertrag davon ausgegangen, daß dieses Merkmal die Vergleichbarkeit der Lage nicht aufhebt. Art. 60 verbietet die Anwendung von ungleichen Bedingungen auf vergleichbare Geschäfte, insbesondere wenn die Käufer mit Rücksicht auf ihre Nationalität unterschiedlich behandelt werden. Art. 70 verbietet vor allem Diskriminierungen bei den Frachten und Beförderungsbedingungen, die auf dem Herkunfts- oder Bestimmungsland der Erzeugnisse beruhen. Es sind aber auch Differenzierungen nach der Nationalität denkbar, die nicht gegen das Diskriminierungsverbot verstoßen, weil hinter

---

men und für genehmigte Kartelle von Produktions- und Handelsunternehmen. (M. *Hochbaum*, Das Diskriminierungs- und Subventionsverbot ..., S. 91 f. zählt dagegen alle Montanunternehmen zu den Normadressaten des Art. 4 Abs. b).

[33] Vgl. Erich *Zimmermann*, Die Preisdiskriminierung S. 65 f.

diesen Differenzierungen ein wirtschaftlicher Sinn verborgen und weil die unterschiedliche Nationalität mit einer unterschiedlichen Lage verbunden ist. Hier kann auf die bestehenden Ausfuhrvergütungen und Einfuhrausgleichsbelastungen verwiesen werden.

Bei der Auswahl der Merkmale, die für die Vergleichbarkeit der Lage von entscheidender Bedeutung sind, muß vielmehr auf einen sachlichen Zusammenhang zwischen der unterschiedlichen Lage, in der sich die Verbraucher befinden und der unterschiedlichen Behandlung geachtet werden, der sie unterworfen werden. „Es kommt für das Diskriminierungsverbot entscheidend darauf an, ob das für eine unterschiedliche Behandlung geltend gemachte Motiv auf Umständen beruht, die einer unterschiedlichen Lage Rechnung tragen, oder anders ausgedrückt, die eine Unterscheidung sachlich rechtfertigen[34].“

Diese Aussage genügt aber noch nicht. Es muß nämlich noch geklärt werden, an welchem Maßstab die sachliche Rechtfertigung einer unterschiedlichen Behandlung zu messen ist. Der Generalanwalt meint, daß es dabei vor allem auf den Begriff der Willkür ankomme[35]. Auch der Gerichtshof hat sich bei der Anwendung des Diskriminierungsverbots gelegentlich auf diesen Begriff gestützt[36]. Dieser Hinweis führt aber nicht weiter. Das willkürliche Verhalten einer Behörde läßt sich nur feststellen, wenn dieses Verhalten an einem vorgegebenen Maßstab gemessen wird. Gerade dieser Maßstab für die Rechtfertigung eines unterschiedlichen Verhaltens wird aber gesucht. Zimmermann weist darauf hin, daß dieser Maßstab aus dem Vertrag zu entnehmen ist. Er kommt zu dem Ergebnis: „Eine Diskriminierung im Sinne des Art. 4 Buchst. b des Vertrages liegt vor, wenn Marktbeteiligte in einer mit den grundlegenden Zielen und Zwecken des Vertrages nicht übereinstimmenden und somit sachlich nicht gerechtfertigten Weise verschieden behandelt werden[37].“

Damit ist die Möglichkeit gegeben, die Zielsetzung der rationellsten Verteilung der Erzeugung auf dem höchsten Leistungsstand auch zur

---

[34] Vgl. Erich *Zimmermann*, Die Preisdiskriminierung ..., S. 67 f.

[35] Vgl. Sammlung der Rechtsprechung ..., Bd. 4, S. 362 ff. Der Generalanwalt unterscheidet zunächst zwischen dem Diskriminierungsverbot, das die Unternehmen trifft, und jenem Verbot, das die Behörden trifft. Er untersucht das Diskriminierungsverbot, soweit es sich gegen die Hohe Behörde richtet. Dabei stützt er sich auf die Handhabung des Gleichheitsgrundsatzes in der französischen und deutschen Rechtsprechung und kommt zu folgendem Ergebnis: „Ich glaube, daß es im Ergebnis — um die Tragweite des Diskriminierungsverbots richtig einzuschätzen — vor allem auf den Begriff der Willkür ankommt, wenn es sich um eine interventionistische Entscheidung der Hohen Behörde handelt (Sammlung der Rechtsprechung ..., Bd. 4, S. 365).

[36] Vgl. Sammlung der Rechtsprechung ..., Bd. 4, S. 257.

[37] Erich *Zimmermann*, Die Preisdiskriminierung ..., S. 68.

Auslegung des Diskriminierungsverbots des Art. 4 Abs. b MV heranzuziehen. Die Zielsetzung des Art. 2 Abs. 2 MV kann als Maßstab genommen werden, an dem das Verhalten der Normadressaten des Art. 4 Abs. b MV auszurichten ist. Das Gebot der Gleichbehandlung muß zur Erreichung der Zielsetzung des Art. 2 Abs. 2 beitragen. Die Begriffe der Vergleichbarkeit der Lage und der Gleichbehandlung müssen so definiert werden, daß das Diskriminierungsverbot zur Erreichung der Zielsetzung des Art. 2 Abs. 2 beiträgt. Dabei sind zwei Ausprägungen des Gebots der Gleichbehandlung denkbar. Einmal kann das Gebot der Gleichbehandlung bedeuten, daß Wirtschaftssubjekte, die sich in vergleichbarer Lage befinden, gleich zu behandeln sind. Dies träfe für Wirtschaftssubjekte zu, deren Wettbewerbsposition mit den Bedingungen des Modells der vollkommenen Konkurrenz bzw. der Theorie der komparativen Kosten vereinbar ist. Diese Wirtschaftssubjekte befänden sich insoweit in vergleichbarer Lage. Sie würden gleich behandelt, wenn sie nur von wettbewerbsneutralen Eingriffen, d. h. von Eingriffen, die ihre Wettbewerbsposition nicht berühren, getroffen werden. Das Gebot der Gleichbehandlung kann aber auch die Verpflichtung mit sich bringen, Wirtschaftssubjekte, die sich nicht in vergleichbarer Lage befinden, in unterschiedlicher Weise zu behandeln. Wirtschaftssubjekte, deren Wettbewerbsposition nicht mit den Bedingungen des Modells der vollkommenen Konkurrenz bzw. der Theorie der komparativen Kosten übereinstimmt, befänden sich mit der erstgenannten Gruppe von Wirtschaftssubjekten (und möglicherweise auch untereinander) nicht in vergleichbarer Lage. Für diese Wirtschaftssubjekte würde das Gebot der Gleichbehandlung bedeuten, daß sie gegenüber der ersten Gruppe von Wirtschaftssubjekten (und möglicherweise auch unter sich) in unterschiedlicher Weise behandelt werden müßten. Die Normadressaten des Art. 4 Abs. b MV sind aber bei dieser unterschiedlichen Behandlung nicht frei. Sie dürfen nur solche Maßnahmen ergreifen, die zur Erreichung der Zielsetzung des Art. 2 Abs. 2 MV hinführen.

Das Diskriminierungsverbot des Art. 4 Abs. b MV kann allerdings in Wirklichkeit nicht in dieser Weise angewandt werden. Es wurde wiederholt auf drei Gruppen von Faktoren hingewiesen, die die Realisierung der Bedingungen des Modells der vollkommenen Konkurrenz bzw. der Theorie der komparativen Kosten verhindern. Solange diese Störungsfaktoren nicht vollständig erfaßt werden, kann für ein bestimmtes Wirtschaftssubjekt auch nicht festgestellt werden, wie weit es sich von den Bedingungen dieser beiden Modellvorstellungen entfernt hat. Es läßt sich daher auch nicht sagen, mit welchen anderen Marktteilnehmern sich dieses Wirtschaftssubjekt in vergleichbarer Lage befindet und welche Anforderungen an das Gebot der Gleichbehandlung zu stellen sind. Die Zielsetzung der rationellsten Verteilung der Erzeugung auf dem höchsten Leistungsstand gibt folglich keinen brauchbaren Maßstab für die Anwendung des Diskriminierungsverbots ab.

Es muß deshalb versucht werden, das Diskriminierungsverbot des Art. 4 Abs. b MV so auszugestalten, daß dieses Verbot wenigstens soweit wie möglich zur Erreichung der grundlegenden wirtschaftlichen und sozialökonomischen Ziele des Vertrags beiträgt. Soweit sich das Diskriminierungsverbot gegen die Mitgliedstaaten richtet, hilft m. E. der Hinweis auf das Subventionsverbot weiter[38]. Das Subventionsverbot und das Diskriminierungsverbot verfolgen insoweit dasselbe Ziel. Beide Bestimmungen sollen verhindern, daß die Zielsetzung der rationellsten Verteilung der Erzeugung auf dem höchsten Leistungsstand durch Eingriffe der Mitgliedstaaten gefährdet wird. Beiden Bestimmungen stehen die gleichen Schwierigkeiten gegenüber: Die Wettbewerbsposition, in der sich Unternehmen des Vertrags befinden, ist unbekannt. Die Mitgliedstaaten können wegen der politischen Gegebenheiten nicht zu einem wettbewerbsgerechten Handeln gezwungen werden. Beim Subventionsverbot wurde diesen Schwierigkeiten Rechnung getragen, indem bei der Anwendung des Subventionsverbots gleich gar nicht versucht wurde, die Wettbewerbsposition jedes einzelnen Wirtschaftssubjekts zu berücksichtigen. Es wurde lediglich versucht, die Mitgliedstaaten an einer Umgehung dieses Verbots über Art. 67 MV zu hindern. Es liegt nahe, auch das Diskriminierungsverbot in dieser Weise zu handhaben. Demnnach ist davon auszugehen, daß sich grundsätzlich alle Wirtschaftssubjekte in einer Wettbewerbsposition befinden, die den Bedingungen des Modells der vollkommenen Konkurrenz bzw. der Theorie der komparativen Kosten entspricht[39]. Die Wirtschaftssubjekte befinden sich insoweit in vergleichbarer Lage. Die Mitgliedstaaten halten sich an das Gebot der Gleichbehandlung, sofern ihre Eingriffe entweder einen allgemeinen Charakter tragen oder aber die Unternehmen des Vertrags nicht unmittelbar berühren.

Das Subventionsverbot erscheint somit als ein Teilaspekt des Diskriminierungsverbots, das sich ja nicht nur gegen die Mitgliedstaaten der

---

[38] Die Anwendung des Diskriminierungsverbots auf die Eingriffe der Hohen Behörde wird noch in der Rechtsprechung zu den Ausgleichsregelungen für Schrott behandelt. Dieser Gesichtspunkt wird deshalb vorläufig außer acht gelassen.

[39] Allerdings sind Ausnahmen von diesem Grundsatz möglich. So räumt Art. 67 ein, daß die Unternehmen des Vertrags in ihrer Wettbewerbsposition durch vorhergegangene staatliche Eingriffe beeinträchtigt sein können. Bei Ausgleichsmaßnahmen im Sinne des Art. 67 kann daher davon ausgegangen werden, daß sich die betroffenen Unternehmen gerade nicht in vergleichbarer Lage befinden. Hier wäre allenfalls zu prüfen, ob dieser Tatbestand für die Mitgliedsstaaten die Verpflichtung mit sich bringt, diejenigen Unternehmen, die sich gegenüber den übrigen Unternehmen des Vertrags in nicht vergleichbarer Lage befinden, auch ungleich zu behandeln.

Gemeinschaft richtet. Dabei geht der Anwendungsbereich des Diskriminierungsverbots insoweit über den des Subventionsverbots hinaus, als das Subventionsverbot allenfalls auf die Steuergesetze und die Sozialversicherung Anwendung finden kann. Beim Diskriminierungsverbot besteht dagegen beispielsweise auch die Möglichkeit, auf staatliche Eingriffe auf dem Gebiet des Kündigungsschutzes oder der Mitbestimmungsgesetze einzuwirken.

b) Die Diskriminierungsbestimmungen der Art. 60 § 1 und 70 Abs. 2

Die Diskriminierungsbestimmungen der Art. 60 § 1 und 70 Abs. 2 sind Spezialnormen, die das allgemeine Diskriminierungsverbot des Art. 4 Abs. b im Einzelfall ergänzen und die dann mit diesem gemeinsam anzuwenden sind. Beide Normen werden in dieser Arbeit nicht gebraucht. Ihre Untersuchung ist daher überflüssig. Sie wurden lediglich zur Klärung des Diskriminierungsverbots des Art. 4 Abs. b herangezogen.

III. Die Beurteilung der Rechtsprechung in den verbundenen Rechtssachen 7 und 9/54

Obwohl die Ausgleichsregelung für Hausbrandkohle in ihrer Zielsetzung Parallelen zur Bergmannsprämie in Deutschland aufweist, bestehen hinsichtlich ihrer Ausgestaltung doch Unterschiede. Die Bergmannsprämie wird vom Staat an die Bergarbeiter unter Tage gezahlt. Bei der Ausgleichskasse werden die Mittel zur Subventionierung des Preises für Hausbrandkohle nicht vom Staat, sondern von den Verbrauchern von Kohle, die nicht für den Hausbrand bestimmt ist, aufgebracht. Die Prozeßteilnehmer haben sich einhellig auf die eine Seite dieser Ausgleichsregelung beschränkt und nur die Belastung der Kohle, die nicht für den Hausbrand bestimmt ist, untersucht. Diese Umlage auf den Verbrauch von Industriekohle wurde von der luxemburgischen Regierung eingeführt. Sie muß im Hinblick auf das Verbot der Sonderlasten des Art. 4 Abs. c und das Diskriminierungsverbot des Art. 4 Abs. b untersucht werden, wobei die bisherigen Untersuchungen die Möglichkeit bieten, diese beiden Vorschriften selbständig auf die Ausgleichskasse für Hausbrandkohle in Luxemburg anzuwenden.

1. Die Beurteilung der Ausgleichskasse für Hausbrandkohle in Luxemburg

a) Die Anwendung des Verbots der Sonderlasten

Der Gerichtshof hat sich bei der Definition der Sonderlasten in ähnlicher Weise wie bei der Definition der Subventionen des Art. 4 Abs. c

MV auf die Zielsetzung der rationellsten Verteilung der Erzeugung auf dem höchsten Leistungsstand gestützt. Auch hier hat also der Gerichtshof die Bedeutung dieser Zielsetzung für die Auslegung des Art. 4 Abs. c erkannt. Die Schwierigkeiten beginnen wiederum erst bei der praktischen Anwendung dieses Maßstabs. Dabei steht auch in diesem Fall die Abgrenzung der Bereiche der Art. 4 Abs. c und 67 des Vertrags im Vordergrund[40]. Dabei kann auf die bereits bei der Untersuchung der Rechtsprechung zur Bergmannsprämie entwickelten Kriterien zurückgegriffen werden. Es fallen also nur solche Lasten unter das Verbot des Art. 4 Abs. c, die sowohl unmittelbare Auswirkungen auf den Wettbewerb in der Gemeinschaft haben als auch einen speziellen Charakter aufweisen.

Die Prozeßteilnehmer haben die Ausgleichsumlage einmal in ihrer Auswirkung auf die luxemburgische Eisen- und Stahlindustrie und einmal in ihrer Auswirkung auf die Kohleindustrien der Gemeinschaft untersucht. Die Ausgleichsumlage trifft den Verbrauch von Kohle, die nicht für den Hausbrand bestimmt ist. Die Auswirkung auf die Kohleindustrien der Gemeinschaft hängt von der Preiselastizität der Nachfrage nach Kohle und der Preiselastizität des Angebots an Kohle ab. Bei beschränkt preiselastischer Nachfrage und beschränkt preiselastischem Angebot wird der Preis für Kohle, die nicht für den Hausbrand bestimmt ist, steigen, und die Absatzmenge wird reduziert werden[41]. Die Kohleindustrie wird unmittelbar im Wettbewerb benachteiligt. Dagegen wird die luxemburgische Eisen- und Stahlindustrie, die der hauptsächliche Abnehmer dieser Kohle ist, von der Umlage nur mittelbar über die Preissteigerung dieser Kohle betroffen. Die Ausgleichsumlage kann somit allenfalls im Hinblick auf die Kohleindustrien der Gemeinschaft als Sonderlast betrachtet werden[42].

Es muß deshalb noch geprüft werden, ob die Ausgleichsumlage einen speziellen Charakter trägt. Die Entscheidung würde leicht fallen, wenn auch in Luxemburg Kohle abgebaut würde. Dann würde die Umlage

---

[40] Die Frage nach der Begrenzung des Kreises der Träger dieser Sonderlast ist weniger interessant, weil die Ausgleichsumlage den Verbrauchern von Industriekohle und damit insbesondere der luxemburgischen Eisen- und Stahlindustrie, also Vertragsunternehmen, auferlegt wird. Auch die Frage nach einem möglichen Ausgleich dieser Last wurde nicht aktuell.

[41] Es wird — allerdings nur am Beispiel der Ruhrkohle, die aber für die Elastizitätsverhältnisse im westeuropäischen Steinkohlenbergbau typisch ist —, noch an anderer Stelle gezeigt, daß gerade diese Annahme in der Realität erfüllt ist.

[42] Im übrigen trifft diese Umlage auch sämtliche industriellen Kohlenverbraucher Luxemburgs in gleicher Weise, so daß sie auch als allgemeine Last zu betrachten wäre, die allenfalls nach den Regeln des Art. 67 ausgeglichen werden könnte.

schon im Hinblick auf den luxemburgischen Kohlenbergbau als Sonderlast erscheinen. Durch den Wegfall der luxemburgischen Kohleindustrie ändert sich aber grundsätzlich nichts. Statt des luxemburgischen Kohlebergbaus werden die Kohleindustrien der übrigen Länder der Gemeinschaft von dieser speziellen Last betroffen.

Die Ausgleichsumlage erscheint somit als eine Sonderlast, die die Kohleindustrie der übrigen Länder der Gemeinschaft trifft[43].

b) Die Anwendung des Diskriminierungsverbots

Für die Anwendung des Diskriminierungsverbots des Art. 4 Abs. c ist die Handhabung der Begriffe der Vergleichbarkeit der Lage und der Gleichbehandlung von entscheidender Bedeutung. Diese beiden Begriffe wurden, soweit sich das Diskriminierungsverbot gegen die Mitgliedstaaten der Gemeinschaft richtet, bereits erörtert.

Sofern die Hohe Behörde nicht etwa im Rahmen des Art. 67 ausdrücklich das Gegenteil festgestellt hat, muß davon ausgegangen werden, daß sich die Erzeuger, Käufer oder Verbraucher des Gemeinsamen Marktes unabhängig von den Landesgrenzen im Zustand eines unverfälschten Wettbewerbs befinden. Sie befinden sich in vergleichbarer Lage. Diese Unterstellung muß auch für den Zustand vor Einführung der Ausgleichsumlage aufrechterhalten werden.

Der Begriff der Gleichbehandlung wurde in Anlehnung an die Unterscheidung zwischen allgemeinen und speziellen staatlichen Eingriffen definiert. Staatliche Eingriffe, die sich in gleicher Weise auf sämtliche Bereiche einer Volkswirtschaft auswirken, werden als allgemeine Last bezeichnet. Sie fallen unter den Begriff der Gleichbehandlung. Soweit die Ausgleichsumlage in ihrer Auswirkung auf die kohleverbrauchenden Industrien Luxemburgs betrachtet wird, erscheint sie deshalb als eine allgemeine Maßnahme. Sie verstößt insoweit nicht gegen das Gebot der Gleichbehandlung. Ihre Beurteilung im Hinblick auf die Kohleindustrien der Gemeinschaft ist schwieriger. Würde auch in Luxemburg Kohle abgebaut, so würde die luxemburgische Kohleindustrie einer Sonderbehandlung unterworfen sein. Die Umlage würde gegen das Diskriminierungsverbot verstoßen. Diese ungleiche Behandlung liegt aber auch gegenüber den Kohleindustrien der anderen Mitgliedstaaten der Gemeinschaft vor. Die luxemburgische Regierung hat durch die Einführung der Ausgleichsumlage, auch wenn in Luxemburg keine

---

43 Der Gerichtshof bezeichnet die Umlage zwar gerade insoweit als eine allgemeine Last, als sie sämtliche Kohleindustrien der Gemeinschaft trifft und lehnt deshalb die Anwendung des Art. 4 Abs. c MV ab. Sein Begriff einer allgemeinen Last unterscheidet sich aber von dem in dieser Untersuchung verwandten Begriff der allgemeinen Last.

Kohle abgebaut wird, gegen das Diskriminierungsverbot des Art. 4 Abs. b verstoßen. Sie diskriminiert die Kohleindustrien der übrigen Länder der Gemeinschaft.

Dieses Ergebnis wird durch den Hinweis auf Art. 4 Abs. a des Vertrags erhärtet, der „Ein- und Ausfuhrzölle oder Abgaben gleicher Wirkung sowie mengenmäßige Beschränkungen des Warenverkehrs" untersagt. Die Ausgleichsumlage stellt sich in Anbetracht dessen, daß im Inland keine Kohle abgebaut wird, als besondere Ausgestaltung eines spezifischen Einfuhrzolls dar. In Luxemburg gibt es kein inländisches Angebot, und die eingeführte Kohle wird mit einer für jede Mengeneinheit gleichgroßen Abgabe, die in ihrer Wirkung durchaus einer Zollabgabe entspricht, belastet[44].

2. Die praktische Bedeutung des Urteils in den verbundenen Rechtssachen 7 und 9/54

Bei der Untersuchung der Geschichte dieser Ausgleichsumlage zeigt sich auf den ersten Blick ein Bild, das sich in auffälliger Weise von den entsprechenden Ergebnissen für die Bergmannsprämie abhebt.

Bei der Bergmannsprämie vergingen von ihrer Einführung bis zur schließlichen Aufhebung 8 Jahre. Für die Ausgleichskasse ergeben sich wesentlich kürzere Fristen. Die Ausgleichskasse wurde dem „Office" durch Ministerialbeschluß vom 8. März 1954 angegliedert. Der „Groupement" griff bereits im Juli 1954 ein und verlangte die Aufhebung des „Office" und die Abschaffung der Ausgleichskasse. Diesem Schreiben war ein Teilerfolg beschieden. Auf Veranlassung der Hohen Behörde wurde mit Wirkung vom 1. 10. 1955 die Einfuhr fester Brennstoffe nach Luxemburg freigegeben, d. h. das „Office" verlor seine Stellung als alleiniger Kohleimporteur Luxemburgs. Die Ausgleichskasse wurde dagegen von der Hohen Behörde als vertragsgemäß angesehen. Die Klageanträge 7 und 9/54 richteten sich in ihrer praktischen Bedeutung nur noch gegen diese Einrichtung. Sie hatten einen vorzeitigen Erfolg. Die Ausgleichskasse wurde im September 1955 mit Wirkung vom 2. April 1955 durch Ministerialbeschluß aufgehoben. Das Urteil des Gerichtshofs, das am 23. April 1956 erging, hatte eine praktische Bedeutung nur noch für die bis zum 2. April 1955 gezahlten Ausgleichsbeiträge.

Dieses Ergebnis muß aber mit einiger Skepsis betrachtet werden. Der Berichterstatter hat in seiner Schilderung des Sachverhalts auf einen großherzoglichen Beschluß vom 2. April 1955 hingewiesen, der die Regelung der Einfuhrabgabe und Umsatzsteuer für feste mineralische

---

[44] Vgl. Alfred *Kruse*, Außenwirtschaft ..., S. 297.

Brennstoffe abändert. Nach Ansicht des „Groupement“ wurde durch diese Maßnahme die Wirkung der Aufhebung der Ausgleichsumlage aufgehoben. „Die von der luxemburgischen Regierung eingeführte Regelung behält die frühere besondere Last und Diskriminierung in anderer Form bei[45].“ Es wäre also noch zu prüfen, ob nicht diese neue Regelung wiederum vertragswidrig ist.

Drittes Kapitel

Die Rechtsprechung zu den Ausgleichsregelungen für Schrott

Die Rechtsprechung zu den Ausgleichsregelungen für Schrott nimmt in der Rechtsprechung des Gerichtshofs der Europäischen Gemeinschaften einen sehr breiten Raum ein. In den Bänden 1—8 der „Sammlung der Rechtsprechung des Gerichtshofes“ sind 80 diesbezügliche Klagen enthalten, die vom Gerichtshof in 35 Verfahren erledigt wurden. Von diesen Verfahren werden hier aber nur diejenigen beachtet, die Gelegenheit bieten, die Anwendung des Diskriminierungsverbots des Art. 4 Abs. b auf die Hohe Behörde zu untersuchen. Es handelt sich hierbei um drei Gruppen von Verfahren. In den Rechtssachen 20/58, 21/58, 22/58, 23/58, 14/61, 42/58, 19/61, in den verb. Rechtssachen 32 und 33/58 sowie in den verb. Rechtssachen 42 und 49/59 und der dazu gehörigen Drittwiderspruchsklage wird die Sonderbehandlung des „Eigenaufkommens“ an Schrott untersucht. Dieses „Eigenaufkommen“ wurde von der Umlage auf den Schrottverbrauch freigestellt. In den Rechtssachen 2/57 und 15/57 klagt eine Herstellerin von Roheisen, die sich durch die Ausgleichsregelungen diskriminiert fühlt. In den Rechtssachen 8/57, 9/57, 10/57, 11/57, 12/57 und 13/57 klagen einige Stahlwerke gegen einzelne Bestimmungen der Entscheidung Nr. 2/57, durch die sie sich diskriminiert fühlen.

Die Hohe Behörde hat sich bei der Einführung dieser Ausgleichsregelungen für Schrott auf Art. 53 Buchst. b gestützt. Dieser Art. 53 verleiht der Hohen Behörde die Befugnis mit einstimmiger Zustimmung des Ministerrats jede Art von finanziellen Einrichtungen zwischen mehreren Unternehmen zu schaffen, die sie zur Durchführung der Aufgaben nach Art. 3 für erforderlich und mit den Vorschriften des Vertrags für vereinbar hält. Eine dieser Vorschriften, die zu beachten

---

[45] Zitiert nach Sammlung der Rechtsprechung ..., Bd. 2, S. 72.

sind, ist das Diskriminierungsverbot des Art. 4 Abs. b. Es muß untersucht werden, ob die Hohe Behörde bei der Einführung der Ausgleichsregelungen für Schrott gegen dieses Verbot des Art. 4 Abs. b verstoßen hat.

Allerdings ermöglicht diese Untersuchung keinesfalls eine umfassende Untersuchung der Anwendung des Diskriminierungsverbots auf die Hohe Behörde. Die Eingriffsmöglichkeiten der Hohen Behörde beschränken sich keineswegs auf die Befugnisse nach Art. 53. Die Befugnisse der Hohen Behörde sind viel umfangreicher. „Es handelt sich dabei sowohl um quasi-legislatorische Maßnahmen[1], zu denen sie [die Hohe Behörde] ermächtigt wird, als um Maßnahmen verwaltender Art, die wiederum hoheitlicher oder fiskalischer Art sein können[2]." Das Diskriminierungsverbot gilt, gleichgültig um welche dieser Befugnisse und Maßnahmen es sich handelt. Die Hohe Behörde ist an das Diskriminierungsverbot des Art. 4 Abs. b gebunden, wenn sie von ihren Befugnissen Gebrauch macht, Auskunft zu verlangen (Art. 47), Höchst- oder Mindestpreise festzusetzen (Art. 61), ein Absatzkartell zu genehmigen (Art. 65 § 2), eine Ausgleichseinrichtung zu schaffen (Art. 53 Buchstabe b), die Krise (Art. 58) oder die Mangellage zu erklären (Art. 59), sowie Investitionen der Unternehmen durch Kredite zu fördern (Artikel 54)[3].

Die Untersuchung der Ausgleichsregelungen für Schrott wird zwar zeigen, in welcher Weise die Befugnisse, die der Hohen Behörde nach Artikel 53 Buchst. b zustehen, durch das Diskriminierungsverbot des Artikel 4 Abs. b eingeengt werden. Es kann aber nicht erwartet werden, daß diese Ergebnisse unbesehen auch auf die übrigen Eingriffsmöglichkeiten der Hohen Behörde übertragen werden können. Sicherlich wird diese Untersuchung aber die Anwendung des Diskriminierungsverbots auf diese anderen Befugnisse der Hohen Behörde erleichtern.

I. Die Verfahren zu den Ausgleichsregelungen für Schrott

Die Hohe Behörde hat der Regelung des Schrottmarkts stets eine große Bedeutung zugemessen. Die Gründe sind offensichtlich. Der Schrott ist ein wesentlicher Produktionsfaktor bei der Stahlerzeugung.

---

[1] Erich *Zimmermann*, Die Preisdiskriminierung ..., S. 54, Anm. 114 nennt als Beispiele für quasi-legislatorische Maßnahmen die Definition der nach Art. 60 § 1 verbotenen Praktiken und die Bestimmung des Tatbestandes der Kontrolle im Sinne des Art. 66 § 1.

[2] Erich *Zimmermann*, Die Preisdiskriminierung ..., S. 54.

[3] Vgl. Erich *Zimmermann*, Die Preisdiskriminierung ..., S. 55.

Die besonderen Verhältnisse auf den Schrottmärkten der Mitgliedstaaten der Gemeinschaft drohten sich bei der Liberalisierung des Handels innerhalb der Gemeinschaft nachteilig auf die Wettbewerbsposition der Stahlindustrien der Gemeinschaft im Handel mit Drittländern auszuwirken.

Zum Zeitpunkt der Errichtung des Gemeinsamen Marktes wies die Gemeinschaft im Handel mit den Drittländern ein Schrottdefizit auf. Frankreich, Deutschland und die Niederlande versorgten sich selbst. Belgien deckte seinen Bedarf durch Einfuhren aus der Gemeinschaft. Dagegen deckte Italien seinen Schrottbedarf in überwiegendem Maße durch Einfuhren aus Drittländern. Zu dieser Zeit hatten die Schrottpreise in Deutschland, Frankreich, Belgien und Luxemburg ein vergleichbares Niveau erreicht. Die holländischen Schrottpreise waren niedriger. Die italienischen Schrottpreise wurden wesentlich durch die Preise des Importschrotts bestimmt. Sie lagen über dem durchschnittlichen Schrottpreis der Gemeinschaft[4]. Mit der Liberalisierung des Handels innerhalb der Gemeinschaft mußte die italienische Schrottnachfrage auf den Gemeinsamen Markt drängen. Die Hohe Behörde befürchtete davon eine Angleichung der Schrottpreise der Gemeinschaft an die höheren Weltmarktpreise und damit eine Erhöhung der Produktionskosten in den Eisen- und Stahlindustrien der Gemeinschaft[5].

Die Hohe Behörde hat deshalb während der Übergangszeit vom 10. 2. 1953 bis zum 15. 3. 1953 das Schrottaufkommen der Gemeinschaft

---

[4] Louis *Lister*, Europe's Coal and Steel Community, An experiment in economic union, New York 1960, S. 65 behauptet, der Weltmarktpreis für Schrott habe 1956 um 20 bis 30 $ pro Tonne über dem Schrottpreis der Gemeinschaft gelegen.

[5] Ein weiteres Argument stützt sich auf die Angebots- und Nachfrageverhältnisse auf dem Schrottmarkt. Das Angebot an Schrott ist relativ starr und wenig preiselastisch. Die Nachfrage ist wenig preiselastisch und sehr konjunkturreagibel. Infolgedessen wird im Konjunkturverlauf mit beträchtlichen Preisschwankungen auf dem Schrottmarkt zu rechnen sein, die sich in unterschiedlichem Maße auf die verschiedenen Stahlerzeugungsverfahren auswirken werden (vgl. dazu Europäische Gemeinschaft für Kohle und Stahl, Hohe Behörde (Hrsg.), Sechster Gesamtbericht über die Tätigkeit der Gemeinschaft, Bd. 1, Die Politik der Hohen Behörde, o. O. 1958, S. 30). Dieses Argument verliert allerdings durch eine Überlegung von Lister an Durchschlagskraft. Der Schrottpreis und die Stahlpreise sind flexibler als die Preise für Kohle und Roheisen, der beiden anderen wichtigen Produktionsfaktoren bei der Stahlerzeugung. Lister meint nun, die Belastung der Unternehmen, die infolge der starken Preisschwankungen auf dem Schrottmarkt auftrete, würde zumindest teilweise dadurch ausgeglichen, daß die Priesschwankungen der beiden anderen Produktionsfaktoren hinter den Schwankungen der Stahlpreise zurückbleiben. "When the price of scrap is high, steel prices are also high and the steel producer can pass along the higher price of scrap. In a buyer's steel market, the scrap price falls more rapidly than the price of other raw materials." (Louis Lister, Europe's Coal and ..., S. 66).

verteilt[6] und die nationalen Preisregelungen übernommen[7]. Mit Wirkung vom 15. 3. 1953 gab sie zwar den Schrottmarkt frei, behielt aber bis zum 1. 4. 1954 ein System von Höchstpreisen bei[8]. Außerdem genehmigte die Hohe Behörde schließlich in den Entscheidungen Nr. 33 und 43/53 freiwillige Vereinbarungen der Roheisen oder Stahl erzeugenden Unternehmen der Gemeinschaft über die Einfuhr von Schrott aus dritten Ländern und über die Errichtung einer Ausgleichskasse für eingeführten Schrott. Diese Genehmigungen galten rückwirkend für die Zeit vom 15. 3. 1953 bis zum 31. 3. 1954[9].

Diese Ausgleichsregelung wurde mit Wirkung vom 1. 4. 1954 von der Hohen Behörde übernommen[10]. Ihr wurden alle schrottverbrauchenden Unternehmen der Gemeinschaft unterworfen. Diese Unternehmen müssen nach Maßgabe ihrer innerhalb der Gemeinschaft gekauften oder aus dritten Ländern importierten Schrottmenge eine Umlage entrichten. Die Beiträge dienen dazu, die Preise für eingeführten Schrott auf einen Ausgleichspreis herabzusetzen, der mit den Schrottpreisen innerhalb der Gemeinschaft vergleichbar ist. Mit der Verwaltung dieser Ausgleichseinrichtung wurden das Gemeinsame Büro der Schrottverbraucher und die Ausgleichskasse für eingeführten Schrott beauftragt. Das Gemeinsame Büro schlägt der Ausgleichskasse die aus dritten Ländern einzuführende Menge an Schrott, den Höchsteinfuhrpreis und den Ausgleichspreis vor und tätigt die Einkäufe für gemeinsame Rechnung. Die Ausgleichskasse errechnet den Beitragssatz der Unternehmen und zieht die Beiträge ein.

Diese Ausgleichseinrichtung, die ursprünglich nur bis zum 31. 3. 1955 gültig war, wurde durch ständige Verlängerung in dieser Form grundsätzlich bis zur Einstellung der Ausgleichseinrichtung im Dezember 1958 beibehalten. Allerdings arbeitete das Ausgleichssystem nie zufrie-

---

[6] Entscheidung Nr. 2/53 vom 7. 2. 1953, in: Amtsblatt der Europäischen Gemeinschaft für Kohle und Stahl, hrsg. von der Abteilung Drucksachen der Europäischen Gemeinschaft in Luxemburg, Ausgabe in deutscher Sprache [ab 1958 unter dem Titel: Amtsblatt der Europäischen Gemeinschaften, Jg. 1 (1958)], 2. Jg. (1953) (Heft) Nr. 1 vom 10. 2. 1953, S. 5.

[7] Entscheidung Nr. 5/53 vom 12. 2. 1953, in: Amtsblatt ..., 2. Jg. (1953) (Heft) Nr. 2 vom 12. 2. 1953, S. 5.

[8] Entscheidung Nr. 28/54 vom 13. 3. 1953, in: Amtsblatt ..., 2. Jg. (1953) (Heft) Nr. 5 vom 15. 3. 1953, S. 97 f.; Entscheidung Nr. 44/53 vom 23. 12. 1953, in: Amtsblatt ..., 2. Jg. (1953) (Heft) Nr. 14 vom 30. 12. 1953, S. 209; Entscheidung Nr. 21/54 vom 26. 3. 1954, in: Amtsblatt ..., 3. Jg. (1954) (Heft) Nr. 4 vom 30. 3. 1954, S. 285.

[9] Entscheidung Nr. 33/53 vom 10. 5. 1953, in: Amtsblatt ..., 2. Jg. (1953) (Heft) Nr. 8 vom 9. 6. 1953, S. 137 f.; Entscheidung Nr. 43/53 vom 11. 12. 1953, in: Amtsblatt ..., 2. Jg. (1953) (Heft) Nr. 13 vom 15. 12. 1953, S. 200.

[10] Entscheidung Nr. 22/54 vom 26. 3. 1954, in: Amtsblatt ..., 3. Jg. (1954) (Heft) Nr. 4 vom 30. 3. 1954, S. 286 f.

denstellend, so daß es fortwährend ergänzt werden mußte. Die wesentlichsten Ergänzungen sind in den Entscheidungen Nr. 14/55[11], 26/55[12], 3/56[13] und 2/57[14] enthalten.

In der Entscheidung Nr. 14/55 hat die Hohe Behörde die bisherige Ausgleichsregelung als unzureichend bezeichnet und Maßnahmen zur Einsparung von Schrott angekündigt. Durch die Entscheidung Nr. 26/55 wird mit Wirkung vom 1. 3. 1955 für die durch einen Mehrverbrauch von Roheisen im Siemens-Martin-Ofen erzielte Einsparung von Schrott eine Prämie gewährt. Die Prämie soll den Nachteil ausgleichen, der sich durch den Ersatz von Schrott durch Roheisen ergibt. Die Mittel für diese Prämie werden gleichfalls durch die Umlage aufgebracht. Mit der Entscheidung Nr. 3/56 wird diese Regelung auf die Einsparung von Schrott durch erhöhten Einsatz von vorgeblasenem Thomasstahl im Elektroofen mit flüssiger Beschickung ausgedehnt.

Durch die Entscheidung Nr. 2/57 hat die Hohe Behörde diese Prämienregelung wieder ausgesetzt, die grundsätzliche Ausgleichsregelung aber beibehalten. Sie versuchte außerdem, über eine zusätzliche Belastung des künftigen Mehrverbrauchs an Schrott einen stärkeren Anreiz zur Einsparung von Schrott auszuüben. Der Verbrauch an Zukaufschrott, der den Schrottverbrauch einer Referenzperiode überstieg, wurde mit einem Ergänzungssatz belastet, der nach einer Übergangsperiode die Höhe des Basissatzes erreichte. Der Beitrag eines Unternehmens zur Ausgleichskasse setzte sich somit aus einem Basissatz auf den Verbrauch an Zukaufschrott und gegebenenfalls aus einem Ergänzungssatz auf den Mehrverbrauch an Zukaufschrott zusammen[15].

Nachdem dieses Ausgleichssystem in der Entscheidung Nr. 18/58[16] noch bis zum 30. 11. 1958 verlängert worden war, scheiterte eine weitere Verlängerung am Widerstand Deutschlands, Italiens und Luxemburgs[17]. Damit wurde die Ausgleichsregelung des Schrottmarkts mit Wirkung vom 1. 12. 1958 aufgehoben.

---

[11] Entscheidung Nr. 14/55 vom 26. 3. 1955, in: Amtsblatt ..., 4. Jg. (1955) (Heft) Nr. 8 vom 30. 3. 1955, S. 685 ff.

[12] Entscheidung Nr. 26/55 vom 20. 7. 1955, in: Amtsblatt ..., 4. Jg. (1955) (Heft) Nr. 18 vom 26. 7. 1955, S. 869 ff.

[13] Entscheidung Nr. 3/56 vom 15. 2. 1956, in: Amtsblatt ..., 5. Jg. (1956) (Heft) Nr. 4 vom 22. 2. 1956, S. 17 f.

[14] Entscheidung Nr. 2/57 vom 26. 1. 1957, in: Amtsblatt ..., 6. Jg. (1957) (Heft) Nr. 4 vom 28. 1. 1957, S. 61 ff.

[15] Die Einzelheiten dieser Entscheidung werden an anderer Stelle dargestellt.

[16] Entscheidung Nr. 18/58 vom 15. 10. 1958, in: Amtsblatt ..., 1. Jg. (1958) (Heft) Nr. 20 vom 19. 10. 1958, S. 454.

[17] Vgl. William *Diebold*, The Schuman Plan, A study in economic cooperation 1950—1959, New York 1959, S. 312 f.

1. Die Verfahren zur Definition des Eigenaufkommens

Die Hohe Behörde hat in der Entscheidung Nr. 2/57 die Grundlagen für die Erhebung der Beiträge zur Schrottausgleichsregelung neu festgelegt. Nach Artikel 2 dieser Entscheidung sind „die in Artikel 80 des Vertrages genannten Unternehmen ... soweit sie Schrott verbrauchen, zur Zahlung von Beiträgen verpflichtet ..."[18]. Artikel 3 bestimmt weiter: „Der Beitrag jedes Unternehmens wird für jeden Abrechnungszeitraum berechnet durch Anwendung a) eines Basissatzes auf seinen Verbrauch von Zukaufschrott ... und gegebenenfalls b) eines Ergänzungssatzes auf seinen Mehrverbrauch an Zukaufschrott ...[19]." In beiden Fällen wird also auf den Zukaufschrott abgestellt.

Bei der Definition dieses Begriffs geht die Hohe Behörde vom gesamten Schrottverbrauch eines Unternehmens aus. Dieser ergibt sich als die Summe des gesamten Eigenaufkommens an Schrott sowie der Eingänge an Zukaufschrott, zuzüglich der Verminderung der Lagerbestände und abzüglich der Zunahme der Lagerbestände. Gegebenenfalls sind davon noch die Lieferungen an verkauftem und abgetretenem Schrott abzuziehen. Der Verbrauch an Zukaufschrott ergibt sich folglich als Differenz zwischen dem gesamten Schrottverbrauch eines Unternehmens und seinem gesamten Eigenaufkommen[20]. Das Eigenaufkommen eines Unternehmens ist also von der Beitragspflicht freigestellt.

Dieser Begriff wurde von den Brüsseler Organen und den betroffenen Unternehmen unterschiedlich ausgelegt. Verschiedene Unternehmen legten den Begriff „Eigenaufkommen" im Sinne von „nicht gekauftem Schrott" aus und gaben bei ihren Abrechnungen mit der Ausgleichskasse für eingeführten Schrott als „Eigenaufkommen" alle diejenigen Mengen an, welche sie von Tochtergesellschaften erhalten hatten, die zwar eine andere Firmenbezeichnung tragen, an denen sie aber überwiegend beteiligt sind[21]. Die Hohe Behörde hat zu diesen Auslegungsfragen in einem Schreiben vom 18. 12. 1957 Stellung genommen, das an das Gemeinsame Büro der Schrottverbraucher gerichtet war. Sie stellt in diesem Schreiben inbesondere fest, daß ein Unternehmen durch seine Firma eindeutig bestimmt ist und daß es „als ‚Eigenaufkommen' nur den Schrott ansehen darf, den es selbst in seinen eigenen Werken, die den gleichen Firmennamen tragen, aufbringt"[22]. In diesem Schreiben hat die Hohe Behörde auch zwei Ausnahmen von dieser Regel bekannt

---

[18] Amtsblatt ..., 6. Jg. (1957) (Heft) Nr. 4 vom 28. 1. 1957, S. 62.

[19] Amtsblatt ..., 6. Jg. (1957) (Heft) Nr. 4 vom 28. 1. 1957, S. 62.

[20] Die Verminderung der Lagerbestände ist dabei zum Eigenaufkommen hinzuzurechnen (vgl. Amtsblatt ..., 6. Jg. (1957) (Heft) Nr. 4 vom 28. 1. 1957, S. 63).

[21] Vgl. Sammlung der Rechtsprechung ..., Bd. 5, S. 173.

[22] Zitiert nach Sammlung der Rechtsprechung ..., Bd. 5, S. 300.

gegeben. Die Firma „Koninklijke Nederlandse Hoogovens en Staalfabrieken N. V." und „Breda Siderurgica S. p. A." (nachstehend „Hoogovens" und „Breda Siderurgica" genannt) haben ihre Werksanlagen mit der „Breedband N. V.", bzw. im Falle der „Breda Siderurgica" mit drei weiteren Unternehmen in Sesto San Giovanni, zu einem einheitlichen Industriekomplex zusammengeschlossen. Die Hohe Behörde hat für diese „örtlich zusammengeschlossenen" Unternehmen den Begriff „Eigenaufkommen" weiter gefaßt und die Schrottbezüge von „Hoogovens" und „Breda Siderurgica", die von jenen Unternehmen stammen, von der Umlage freigestellt. Der Gerichtshof hat zu diesen Auslegungsfragen in den Rechtssachen 20/58, 21/58, 22/58, 23/58, 14/61, 42/58, 19/61, in den verbundenen Rechtssachen 42 und 49/59 samt zugehöriger Drittwiderspruchsklage sowie in den verbundenen Rechtssachen 17 und 20/61 Stellung genommen.

In der Rechtssache 42/58 und in den verbundenen Rechtssachen 32 und 33/58 befaßt sich der Gerichtshof mit Klagen von Firmen, die die Schrottlieferungen zwischen rechtlich selbständigen, aber wirtschaftlich voneinander abhängigen Unternehmen (Konzernschrott) als Eigenaufkommen bezeichnen und sie deshalb von der Umlagepflicht freigestellt wissen wollen. In der Rechtssache 14/61 und in den verbundenen Rechtssachen 42 und 49/59 sowie in der zugehörigen Drittwiderspruchsklage entscheidet der Gerichtshof über die Freistellungen für die Firmen „Hoogovens" und „Breda Siderurgica"[23].

Das praktische Ergebnis all dieser Rechtssachen ist eine eindeutige Abgrenzung der Begriffe „Eigenaufkommen" und „Zukaufschrott" durch den Gerichtshof. Er rechnet den Konzernschrott dem Zukaufschrott zu und unterwirft seinen Verbrauch der Beitragspflicht. Es ist „... zur Abgrenzung der ausgleichspflichtigen Schrottbewegungen nicht auf den Konzern in seiner Gesamtheit, sondern auf jede der verschiedenen juristischen Personen als Einzelunternehmen abzustellen"[24]. Demnach ist als „... ‚Zukaufschrott' all der Schrott anzusehen, an dem das Eigentum gegen Festsetzung eines Preises übertragen wird, gleichviel ob bei dieser Übertragung ein Kaufvertrag im eigentlichen Sinne des Wortes oder ein ihm gleichzustellender Vertrag zugrunde liegt und ob zwischen Käufer und Verkäufer eine Gewinn- und Verlustgemeinschaft besteht oder nicht"[25]. Diese Feststellung wird an anderer Stelle verdeutlicht: „Es ist im übrigen nicht notwendig zu untersuchen, ob nach dem anwendbaren Zivilrecht die strittigen Schrottbewegungen

---

[23] Die Klageanträge in den Rechtssachen 20/58, 21/58, 22/58 und 23/58 waren unzulässig.

[24] Sammlung der Rechtsprechung ..., Bd. 8, S. 688.

[25] Sammlung der Rechtsprechung ..., Bd. 7, S. 172.

zwischen den Tochtergesellschaften ... auf Grund eines wirklichen Kaufvertrages stattfanden, denn die Übertragung von Schrott durch ein Unternehmen auf ein anderes wird als solche mit der Beitragspflicht belastet[26]." Für Schrottlieferungen zwischen örtlich zusammengeschlossenen Werken unterschiedlicher juristischer Personen wird keine Ausnahme gemacht. „Auch bei einer bis ins letzte durchgeführten örtlichen Zusammenfassung und gegenseitiger wirtschaftlicher Abhängigkeit der Produktion der zusammengeschlossenen Unternehmen darf nicht übersehen werden, daß die Werke, in denen der Schrott anfällt, anderen juristischen Personen ..."[27] gehören als den Schrottverbrauchern.

Gegen die Sonderbehandlung des so definierten Eigenaufkommens richten sich einige Argumente der Kläger in der Rechtssache 19/61 und in den verbundenen Rechtssachen 17 und 20/61, die unter dem Vorwurf des Ermessensmißbrauchs gegen die Hohe Behörde vorgebracht wurden[28].

a) Die Argumente der Parteien und des Generalanwalts

Die Kläger stützen sich dabei auf Ausführungen des Gerichtshofs in den verbundenen Rechtssachen 32 und 33/58. In diesem Urteil hat der Gerichtshof die Freistellung des Eigenaufkommens jeder selbständigen juristischen Person zu rechtfertigen versucht. Er hat zwei Argumente angeführt. Eines davon berührt das Diskriminierungsverbot[29]. Der Gerichtshof stellt fest: „Jeder Eingriff, der dazu dient oder dazu führt, den Wettbewerb künstlich und in erheblichem Maße zu verfälschen, ist als diskriminierend und mit dem Vertrag unvereinbar anzusehen. Dagegen können Maßnahmen, die dem innerbetrieblichen Aufbau eines Unternehmens und der Art und Weise Rechnung tragen, in der es sein Eigenaufkommen verwendet, nicht als diskriminierend angesehen werden[30]." In bezug auf die Schrottlieferungen innerhalb einer einheitlichen juristischen Person folgert er daraus: „Wenn ein Stahl erzeugendes und Schrott verbrauchendes Unternehmen seinen Eigenentfall selbst verbraucht, so bringt es damit eines seiner Nebenerzeugnisse wieder in den Produktionskreislauf ein. Eine solche Wiederverwen-

---

[26] Sammlung der Rechtsprechung ..., Bd. 8, S. 690.

[27] Sammlung der Rechtsprechung ..., Bd. 7, S. 165.

[28] Die Klage richtet sich nicht gegen die Sonderbehandlung des „Eigenaufkommens", sondern dagegen, daß bestimmte Schrottbezüge der Kläger nicht auch eine solche Sonderbehandlung erfahren.

[29] Das zweite Argument des Gerichtshofs stützt sich auf Anlage II Buchstabe b Absatz 2 des Vertrags. Dort ist festgelegt, daß „von den Unternehmen unmittelbar verwendeter Abfallschrott" selbst bei direkten Eingriffen nach Art. 59 bevorzugt zu behandeln ist. Dies muß nach Ansicht des Gerichtshofs um so mehr gelten, wenn es sich um die Anwendung indirekter Maßnahmen handelt.

[30] Sammlung der Rechtsprechung ..., Bd. 5, S. 319.

dung führt somit im Rahmen der Stahlerzeugung auf Schrottbasis zu einer Erhöhung der aus einer bestimmten, dem Ausgleich bereits unterworfenen Schrottquantität gewonnenen Stahlmenge und damit zu einer endgültigen Steigerung der Produktivität[31]." In bezug auf den Konzernschrott ist der Gerichtshof zum entgegengesetzten Ergebnis gekommen. „Die Senkung der Produktionskosten, die sich als Folge einer Freistellung des Konzernschrotts ergeben würde, wäre ... geeignet, die Unterschiede zwischen diesen Unternehmen und solchen, die ebenfalls Stahl auf Schrottbasis herstellen, aber nicht mit einem Schrott erzeugenden Unternehmen verbunden sind, wesentlich zu vergrößern. Diese Vergrößerung würde aber nicht auf einer Veränderung der Produktivität beruhen, sondern wäre die Folge von zufälligen geographischen, verwaltungstechnischen oder finanziellen Bindungen, wie sie dem Begriff ‚Konzern' zugrunde liegen[32]." Der Gerichtshof lehnt deshalb die Freistellung des Konzernschrotts ab. „Es stünde zu den Forderungen des Vertrages in offensichtlichem Widerspruch, wenn eine Maßnahme der Hohen Behörde dazu führte, daß die Produktionskosten für Stahl, der ganz oder zum Teil auf Schrottbasis hergestellt wird, von der rechtlichen, organisatorischen oder finanziellen Struktur der Industriekonzerne abhinge[33]." Diese Feststellung bekräftigt der Gerichtshof im Urteil in den verbundenen Rechtssachen 42 und 49/59. „Auch bei einer bis ins letzte durchgeführten örtlichen Zusammenfassung und gegenseitiger wirtschaftlicher Abhängigkeit der Produktion der zusammengeschlossenen Unternehmen darf nicht übersehen werden, daß die Werke, in denen der Schrott anfällt, anderen juristischen Personen als den Streithelferinnen [„Hoogovens" und „Breda Siderurgica"] gehören. Wenn die Beteiligten bei ihrem Zusammenschluß eigens eine bestimmte Rechtsform gewählt haben, von der sie sich gewisse Vorteile versprechen, so können sie keinen Anspruch darauf haben, daß diese Rechtsform immer dann außer Betracht bleiben sollte, wenn ihnen aus deren Berücksichtigung Nachteile entstehen könnten[34]."

Die Firmen Hoesch, Klöckner und Mannesmann, deren Konzernlieferungen somit umlagepflichtig sind, nehmen auf diese Ausführungen des Gerichtshofs Bezug. Sie behaupten, sie würden durch die Ausgleichsregelung im Verhältnis zu Konkurrenzunternehmen, die bei gleicher wirtschaftlicher Organisation die Struktur einer einzigen, alle verschiedenen Betriebszweige umfassenden Rechtsperson hätten,

---

[31] Sammlung der Rechtsprechung ..., Bd. 5, S. 319.
[32] Sammlung der Rechtsprechung ..., Bd. 5, S. 320.
[33] Sammlung der Rechtsprechung ..., Bd. 5, S. 321.
[34] Sammlung der Rechtsprechung ..., Bd. 7, S. 165.

benachteiligt. Die Mannesmann A. G. führt aus[35], ein solches Ergebnis stehe im Widerspruch zu den Urteilen des Gerichtshofs in der Rechtssache 42/58 und in den verbundenen Rechtssachen 32 und 33/58, in denen das Vorliegen einer unterschiedlichen Behandlung an die Bedingung geknüpft werde, daß sie unterschiedliche Verhältnisse der Beteiligten berücksichtige. Unterschiedliche Regelungen seien demnach nur zugelassen, wenn die Verschiedenartigkeit der betreffenden Unternehmen auf unterschiedliche Produktionsbedingungen und nicht nur auf Unterschiede in der „rechtlichen, verwaltungstechnischen oder finanziellen Struktur" der Konzerne zurückzuführen sei. Die Rechtsform sei für die Intensität des Verbundes innerhalb des Konzerns keineswegs ausschlaggebend[36]. Wenn die Hohe Behörde die Verwendung des Schrotts der Umlagepflicht habe unterwerfen wollen, so hätte sie den Schrott auf sämtlichen Erzeugungsstufen, außer vielleicht in den Stahlwerken selbst, als umlagepflichtig erklären müssen. Bei Zugrundelegung des Merkmals der juristischen Person gehe die Hohe Behörde an der wirtschaftlichen Wirklichkeit vorbei und gelange so zu einer diskriminierenden Behandlung[37].

Die Hohe Behörde behauptet, für die Feststellung, welcher Schrott umlagepflichtig sei, bilde das vom Gerichtshof angenommene Merkmal der juristischen Person eine klare und objektive Grundlage, so daß alle schrottverbrauchenden Unternehmen rechtlich gleich behandelt würden[38]. Sie führt weiter aus, die von der Mannesmann A. G. beanstandeten Auswirkungen seien keine Folge von Entscheidungen der Hohen Behörde, sondern vielmehr die Konsequenz der eigenen Entschließungen der Klägerin. Auf die Klägerin lasse sich die Erwägung des Gerichtshofs anwenden, daß die Beteiligten bei der Wahl einer bestimmten Rechtsform, hier des Konzerns, keinen Anspruch darauf erheben könnten, daß die Rechtsform immer dann außer Betracht bleibe, wennn ihnen aus ihrer Berücksichtigung Nachteile entstehen könnten[39]. Der Grundsatz der gleichen Behandlung dürfe nicht auf die Spitze getrieben werden. Es müßten unterschiedliche Auswirkungen eines vernünftigen, objektiven Merkmals hingenommen werden[40].

Der Generalanwalt, der im übrigen in einem früheren Verfahren für eine Regelung eingetreten ist, die den Vorstellungen der Mannes-

---

[35] Die Argumente der Firmen Hoesch und Klöckner wurden vom Berichterstatter weniger ausführlich dargestellt.

[36] Vgl. Sammlung der Rechtsprechung ..., Bd. 8, S. 734 f.

[37] Vgl. Sammlung der Rechtsprechung ..., Bd. 8, S. 736.

[38] Vgl. Sammlung der Rechtsprechung ..., Bd. 8, S. 738.

[39] Vgl. Sammlung der Rechtsprechung ..., Bd. 8, S. 737 f.

[40] Vgl. Sammlung der Rechtsprechung ..., Bd. 8, S. 738.

mann A. G. entspricht[41], lehnt das Argument der Mannesmann A. G. gerade mit dem Hinweis auf die von der Klägerin mittelbar angegriffene Entscheidung des Gerichtshofs ab[42].

b) Die Entscheidung des Gerichtshofs

Der Gerichtshof tritt dem Argument der Mannesmann A. G. entgegen: „Eine Diskriminierung kann der Hohen Behörde nur vorgeworfen werden, wenn sie vergleichbare Sachverhalte in unterschiedlicher Weise behandelt und dadurch bestimmte Betroffene gegenüber anderen benachteiligt hat, ohne daß dieser Unterschied in der Behandlung durch das Vorliegen objektiver Unterschiede von einigem Gewicht gerechtfertigt wäre. Trotz gleicher Produktionsverhältnisse befand sich jedoch im vorliegenden Fall die Klägerin wegen ihrer rechtlichen Struktur, die zur Aufgliederung in mehrere Unternehmen geführt hat, nicht in einer vergleichbaren Lage mit derjenigen ihrer Konkurrenten, die eine einheitliche Rechtsstruktur aufweisen. Dieser Unterschied ist rechtlich bedeutsam und konnte deshalb eine unterschiedliche Behandlung rechtfertigen[43]." Und: „Der vom Gerichtshof in seinem Urteil in den verbundenen Rechtssachen 32 und 33/58 (RsprGH V d 321) aufgestellte Grundsatz, wonach jedes Vorgehen der Hohen Behörde, das die Herstellungskosten für Stahl von der rechtlichen, organisatorischen oder finanziellen Struktur der Industriekonzerne abhängig machen würde, rechtswidrig ist, bietet für die Auffassung der Klägerin keineswegs — wie diese meint — eine Stütze, sondern steht zu ihr im Widerspruch. Indem nämlich die genannte Entscheidung des Gerichtshofes die Maßgeblichkeit des Merkmals der juristischen Selbständigkeit bestätigte und den besonderen Strukturen der Wirtschaftskonzerne jede Bedeutung absprach, hat sie in eindeutiger Weise, und ohne daß für eine Ausnahme Raum bliebe, die Frage entschieden, daß Konzernschrott dem Eigenaufkommen ein und desselben Unternehmens nicht gleichgestellt werden kann[44]."

Die Anregung der Klägerin, nur den Eigenentfall an Schrott der Stahlwerke freizustellen, wird nur am Rande behandelt. Der Gerichtshof meint, es sei im übrigen Sache der Hohen Behörde, die Regelung zu wählen, die nach ihrer Auffassung den allgemeinen Interessen am meisten entspreche. Er könne diese Wahl nur beanstanden, wenn die Hohe Behörde die objektiven Grenzen überschreite, die ihr gestellt seien. Der Nachweis einer diskriminierenden Wirkung des Kriteriums

---

41 Vgl. Sammlung der Rechtsprechung ..., Bd. 5, S. 209 f.

42 Vgl. Sammlung der Rechtsprechung ..., Bd. 8, S. 713.

43 Sammlung der Rechtsprechung ..., Bd. 8, S. 755.

44 Sammlung der Rechtsprechung ..., Bd. 8, S. 756.

sei nicht erbracht worden. Folglich könne auch der Vorschlag, nur den im Stahlwerk anfallenden Schrott von der Umlage freizustellen, nicht diskutiert werden[45].

2. Die Verfahren zu der Frage einer Beeinträchtigung der Wettbewerbsposition der Roheisenhersteller

In den Rechtssachen 2/57 und 15/57 klagt die „Compagnie des Hauts Fourneaux de Chasse". Die Klage in der Rechtssache 2/57 richtet sich gegen die Entscheidung Nr. 2/57 der Hohen Behörde. Die Klage in der Rechtssache 15/57 richtet sich gegen eine individuelle Entscheidung der Hohen Behörde vom 12. 12. 1956, in der die Klägerin auf Grund der Entscheidungen Nr. 22/54 und Nr. 14/55 zur Zahlung von Ausgleichsbeiträgen an die Ausgleichskasse für eingeführten Schrott aufgefordert wird. Beiden Klageanträgen liegt derselbe Sachverhalt zugrunde. Die „Compagnie" stellt in ihren Hochöfen in der Gegend von Lyon und St. Etienne Hämatitroheisen her. Sie produziert keinen Stahl. Bei der Herstellung des Roheisens verwendet sie Schrott zur Anreicherung des Hochofenmöllers. Sie verfügt über kein Eigenaufkommen an Schrott und deckt ihren Bedarf durch Einkauf von leichtem Schrott im Raum von Lyon. In der Rechtssache 2/57 wird nur der Klagegrund des Ermessensmißbrauchs, in der Rechtssache 15/57 wird zusätzlich auch der Vorwurf einer Vertragsverletzung geltend gemacht. Hier wird nur auf den Vorwurf der Vertragsverletzung eingegangen. Dabei interessieren vor allem die Argumente, die unter dem Vorwurf einer Beeinträchtigung der Wettbewerbsbedingungen und eines Verstoßes gegen das Diskriminierungsverbot vorgebracht wurden.

a) Die Argumente der Parteien und des Generalanwalts

Die Klägerin bringt unter dem Gesichtspunkt einer Verletzung des Diskriminierungsverbots drei Argumente vor. Eines dieser Argumente kehrt unter dem Vorwurf einer Beeinträchtigung der normalen Wettbewerbsbedingungen wieder.

aa) Die Beeinträchtigung der normalen Wettbewerbsbedingungen

Die Klägerin behauptet, durch die Ausgleichsregelung werde der Verbrauch von Schrott zum Nachteil des Verbrauchs von Hämatitroheisen begünstigt. Die Ausgleichsregelung rege zu einem erhöhten Schrottverbrauch zum Nachteil des Roheisenverbrauchs an, und zwar infolge der Erhebung einer Abgabe, die die Gestehungskosten des Roheisens so ungünstig beeinflusse, daß sich dessen Verwendung prak-

[45] Vgl. Sammlung der Rechtsprechung ..., Bd. 8, S. 757.

tisch verbiete[46]. Die Klägerin sieht darin eine Verletzung der Art. 2 Abs. 2, 3 Buchst. b und c, 4 Buchst. b und c und 5 Abs. 5 des Vertrages.

Die Hohe Behörde räumt zwar ein, daß die Ausgleichsregelung durch die Herabsetzung der Preise für eingeführten Schrott auf das Inlandsniveau die Unternehmen veranlassen könne, ihren Schrottverbrauch zu erhöhen oder zum mindesten nicht einzuschränken[47]. Die Hohe Behörde sieht aber darin weder eine Beeinträchtigung der normalen Wettbewerbsbedingungen noch eine Verletzung des Diskriminierungsverbots. Sie fügt im Hinblick auf das Diskriminierungsverbot hinzu, die unterschiedlichen Ergebnisse, welche die Ausgleichseinrichtung je nach der besonderen Lage der Unternehmen zeitigen könne, hätten ihre Ursache in der Anwendung allgemeiner Regeln auf bestimmte Tatbestände. Diese Regeln seien lediglich der Niederschlag von Kriterien, die objektiv im Hinblick auf das Ziel der geordneten Versorgung des Gemeinsamen Marktes mit Schrott aufgestellt worden seien[48]. Schließlich behauptet die Hohe Behörde, sie sei bemüht gewesen, den Auswirkungen der Ausgleichsregelung auf die Roheisenhersteller Rechnung zu tragen. Sie habe die Ausgleichsregelung durch die Entscheidungen Nr. 26/55 und Nr. 3/56 vervollständigt, die zu Schrotteinsparungen anregen[49].

Der Generalanwalt hält die Behauptung der Klägerin, der Schrottverbrauch werde zum Nachteil des Roheisensverbrauchs begünstigt, durch die Wirklichkeit für widerlegt. Er meint, es könne vernünftigerweise nicht behauptet werden, die Schrottpreise seien derart niedrig gehalten worden, daß die Stahlerzeuger dadurch angeregt worden seien, sich vom Roheiseneinsatz abzuwenden. Die Schrottpreise seien von 1954 bis 1957 tatsächlich sehr viel schneller gestiegen als die Preise für Roheisen und Stahl. Es stehe also keineswegs fest, daß der Anreiz für die Stahlwerke, mehr Schrott zu verbrauchen, eine Folgeerscheinung der Ausgleichsregelung sei[50]. Der Generalanwalt führt dieses Ergebnis vielmehr auf konjunkturelle Faktoren zurück[51]. Im übrigen verweist er auf die ergänzenden Bestimmungen in den Entscheidungen Nr. 14/55 und Nr. 26/55. In diesen Entscheidungen sei gerade ein Anreiz zur Reduzierung des Einsatzes von Schrott geschaffen worden. Im

---

[46] Vgl. Sammlung der Rechtsprechung ..., Bd. 4, S. 179.

[47] Die Hohe Behörde schränkt dieses Zugeständnis allerdings sogleich ein. Sie behauptet, die Klägerin erlange durch die Senkung des Schrottpreises selbst einen Vorteil, weil ja Schrott ein Produktionsfaktor der Klägerin sei (vgl. Sammlung der Rechtsprechung ..., Bd. 4, S. 179).

[48] Vgl. Sammlung der Rechtsprechung ..., Bd. 4, S. 182.

[49] Vgl. Sammlung der Rechtsprechung ..., Bd. 4, S. 179 f.

[50] Vgl. Sammlung der Rechtsprechung ..., Bd. 4, S. 219.

[51] Vgl. Sammlung der Rechtsprechung ..., Bd. 4, S. 219 f.

Zeitraum vom 1. 4. 1955 bis zum 31. 7. 1957 sei für 1 600 000 Tonnen eingesparten Schrotts eine Prämie gezahlt worden. Das mache 21 v. H. der Einfuhren aus[52]. Außerdem sei in der Entscheidung Nr. 2/57 die Möglichkeit gegeben, den Ergänzungssatz durch eine Reduzierung des Schrotteinsatzes in allen Anlagen und Erzeugungsverfahren zu vermeiden. Diese Regelung sei geeignet, insbesondere die Roheisenerzeuger zu begünstigen, weil sie einmal Schrott leicht substituieren könnten und ihnen zum anderen die Belastung des Mehrverbrauches an Schrott erhöhte Absatzchancen bringe[53]. Der Generalanwalt sieht deshalb weder eine Beeinträchtigung des Wettbewerbs noch eine Verletzung des Diskriminierungsverbots für gegeben an.

bb) Die Besonderheiten des Standorts der Klägerin

Die Klägerin bringt im Hinblick auf den Vorwurf einer Verletzung des Diskriminierungsverbots noch zwei weitere Argumente vor. Einmal stellt sie auf die Besonderheiten ihres Standorts ab und behauptet, ihre Lage sei mit derjenigen anderer Schrottverbraucher nicht vergleichbar. Sie werde angesichts ihres besonderen Standorts und ihrer örtlichen Versorgungslage nicht von den Einfuhrwegen für Schrott berührt. Sie habe ihren Schrottbedarf immer im Raum von Lyon gedeckt und habe nie auf Einfuhrschrott zurückgreifen müssen. Die Schrottpreise im Raum von Lyon seien aber unabhängig von den Preisen für importierten Schrott. Sie hätten sich auch ohne Ausgleichsregelung nicht an deren Niveau angeglichen; die gegenteilige Behauptung sei rein hypothetisch und nicht nachprüfbar. Ihre Heranziehung zu Ausgleichszahlungen sei deshalb diskriminierend[54].

Die Hohe Behörde bestreitet, daß die grundlegenden Entscheidungen zu Diskriminierungen führen. Auch wenn sich die Lage der Klägerin von derjenigen anderer Unternehmen unterscheiden sollte, brauche sie deshalb noch nicht den Charakter einer vergleichbaren Lage zu verlieren. Die isolierte Lage des Schrottmarktes von Lyon bestreitet die Hohe Behörde. Es könne zwar sein, daß in Zeiten einer schwachen Konjunktur im Gebiet von Lyon ein Schrottüberfluß auftrete und daß sich dort die Unternehmen des Gemeinsamen Marktes ohne Schwierigkeiten mit Schrott versorgen können. Die Hohe Behörde weist aber darauf hin, daß jederzeit Konkurrenzunternehmen billigen Schrott aus Lyon aufkaufen und somit ein Ansteigen der Preise für Schrott in

---

[52] Vgl. Sammlung der Rechtsprechung ..., Bd. 4, S. 217 f. Die Zahlenangaben sind z. T. dem Urteil des Gerichtshofs entnommen worden (vgl. Sammlung der Rechtsprechung ..., Bd. 4, S. 194).

[53] Vgl. Sammlung der Rechtsprechung ..., Bd. 4, S. 218.

[54] Vgl. Sammlung der Rechtsprechung ..., Bd. 4, S. 181.

diesem Gebiet und ihre Angleichung an das Niveau der Preise für Importschrott bewirken können. Im übrigen behauptet sie, ohne Ausgleichsregelung würden sich die Preise für Inlandschrott unausweichlich an die Preise für Importschrott annähern[55].

Der Generalanwalt schließt aus den von der Klägerin beigebrachten Unterlagen, daß die im Gebiet von Lyon anfallenden Stahl-Drehspäne sehr wohl Ortsveränderungen unterliegen. Die „Schrottausfuhren" aus diesem Gebiet gingen in die „Zehntausende von Tonnen jährlich". Die Stahlindustrie des „Centre-Midi", eine Kundin der Klägerin in Hämatit-Frischereiroheisen und Spiegeleisen, trete hier als Konkurrentin der Klägerin auf dem Markt für Drehspäne auf. Und ohne Zweifel sei die starke Nachfrage dieser Stahlwerke für das Ansteigen der Preise für Stahl-Drehspäne in diesem Gebiet verantwortlich. Außerdem zeige sich, daß die von der Klägerin erworbenen Schrottmengen besonders konjunkturempfindlich seien. Die Preise für Drehspäne seien vom April 1954 bis zum Dezember 1956 um ungefähr 150 v. H. gestiegen. Diese Beispiele genügten um zu zeigen, daß das Gebiet von Lyon keineswegs eine in sich geschlossene wirtschaftliche Einheit darstelle, für die der Erlaß besonderer Maßnahmen angezeigt sei[56].

cc) Die Besonderheiten des Verbrauchs der Klägerin

Die Klägerin behauptet schließlich, sie verwende nur leichte Schrottarten, die sie zu niedrigen Preisen erstehe und bei denen sich der einheitliche Abgabepreis relativ stärker auswirke als bei den von den Stahlwerken verwandten schweren Schrottarten. Sie befinde sich somit in einer Lage, die mit derjenigen der Stahlwerke nicht vergleichbar sei, so daß die Anwendung einer einheitlichen Regelung in diesem Fall eine verbotene Diskriminierung darstelle[57]. Leichter und schwerer Schrott werden also als zwei nicht vergleichbare Erzeugnisse angesehen.

Die Hohe Behörde behauptet, zwischen den verschiedenen Schrottarten bestehe eine faktische Solidarität, weil sie gegenseitig austauschbar seien und von verschiedenen Verbrauchern gemeinsam verbraucht würden. Die unterschiedliche Auswirkung des Abgabesatzes auf die verschiedenen Schrottarten versetze die Klägerin daher in eine mit den anderen Verbrauchern vergleichbare Lage, so daß von einer diskriminierenden Regelung keine Rede sein könne[58].

---

[55] Vgl. Sammlung der Rechtsprechung ..., Bd. 4, S. 182.
[56] Vgl. Sammlung der Rechtsprechung ..., Bd. 4, S. 224 f.
[57] Vgl. Sammlung der Rechtsprechung ..., Bd. 4, S. 198.
[58] Vgl. Sammlung der Rechtsprechung ..., Bd. 4, S. 198.

Der Generalanwalt ist überzeugt, „... daß zwischen dem Schrott, der in Hochöfen und dem, der zur Stahlerzeugung verwandt wird, keine Unterschiede bestehen, in dem Sinne, daß diese beiden Kategorien im Hinblick auf eine Ausgleichsregelung, wie sie seit April 1954 gilt, nicht vergleichbar wären“[59]. Die unterschiedlichen Schrottarten seien sowohl in bezug auf die Preise als auch auf die Verwendungsmöglichkeiten vergleichbar. Es zeige sich, daß sich die Klägerin bei dem größten Teil ihres Hochofenschrotts mit den Stahlwerken in Konkurrenz befinde. Lediglich die Pakete 59, Abfallschrott mit starkem Nichteisenmetall-Gehalt, würden von den Stahlwerken durchweg zurückgewiesen. Aber auch die Klägerin scheine darauf wenig Wert zu legen. Im übrigen decke die Klägerin 80 v. H. ihres Bedarfs mit sehr reinen Drehspänen, die gleichzeitig ein Viertel des Bedarfs der Stahlwerke ausmachen. Darüber hinaus würden auch die Stahlwerke leichte Schrottarten verwenden. Auch in bezug auf die Preise sei kein strenger Unterschied festzustellen. Bei schlechter Konjunkturlage würden zwar zwischen den verschiedenen Schrottarten beträchtliche Preisunterschiede bestehen. Bei besserer Konjunkturlage sei aber eine relative Angleichung der Preise der verschiedenen Schrottsorten durchaus möglich. Die Preise für Drehspäne 41/42, die 80 v. H. der Käufe der Klägerin ausmachen, seien vom April 1954 bis Dezember 1956 um fast 150 v. H. von 5 000 frcs auf 13 500 frcs gestiegen und hätten zum Zeitpunkt der Entscheidung Nr. 2/57 praktisch in Höhe der Preise der Grundkategorie der sog. „edlen“ Schrottarten (Nr. 11) gelegen, die damals 14 000 frcs pro Tonne betrugen[60].

b) Die Entscheidung des Gerichtshofs

Der Gerichtshof lehnt alle drei von der Klägerin vorgebrachten Argumente ab.

aa) Zum Vorwurf einer Beeinträchtigung der normalen Wettbewerbsbedingungen

Der Gerichtshof akzeptiert zwar die Behauptung der Klägerin, daß sich die Ausgleichsregelung, soweit sie sich in einer Senkung des Schrottpreises auswirkt, in einer Bevorzugung des Schrottverbrauchs zum Nachteil des Roheisenverbrauchs äußert. Er geht also durchaus davon aus, daß sich die Lage der Klägerin als Produzentin von Hämatitroheisen in gewisser Weise verschlechtert hat. Er anerkennt aber auch die Bemühungen der Hohen Behörde, die eine Prämie für die

---

[59] Sammlung der Rechtsprechung ..., Bd. 4, S. 221. Im Original teilweise hervorgehoben.

[60] Vgl. Sammlung der Rechtsprechung ..., Bd. 4, S. 222 ff.

Einsparung von Schrott durch erhöhten Einsatz von Roheisen gewährt hat. Daraus ergibt sich für ihn die Frage, „... ob der Hohen Behörde — wenn sie von der unbedingten Notwendigkeit überzeugt war zu verhindern, daß sich die Preise für Inlandschrott an die Preise für Einfuhrschrott anglichen, und wenn sie sich hierdurch veranlaßt sah, die Ausgleichsregelung einzuführen — die rechtliche Verpflichtung oblag, allen Auswirkungen dieser Regelung vorzubeugen, die geeignet sein konnten, die Interessen der Roheisenerzeuger ... zu schädigen“[61]. Diese Ansicht der Klägerin teilt er nicht. „Würde man eine solche unbedingte Pflicht bejahen, so müßte man sie nicht allein zugunsten der Roheisenerzeuger gelten lassen, sondern stets dann, wenn die Wettbewerbslage eines Produzenten der Gemeinschaft — sei es auch nur mittelbar — berührt wird. Jede Wirtschaftsgesetzgebung wirkt sich notwendigerweise auch auf die Interessen derjenigen Betroffenen aus, an die sich die Maßnahmen nicht unmittelbar richten. Die Durchführung des von der Klägerin vertretenen Grundsatzes liefe darauf hinaus, daß jeder Eingriff in die Wirtschaft, den die öffentliche Gewalt zur Sicherung höherer Interessen für zweckmäßig hält, stets dann rechtswidrig wäre, wenn er nicht auf sämtliche irgendwie betroffenen Interessen Rücksicht nähme, sollten sie denjenigen, welche der Eingriff in erster Linie im Auge hat, auch noch so fern stehen[62].“

Der Gerichtshof räumt allerdings ein, daß die öffentliche Gewalt verpflichtet ist, mit Umsicht zu handeln und eine vorhersehbare Benachteiligung Dritter soweit wie möglich in Grenzen zu halten. Es sei daher zu prüfen, ob die Hohe Behörde im vorliegenden Falle den Interessen der Roheisenhersteller in zureichendem Maße Rechnung getragen habe. „Da die Hohe Behörde im Rahmen der Ausgleichsregelung eine Prämie für den durch erhöhten Einsatz von Roheisen eingesparten Schrott gewährt und damit indirekte Maßnahmen getroffen hat, die geeignet sind, die Lage der Roheisenerzeuger bis zu einem gewissen Grade zu verbessern, kommt es darauf an, ob diese Vorsichtsmaßregel ausreichte oder ob die Wettbewerbsfähigkeit der Roheisenerzeuger in vollständigerem Umfang hätte sichergestellt werden müssen ...[63].“ Der Gerichtshof kommt zum Ergebnis, daß durch diese Prämienregelung den Interessen der Roheisenerzeuger in vernünftiger und abgewogener Weise Rechnung getragen wurde. Als Beweis verweist er auf die schon vom Generalanwalt angeführten Ziffern für die eingesparten Schrottmengen[64]. Er lehnt deshalb sowohl den Vorwurf einer Beeinträchtigung

[61] Sammlung der Rechtsprechung ..., Bd. 4, S. 193.

[62] Sammlung der Rechtsprechung ..., Bd. 4, S. 194.

[63] Sammlung der Rechtsprechung ..., Bd. 4, S. 193.

[64] Vgl. Sammlung der Rechtsprechung ..., Bd. 4, S. 194 ff.

der normalen Wettbewerbsbedingungen als auch den Vorwurf einer Verletzung des Diskriminierungsverbots ab.

bb) Zu den Besonderheiten des Standorts der Klägerin

Der Gerichtshof stimmt hier den Ausführungen der Hohen Behörde und des Generalanwalts zu. Er gesteht dem Raum von Lyon keinerlei „Besonderheiten“ gegenüber den anderen Schrottmärkten der Gemeinschaft zu. Die Preise für Inlandschrott würden unzweifelhaft so lange eine Tendenz zur Angleichung an die höheren Preise für Einfuhrschrott aufweisen, als das Angebot an Inlandschrott zur Deckung des Bedarfs nicht ausreiche. Er fügt hinzu: „Es besteht keine Veranlassung anzunehmen, daß die Preise für Schrott aus dem Raum Lyon sich dieser allgemeinen Tendenz entziehen[65].“ Seine Begründung ist überzeugend. „Die Klägerin ist nicht die einzige Schrottkäuferin in dieser Gegend, und es besteht kein Grund zu der Annahme, daß keine anderen Käufer auf diesem Markt auftreten würden, falls der Preisunterschied die zusätzlichen Transportkosten beträchtlich übersteigen sollte[66].“

cc) Zu den Besonderheiten des Verbrauchs der Klägerin

Auch hier stimmt der Gerichtshof der Hohen Behörde und dem Generalanwalt zu. Kein Schrottverbraucher verwende ausschließlich eine bestimmte Schrottart. Die Klägerin verbrauche zu ungefähr 80 v. H. „Späne“ und zu 20 v. H. „leichten Schrott“, während die Stahlwerke im gleichen Gebiet ungefähr 10—25 v. H. „Späne“ und im übrigen in wechselndem Verhältnis „schweren“ und „leichten“ Schrott verwenden. Hiernach gebe es zwei Verbrauchergruppen, die teilweise die gleichen Schrottarten verwenden. Es erscheine zwar nicht ausgeschlossen, daß der einheitliche Satz unterschiedliche Auswirkungen zeitige. Die Klägerin habe aber, da ein Teil der Käufe einander entspreche, nicht hinreichend nachgewiesen, daß die Anwendung eines einheitlichen Satzes eine Diskriminierung zu ihrem Nachteil darstelle[67].

Da auch die anderen Argumente der Klägerin nicht zum Ziele führen, lehnt der Gerichtshof die beiden Klagen, entsprechend den Anträgen des Generalanwalts ab.

3. Die Verfahren zu den unterschiedlichen Auswirkungen der Entscheidung Nr. 2/57

In der Entscheidung Nr. 2/57 der Hohen Behörde wurde mit Wirkung vom 1. 2. 1957 das bisherige System der Prämienregelung, das

[65] Sammlung der Rechtsprechung ..., Bd. 4, S. 197 f.
[66] Sammlung der Rechtsprechung ..., Bd. 4, S. 198.
[67] Vgl. Sammlung der Rechtsprechung ..., Bd. 4, S. 199.

neben der grundlegenden Ausgleichsregelung bestanden hatte, durch ein neues System ersetzt, das einen stärkeren Anreiz zur Einsparung von Schrott ausüben sollte. Jedes Unternehmen hatte jetzt, neben einem Basissatz auf den Verbrauch von Zukaufschrott einen Ergänzungssatz auf seinen Mehrverbrauch an Zukaufschrott zu entrichten. Dieser Ergänzungssatz orientierte sich am Basissatz. Für die Zeit bis zum 31. 7. 1957 betrug er null v. H. des Basissatzes. Der Ergänzungssatz wurde in regelmäßigen Abständen angehoben und betrug ab 1. 5. 1958 100 v. H. des Basissatzes. Der Mehrverbrauch an Zukaufschrott ergab sich durch den Vergleich mit einer Referenzperiode. Sie konnte vom Unternehmen aus der Zeit zwischen dem 1. 1. 1953 und dem 31. 1. 1957 ausgewählt werden, mußte aber sieben aufeinanderfolgende Monate umfassen. Der Verbrauch an Zukaufschrott während eines Zeitraums von 6 Kalendermonaten innerhalb dieser Referenzperiode ist der Referenzverbrauch. Er wird dem Verbrauch an Zukaufschrott im jeweiligen Abrechnungszeitraum gegenübergestellt. Dabei muß der Referenzverbrauch halbiert werden, weil der Abrechnungszeitraum jeweils nur drei Monate umschließt.

Diese Regelung war mit einigen Sonderbestimmungen versehen. Der Anreiz zur Einsparung von Schrott sollte nicht nur durch die Erhebung eines Ergänzungssatzes auf den Mehrverbrauch an Schrott, sondern auch durch die Gewährung von Ermäßigungen auf diesen Ergänzungssatz, gesteigert werden. Die Ermäßigungen wurden für die Einsparungen von Schrott für jede Anlagenart und für jedes Erzeugungsverfahren gesondert gewährt. Bemessungsgrundlage war die Verringerung des Schrotteinsatzes in v. H.-Sätzen, gemessen am mittleren Schrotteinsatz des Unternehmens im Referenzzeitraum und am Verhältnis zum durchschnittlichen gewogenen Schrotteinsatz der Gemeinschaft. Die Ermäßigung betrug das Fünffache jedes dieser Prozentsätze, sie durfte aber insgesamt nicht 100 v. H. des Beitrags zum Ergänzungssatz übersteigen. Die Anpassungsschwierigkeiten sollten durch eine Reihe von Übergangsbestimmungen verringert werden. Hierher gehört die allmähliche Erhöhung des Ergänzungssatzes. Hierher gehört aber auch die Zubilligung fiktiver Referenzsätze und eines fiktiven Referenzverbrauchs für noch nicht in Betrieb genommene Anlagen und Erzeugungsverfahren. Für die Anlagen und Erzeugungsverfahren, die während des gewählten Referenzzeitraums in Betrieb genommen wurden, und für Anlagen und Erzeugungsverfahren, die nach Ablauf des Referenzzeitraums und vor dem 1. 2. 1958 in Betrieb genommen wurden, wurden ein fiktiver Referenzsatz und ein fiktiver Referenzverbrauch errechnet. Für Anlagen und Erzeugungsverfahren, die nach dem 31. 1. 1958 in Betrieb genommen wurden, galt zwar ein Referenzverbrauch von null, ein fiktiver Referenzsatz wurde aber trotzdem ermittelt, so daß das Unternehmen die Möglichkeit hatte, die Ermäßigungen vom Ergänzungssatz in Anspruch zu nehmen.

Gegen diese Entscheidungen richten sich die Klageanträge 8/57, 9/57, 10/57, 11/57, 12/57 und 13/57. Die Klagen richten sich nicht gegen die grundlegende Ausgleichsregelung, sondern gegen die Neuerungen in der Entscheidung 2/57. Es handelt sich also um die Einführung des Ergänzungssatzes und die damit verbundenen Regelungen, nämlich insbesondere um die zeitliche Staffelung des Ergänzungssatzes, um die Gewährung von Ermäßigungen von diesem Ergänzungssatz und um die Verweigerung eines Referenzverbrauchs für Anlagen und Erzeugungsverfahren, die nach dem 1. 1. 1958 in Betrieb genommen wurden. Soweit noch andere Bestimmungen angegriffen werden, schließen sie sich nach Sinn und Zweck an diese Bestimmungen an. Als Klagegrund wird regelmäßig der Vorwurf eines Ermessensmißbrauchs geltend gemacht. Von den zahlreichen Argumenten werden hier nur diejenigen beachtet, die sich insbesondere auf die Zielsetzung des Art. 3 Abs. b und auf das Diskriminierungsverbot des Art. 4 Abs. b stützen.

a) Die Argumente der Parteien und des Generalanwalts

Die ausführlichste Darstellung dieser Argumente ist in der Rechtssache 10/57 enthalten. Die Klägerin behauptet, mit den Artikeln 8 und 9 der angefochtenen Entscheidung, die die Erhebung eines Ergänzungssatzes und die Gewährung von Ermäßigungen auf diesen Ergänzungssatz vorsehen, würden Verbraucher, die sich nicht in vergleichbarer Lage befänden, gleich behandelt. Sie sei, wie alle auf Elektroöfen und damit auch auf einen sehr hohen Verbrauch von Schrott angewiesenen Unternehmen, nicht in vergleichbarer Lage mit solchen Unternehmen, die mit Hilfe anderer technischer Verfahren andere Rohstoffe verwenden und daher Schrotteinsparungen erzielen könnten. Der Klägerin sei damit gegenüber diesen Unternehmen der Zugang zur Produktion erschwert worden. Es bestehe somit ein Widerspruch zwischen den wirklich verfolgten Zielen der Entscheidung Nr. 2/57 und den Zielen des Artikel 3 Abs. b. Die Ausführungen werden in den Rechtssachen 8/57 und 12/57 noch erläutert. In der Rechtssache 8/57 behauptet die Klägerin, das vorhersehbare Ziel dieser Entscheidung sei u. a. ein System der doppelten Preise, die im Verhältnis zu einem Referenzzeitraum bestimmt werden[68]. In der Rechtssache 12/57 folgert der Kläger, Artikel 9 der Entscheidung enthalte eine Diskriminierung, weil Ermäßigungen nicht für alle Unternehmen in gleicher Weise und für alle Arten von Anlagen vorgesehen seien[69].

---

[68] Vgl. Sammlung der Rechtsprechung ..., Bd. 4, S. 246.

[69] Vgl. Sammlung der Rechtsprechung ..., Bd. 4, S. 514.

Die Hohe Behörde weist diese Vorwürfe zurück. In der Rechtssache 12/57 wendet sie sich gegen eine Auffassung, die darauf hinauslaufe, eine Diskriminierung bereits dann anzunehmen, wenn eine allgemeine Vorschrift sich nicht für alle Betroffenen gleich auswirke. Den angefochtenen Bestimmungen lägen vielmehr objektive Tatbestandsmerkmale zugrunde. Aus der zusätzlichen Belastung des im Verhältnis zu einem Referenzverbrauch höheren globalen Schrottverbrauchs ergebe sich die ganz natürliche Folge:

daß die Anlagen und Erzeugungsverfahren, die nach dem 31. 1. 1958 in Betrieb genommen würden, keinen Referenzverbrauch zugebilligt erhielten,

daß Ermäßigungen auf die Abgaben in Anspruch genommen werden könnten[70].

Die Frage, ob die Hohe Behörde befugt gewesen sei, den Mehrverbrauch an Schrott mit erhöhten Abgaben zu belegen, sei positiv zu beantworten, wenn man davon ausgehe, daß die geschaffene finanzielle Einrichtung die Unternehmen dazu anregen solle, bestimmte Maßnahmen zu treffen. Die Tatbestandsmerkmale für die Feststellung des Mehrverbrauchs an Schrott seien im übrigen objektiv bestimmt; sie seien angesichts des zu verfolgenden Ziels und der zu bewältigenden Lage angemessen und gerechtfertigt gewesen[71].

Gegen die Rüge, über Artikel 9 würden durch die Gewährung von Ermäßigungen Verbraucher in nicht vergleichbarer Lage gleich behandelt, wendet sie ein, eine Verringerung des Schrotteinsatzes im Elektroofen sei technisch durchaus möglich, nur sei diese Verringerung aus technischen Gründen nur eng begrenzt möglich[72]. Im übrigen behauptet sie, die Klägerin habe andere Bedingungen der Nichtvergleichbarkeit übersehen, die zum umgekehrten Ergebnis führen würden. Sie verweist dabei auf die Tatsache, daß die Edelstähle, die nur im Elektroofen hergestellt werden könnten, weit höhere Preise erzielten als die gwöhnlichen Stahlsorten, so daß die Belastung mit dem Ergänzungsbeitrag relativ weit weniger ins Gewicht falle[73].

Der Generalanwalt sieht einen Verstoß gegen die Bestimmungen der Artikel 3 Abs. b und 4 Abs. b nicht für gegeben an. Er weist darauf

---

[70] Vgl. Sammlung der Rechtsprechung ..., Bd. 4, S. 514 f.

[71] Vgl. Sammlung der Rechtsprechung ..., Bd. 4, S. 294.

[72] Vgl. Sammlung der Rechtsprechung ..., Bd. 4, S. 397. Die Hohe Behörde fügt hinzu. Der geringe „Schrott"-Anteil beim Gestehungspreis für Edelstahl gleiche die aus der Belastung mit dem Ergänzungssatz herrührenden Nachteile in weitem Umfange wieder aus.

[73] Vgl. Sammlung der Rechtsprechung ..., Bd. 4, S. 434.

hin, daß die Bestimmungen der Entscheidung Nr. 2/57, soweit sie unterschiedliche Auswirkungen auf die einzelnen Unternehmerkategorien hervorrufen, auf Grund objektiver Kriterien erfolgt sind, und liefert darüber hinaus eine Begründung für die Wahl dieser Kriterien. Die Neuerungen seien eingeführt worden, um die Unternehmen zu stärkeren Schrotteinsparungen anzureizen, ohne die Errichtung neuer Kapazitäten zu behindern. Dabei sei es notwendig gewesen, die entsprechenden Differenzierungen, wie Zubilligung eines Referenzzeitraums usw., einzuführen.

Im übrigen behauptet er, es sei in Wirklichkeit erforderlich, daß für die betroffenen Unternehmen die Gleichheit der Wettbewerbsbedingungen nicht beeinträchtigt werde, und dies sei der Fall gewesen. Die betroffenen Edelstahlproduzenten stünden mit anderen Stahlerzeugungsverfahren der Gemeinschaft in keinerlei Wettbewerb und gegenüber den Drittländern sei ein Wettbewerbsnachteil nicht nachgewiesen worden. Die Errichtung neuer Kapazitäten schließlich habe gebremst werden müssen[74].

b) Die Entscheidung des Gerichthofs

Der Gerichtshof lehnt den Vorwurf einer Verletzung des Art. 3 Abs. b und Art. 4 Abs. b gleichfalls ab. Er behauptet, gegen Wirtschaftsgesetze könne der Vorwurf einer ungleichen Behandlung nicht deshalb erhoben werden, weil sie sich für die Betroffenen unterschiedlich auswirken, sofern dieses Ergebnis auf unterschiedlichen Produktionsbedingungen beruhe. Die Neuerungen in der Entscheidung Nr. 2/57 gelten unbedingt und ganz allgemein. Wenn sich für die Unternehmen unterschiedliche Auswirkungen ergeben, so seien diese auf deren unterschiedliche Produktionsbedingungen zurückzuführen und nicht auf eine der Entscheidung angeblich innewohnende ungleiche rechtliche Behandlung[75].

II. Die Möglichkeiten einer Anwendung des Diskriminierungsverbots auf die Eingriffe der Hohen Behörde nach Art. 53 Buchst. b

Es wurde bereits bei der Untersuchung der Rechtsprechung zur Ausgleichskasse für Hausbrandkohle in Luxemburg zu zeigen versucht, daß die Möglichkeit besteht, die Zielsetzung der rationellsten Verteilung der Erzeugung auf dem höchsten Leistungsstand zur Auslegung des Diskriminierungsverbots des Art. 4 Abs. b heranzuziehen. Es wurde

---

[74] Vgl. Sammlung der Rechtsprechung ..., Bd. 4, S. 367 ff.
[75] Vgl. Sammlung der Rechtsprechung ..., Bd. 4, S. 304 f.

auch gezeigt, mit welchen Einschränkungen diese Zielsetzung beim Diskriminierungsverbot, das sich gegen die Mitgliedsstaaten richtet, durchgesetzt werden kann. Dabei war der Hinweis auf die Ausführungen zum Subventionsverbot, das sich gleichfalls gegen die Mitgliedstaaten richtet, von größter Bedeutung. Diese Hilfe entfällt für das Diskriminierungsverbot. das sich gegen die Hohe Behörde richtet, weitgehend. Immerhin ist es möglich, einige dieser früheren Überlegungen auch auf die Hohe Behörde anzuwenden.

Die Hohe Behörde muß wie die Mitgliedsstaaten der Gemeinschaft die Wettbewerbsposition jedes Wirtschaftssubjekts kennen, wenn das Diskriminierungsverbot zur Erreichung der Zielsetzung der rationellsten Verteilung der Erzeugung auf dem höchsten Leistungsstand beitragen soll. Die Hohe Behörde wird dazu aber ebensowenig in der Lage sein wie die Mitgliedstaaten der Gemeinschaft. Auch die Hohe Behörde wird somit unterstellen müssen, daß sich die Käufer, Erzeuger oder Verbraucher des Gemeinsamen Marktes grundsätzlich in vergleichbarer Lage befinden. Die Hohe Behörde wird auch nicht an der Ausübung ihrer Befugnisse gehindert werden können. Sie wird somit auch auf die Wettbewerbsposition der Unternehmen des Vertrags einwirken. Auch hierbei wird davon auszugehen sein, daß nur über Maßnahmen, die den Vertragssektor unmittelbar berühren und einen speziellen Charakter tragen, gezielt auf den Wettbewerb in der Gemeinschaft eingegriffen werden kann. Nur diese Eingriffe werden somit als ungleiche Behandlung zu betrachten sein.

Diese Feststellung weist allerdings auf eine besondere Schwierigkeit bei der Anwendung des Diskriminierungsverbots auf die Eingriffe der Hohen Behörde hin. Die Befugnisse der Hohen Behörde sind auf den Vertragssektor begrenzt. Die Eingriffe der Hohen Behörde werden somit in aller Regel als Maßnahmen erscheinen, die sich unmittelbar auf den Vertragssektor auswirken und einen speziellen Charakter tragen. Am Beispiel der Ausgleichseinrichtungen des Art. 53 Buchst. b MV wird deutlich, wie sich dies auf die Handhabung des Diskriminierungsverbots auswirkt.

Art. 53 Buchst. b MV ermächtigt die Hohe Behörde zur Einführung von finanziellen Einrichtungen jeder Art. Es handelt sich dabei um Einrichtungen, die die Gewährung von Ausgleichsleistungen zwischen mehreren Unternehmen des Vertrags regeln[76]. Diese Ausgleichseinrichtungen werden sich folglich unmittelbar auf den Wettbewerb in der Gemeinschaft auswirken und notwendigerweise einen speziellen Charakter tragen[77]. Sie würden somit, wenn auch von diesen Unter-

[76] Vgl. Sammlung der Rechtsprechung ..., Bd. 4, S. 343.

[77] Dieser Nachweis braucht hier nicht geführt zu werden. Einmal wird

nehmen unterstellt wird, daß sie sich wie alle andern Käufer, Erzeuger oder Verbraucher des Gemeinsamen Marktes in vergleichbarer Lage befinden, gegen das Gebot der Gleichbehandlung verstoßen. Da diese Ausgleichseinrichtungen aber andererseits durch Art. 53 Buchst. b MV gerechtfertigt sind, können diese Eingriffe, zumindest nicht grundsätzlich, gegen das Diskriminierungsverbot des Art. 4 Abs. b MV verstoßen.

Dieser Widerspruch findet eine Erklärung, wenn berücksichtigt wird, auf welche Situation in Art. 53 abgestellt wird. Die Ausgleichregelungen des Art. 53 Buchst. b MV sollen dazu dienen, die Ziele des Art. 3 MV zu verwirklichen. Art. 53 MV geht somit davon aus, daß diese Ziele des Art. 3 nicht erreicht werden, wenn bestimmte Unternehmen dem freien Spiel des Wettbewerbs ausgesetzt werden. In Art. 53 Buchst. b sind deshalb Eingriffe der Hohen Behörde vorgesehen, die für diese Unternehmen die Auswirkungen des Wettbewerbs korrigieren. „Obwohl es dem Sinn und Zweck des Vertrages entspricht, sich für geordnete Marktverhältnisse soweit wie möglich auf den Preismechanismus zu verlassen, zeigt die Erfahrung, daß allzu große Verschiedenheiten, zum Beispiel zwischen den Bedingungen, unter denen der Bedarf aus verschiedenen Quellen gedeckt wird, oder zwischen den Absatzmöglichkeiten auf verschiedenen Märkten oder schließlich zwischen den Produktionsbedingungen der verschiedenen Unternehmungen in den verschiedenen Gebieten selbst, allein durch den Preismechanismus nicht schnell und reibungslos genug beseitigt werden können; in diesen Fällen kann die Gewährung gewisser Kompensationsleistungen unbedingt erforderlich werden[78].“ Zwar wird in Art. 53 nicht ausdrücklich darauf hingewiesen, daß diese Unterschiede gewichtig genug sind, um für diese Unternehmen die Vergleichbarkeit der Lage mit den übrigen Käufern, Erzeugern oder Verbrauchern der Gemeinschaft aufzuheben. Das folgt aber m. E. gerade daraus, daß der Vertrag für diese Unternehmen eine Sonderbehandlung vorsieht. Es kann also davon ausgegangen werden, daß sich diese Unternehmen des Art. 53 Buchst. b MV mit den übrigen Käufern, Erzeugern oder Verbrauchern des Gemeinsamen Marktes in nicht vergleichbarer Lage befinden.

---

dieses Ergebnis durch den Hinweis auf die Untersuchung der Auswirkungen einzelner Eingriffe der Mitgliedstaaten plausibel. Zum andern wird dieses Ergebnis noch bei der Untersuchung der Auswirkungen der Ausgleichsregelungen für Schrott deutlich sichtbar.

[78] Republique, Française, Ministère des Affaires étrangères, (Hrsg.), Rapport de la Delégation Française sur le Traité instituant la Communauté Européenne du Charbon et de l'acier et la Convention relative aux dispositions transitoires signés à Paris le 18 Avril 1951, Paris 1951, S. 162, zitiert nach Sammlung der Rechtsprechung ..., Bd. 4, S. 343.

Damit ist ein erster Anhaltspunkt für die Anwendung des Diskriminierungsverbots auf die Eingriffe der Hohen Behörde nach Art. 53 Buchst. b MV gewonnen. Grundsätzlich ist davon auszugehen, daß sich sämtliche Käufer, Erzeuger oder Verbraucher des Gemeinsamen Marktes in vergleichbarer Lage befinden. Diese dürfen deshalb nicht unmittelbar durch spezielle Eingriffe der Hohen Behörde getroffen werden. Die Unternehmen des Art. 53 Buchst. b befinden sich dagegen in einer Wettbewerbsposition, die mit derjenigen der übrigen Käufer, Erzeuger oder Verbraucher nicht mehr vergleichbar ist. Die Unternehmen des Art. 53 Buchst. b werden deshalb einer Sonderbehandlung unterworfen. Das Ziel dieser Sonderbehandlung wird durch Art. 53 und das Diskriminierungsverbot bestimmt. Die Ausgleichsregelung soll zur Erreichung der Ziele des Art. 3 und damit auch zur Erreichung der Zielsetzung der rationellsten Verteilung der Erzeugung auf dem höchsten Leistungsstand beitragen.

Allerdings genügen diese Feststellungen für die Anwendung des Diskriminierungsverbots auf die Eingriffe der Hohen Behörde nach Art. 53 Buchst. b noch nicht. So muß zunächst einmal geklärt werden, wie diese Unternehmen des Art. 53 Buchst. b von den übrigen Käufern, Erzeugern oder Verbrauchern des Gemeinsamen Marktes abzugrenzen sind. Diese Unterscheidung ist schwierig, weil zwischen der Wettbewerbsposition derjenigen Käufer, Erzeuger oder Verbraucher, von denen unterstellt wird, daß sie sich grundsätzlich in vergleichbarer Lage befinden, und der Wettbewerbsposition der Unternehmen des Art. 53 Buchst. b wohl nur graduelle Unterschiede bestehen dürften. Jede derartige Entscheidung läßt somit dem Ermessen einen breiten Spielraum. Art. 53 engt diesen Spielraum nur insoweit ein, als er bestimmt, daß die Einführung derartiger Ausgleichseinrichtungen zur Durchführung der Aufgaben nach Art. 53 erforderlich sein müsse[79]. Eine zweite Schwierigkeit besteht darin, die Anforderungen festzulegen, die an die Sonderbehandlung der Unternehmen des Art. 53 Buchst. b zu richten sind. Zwar läßt sich verhältnismäßig leicht nachweisen, daß diese Sonderbehandlung zur Erreichung der Zielsetzung der rationellsten Verteilung der Erzeugung auf dem höchsten Leistungsstand führen soll. In Wirklichkeit läßt sich dieses Ziel aber nicht erreichen, weil einmal insbesondere die Wettbewerbsposition der Unternehmen des Art. 53 Buchst. b nicht genau bekannt ist, und zum andern auch die Auswirkungen der zu ergreifenden Maßnahmen nicht exakt ermittelt werden können. Auch hier wird man sich mit einem

[79] Die Wirksamkeit dieser Klausel darf wiederum nicht überschätzt werden, weil der Hohen Behörde im Bedarfsfall der Nachweis, daß eines der Ziele des Art. 3 nicht realisiert wird, kaum sehr schwer fallen dürfte.

Teilerfolg begnügen müssen, was wiederum dem Ermessen einen breiten Spielraum öffnet. Schließlich läßt sich noch zeigen, daß auch noch innerhalb der Gruppe von Unternehmen des Art. 53 Buchst. b eine Unterscheidung getroffen werden muß. Der Gerichtshof hat nämlich in den verbundenen Rechtssachen 14, 16, 17, 20, 24, 26, 27/60 und 1/61 festgestellt, daß die Ausgleichseinrichtungen für Schrott, die von der Hohen Behörde gem. Art. 53 Buchst. b geschaffen wurden, sehr wesentlich auf dem Grundsatz des Gleichgewichts zwischen dem Beitragsaufkommen und den Ausgleichsleistungen beruhen. Die Hohe Behörde darf der Ausgleichskasse nur Mittel aus der auf Grund von Art. 53 eingeführten Umlage zuführen[80]. Somit werden, wenn die Ausgleichseinrichtungen überhaupt einen Sinn haben sollen, einige Unternehmen die Mittel für die Unterstützung der übrigen Unternehmen des Art. 53 aufbringen müssen. Bei einigen Unternehmen wird der Betrag ihrer Zahlungen im Rahmen der Umlage auf den Schrottverbrauch den Betrag der Ausgleichsleistungen, die sie erhalten, übersteigen. Bei anderen Unternehmen werden die Zahlungen im Rahmen der Umlage auf den Schrottverbrauch hinter den empfangenen Ausgleichsleistungen zurückbleiben. Die Unternehmen des Art. 53 werden also untereinander in unterschiedlicher Weise behandelt. Dies ist — ohne Verstoß gegen das Diskriminierungsverbot — nur möglich, wenn sich einige Unternehmen des Art. 53 mit den übrigen Unternehmen des Art. 53 in nicht vergleichbarer Lage befinden. Es wird versucht, diesen Schwierigkeiten am Beispiel der Ausgleichsregelungen für Schrott nachzugehen.

1. Die Handhabung des Begriffs der Vergleichbarkeit der Lage

Die Hohe Behörde hat in den Ausgleichsregelungen für Schrott sämtliche schrottverbrauchenden Unternehmen der Gemeinschaft zusammengefaßt Diese Unternehmen befinden sich somit nach Ansicht der Hohen Behörde mit den übrigen Käufern, Erzeugern oder Verbrauchern der Gemeinschaft in nicht vergleichbarer Lage. Das Merkmal des Schrottverbrauchs hebt die Vergleichbarkeit der Lage auf. Diese Entscheidung der Hohen Behörde müßte über Art. 53 MV nachgeprüft werden, wonach die Einführung derartiger Ausgleichseinrichtungen zur Durchführung der Aufgaben nach Art. 3 erforderlich sein muß. Diese Frage wurde aber von der Rechtsprechung nicht ausführlich genug geprüft[81]. Die Entscheidung der Hohen Behörde muß hier

---

[80] Vgl. Sammlung der Rechtsprechung ..., Bd. 7, S. 364 f.

[81] Lediglich in der Rechtssache 13/57 untersucht der Generalanwalt, ob die Neuerungen in der Entscheidung Nr. 2/57 zur Erreichung der Ziele des Art. 3 erforderlich waren (vgl. Sammlung der Rechtsprechung ..., Bd. 4, S. 355 ff.).

deshalb als Tatsache hingenommen werden. Immerhin wird die Hervorhebung dieses Merkmals des Schrottverbrauchs verständlich, wenn die Situation bei Einführung der Ausgleichsregelungen für Schrott berücksichtigt wird. Die Hohe Behörde war offenbar davon überzeugt, daß die bestehenden erheblichen Unterschiede zwischen den Preisen für Schrott aus dem Gemeinschaftsaufkommen und den Preisen für Importschrott aus Drittländern die Wettbewerbsbedingungen zwischen den schrottverbrauchenden Unternehmen der Gemeinschaft allzusehr beeinträchtigen würden.

Wenn schon bei der Hervorhebung des Merkmals des Schrottbezugs in weitem Maße auf die Entscheidung der Hohen Behörde vertraut werden mußte, so wird dies auch bei der Unterscheidung innerhalb der schrottverbrauchenden Unternehmen der Fall sein. Allerdings wurde auf diese Unterscheidung in der Rechtsprechung zu den Ausgleichsregelungen für Schrott großes Gewicht gelegt. Die Prozeßteilnehmer haben auf mehrere Merkmale hingewiesen, die nach ihrer Ansicht die Vergleichbarkeit der Lage innerhalb der schrottverbrauchenden Unternehmen der Gemeinschaft aufheben:

1. Die Hohe Behörde hat das Eigenaufkommen der schrottverbrauchenden Unternehmen von der Umlage auf den Schrottverbrauch ausgenommen. Als Eigenaufkommen darf dabei nur der Schrott angesehen werden, den ein Unternehmen selbst in seinen eigenen Werken, die den gleichen Firmennamen tragen, aufbringt. Schrottlieferungen zwischen rechtlich selbständigen, wirtschaftlich aber voneinander abhängigen Unternehmen (Konzernlieferungen) fallen dagegen nicht unter den Begriff des Eigenaufkommens. Sie unterliegen der Umlage auf den Schrottverbrauch. Einige Konzernunternehmen sahen in dieser unterschiedlichen Behandlung eine Diskriminierung. Der Gerichtshof lehnt diesen Vorwurf aber ab. „Trotz gleicher Produktionsverhältnisse befand sich jedoch im vorliegenden Fall die Klägerin wegen ihrer rechtlichen Struktur, die zur Aufgliederung in mehrere Unternehmen geführt hat, nicht in einer vergleichbaren Lage mit derjenigen ihrer Konkurrenten, die eine einheitliche Rechtsstruktur aufweisen. Dieser Unterschied ist rechtlich bedeutsam und konnte deshalb eine unterschiedliche Behandlung rechtfertigen[82]."
2. Die „Compagnie des Hauts Fourneaux de Chasse" stellt Hämatitroheisen her und wendet sich dagegen, daß sie in gleicher Weise wie die Stahlwerke zur Umlage auf den Schrottverbrauch herangezogen wird. Sie behauptet u. a., sie befinde sich mit den übrigen

[82] Sammlung der Rechtsprechung ..., Bd. 8, S. 755.

schrottverbrauchenden Unternehmen der Gemeinschaft in nicht vergleichbarer Lage.

Dabei stellt sie einmal auf die Besonderheiten ihres Standorts ab. Sie bezieht ihren Schrott ausschließlich aus dem Raum von Lyon. Die „Compagnie“ versucht nun nachzuweisen, daß der Schrottmarkt von Lyon von den übrigen Schrottmärkten der Gemeinschaft und insbesondere auch von den Einfuhrwegen für Importschrott isoliert ist. Sie behauptet, die Schrottpreise auf dem Markt von Lyon seien von den Preisen für Importschrott vollkommen unabhängig, sie hätten sich auch ohne Ausgleichsregelung nicht an deren Niveau angeglichen. Sie behauptet, sie befinde sich deshalb mit den übrigen schrottverbrauchenden Unternehmen der Gemeinschaft in nicht vergleichbarer Lage.

Zum andern stellt die „Compagnie“ auf die Besonderheiten ihres Verbrauchs ab. Sie behauptet, sie verwende nur leichte Schrottarten, die sie zu niedrigen Preisen erstehe und bei denen sich der einheitliche Abgabesatz relativ stärker auswirke als bei den von den Stahlwerken verwandten schweren Schrottarten. Sie folgert daraus, daß sie sich nicht in vergleichbarer Lage mit den Stahlwerken befindet und fordert dementsprechend eine unterschiedliche Behandlung.

3. In der Entscheidung Nr. 2/57 hat die Hohe Behörde zusätzlich zum Basissatz auf den Verkauf von Zukaufschrott einen Ergänzungssatz eingeführt, der auf den Mehrverbrauch an Zukaufschrott gegenüber einer Referenzperiode angewandt werden sollte. Daneben bestand u. a. die Möglichkeit, Ermäßigungen auf den Ergänzungssatz in Anspruch zu nehmen. Diese Regelungen, deren Einzelheiten bereits besprochen wurden, haben sich auf die verschiedenen Stahlerzeugungsverfahren unterschiedlich ausgewirkt. So konnten insbesondere die Unternehmen, die Stahl im Elektroofen herstellten, weder in nennenswertem Umfang dem Ergänzungssatz ausweichen noch Ermäßigungen auf diesen Ergänzungssatz in Anspruch nehmen. Diese Unternehmen strebten eine Regelung an, die ihrer besonderen Lage angemessen war. Sie behaupteten, sie würden durch diese Regelung in gleicher Weise wie die übrigen Stahlwerke behandelt, obwohl sie sich wegen ihrer Produktionsbedingungen in einer mit jenen Unternehmen nicht vergleichbaren Lage befänden.

Diese Ausführungen zeigen, daß es verhältnismäßig leicht fällt, auf bestehende Unterschiede zwischen den schrottverbrauchenden Unternehmen der Gemeinschaft hinzuweisen. Dieser Hinweis reicht aber nicht aus. Die schrottverbrauchenden Unternehmen der Gemeinschaft können sich in sehr vielen Merkmalen unterscheiden.

Sie brauchen sich aber deshalb noch nicht untereinander in nicht vergleichbarer Lage zu befinden. Einige Merkmale können so wesentlich sein, daß sie die Vergleichbarkeit der Lage zwischen den schrottverbrauchenden Unternehmen der Gemeinschaft aufheben. Für andere Merkmale trifft dies sicherlich nicht zu. Es muß deshalb versucht werden, diese Merkmale zu werten. Diese Frage wurde in der Rechtsprechung nicht berührt[83]. Hier hilft m. E. der Hinweis auf die Unterscheidung zwischen den schrottverbrauchenden Unternehmen der Gemeinschaft und den übrigen Käufern, Erzeugern oder Verbrauchern der Gemeinschaft weiter. Von den vielen Merkmalen, in denen sich die Käufer, Erzeuger oder Verbraucher des Gemeinsamen Marktes unterscheiden, wurde nur dem Merkmal des Schrottverbrauchs eine besondere Bedeutung zuerkannt. Die übrigen Merkmale wurden als unwesentlich betrachtet. Der Grund für die Hervorhebung dieses Merkmals ist bekannt. Zwischen den schrottverbrauchenden Unternehmen der Gemeinschaft bestanden nach Ansicht der Hohen Behörde so starke Wettbewerbsunterschiede, daß diese Unternehmen nicht dem freien Spiel des Wettbewerbs ausgesetzt werden konnten. Es liegt deshalb für die Unterscheidung innerhalb der schrottverbrauchenden Unternehmen nahe, weiter auf diese unterschiedlichen Wettbewerbsbedingungen einzugehen. Es lassen sich nämlich zwei Gruppen von schrottverbrauchenden Unternehmen unterscheiden. Eine Gruppe von Unternehmen bezieht Schrott aus dem Gemeinschaftsaufkommen. Eine zweite Gruppe von Unternehmen bezieht Importschrott aus Drittländern. Wichtig ist dabei, daß die Preise für Importschrott wesentlich über den Preisen für Schrott aus dem Gemeinschaftsaufkommen liegen. Diese Preisdifferenzen machten die Einführung der Ausgleichsregelungen für Schrott notwendig. Sie führten dazu, daß die Bezieher von Importschrott im Wettbewerb mit den Beziehern von Gemeinschaftsschrott wesentlich benachteiligt wurden. Es erscheint deshalb gerechtfertigt, diesem Unterschied ein besonderes Gewicht zu verleihen und davon auszugehen, daß sich die Bezieher von Gemeinschaftsschrott mit den Käufern von Importschrott in nicht vergleichbarer Lage befinden. Dies erscheint jedenfalls sinnvoller, als die Unterscheidung plötzlich auf Merkmale zu stützen, die für die vorangehende Unterscheidung zwischen den schrottverbrauchenden Unternehmen der Gemeinschaft und den übrigen Käufern, Erzeugern oder Verbrauchern des Gemeinsamen Markts unwesentlich waren.

---

[83] Die in der Rechtsprechung vorgeschlagenen Unterscheidungen sind deshalb zunächst durch nichts gerechtfertigt. Sie müssen im Einzelfall noch überprüft werden.

2. Die Handhabung des Begriffs der Gleichbehandlung

Die Hohe Behörde muß über die Ausgleichsregelungen für Schrott versuchen, die schrottverbrauchenden Unternehmen der Gemeinschaft in einer Weise zu behandeln, die zur Erreichung der Zielsetzung der rationellsten Verteilung der Erzeugung auf dem höchsten Leistungsstand beiträgt. Es wurde aber schon darauf hingewiesen, daß es sehr schwierig ist, die Ausgleichsregelungen für Schrott an diesem Maßstab zu messen, weil weder die Wettbewerbsposition bekannt ist, in der sich die schrottverbrauchenden Unternehmen des Vertrags befinden, noch damit gerechnet werden kann, daß diese Zielsetzung der rationellsten Verteilung auf dem höchsten Leistungsstand in Wirklichkeit erfüllt werden kann. Auch die Hohe Behörde konnte sich daher nur in sehr begrenztem Umfang an diesem Maßstab orientieren. Es wird versucht, aus der Schilderung der Situation bei Einführung der grundlegenden Ausgleichseinrichtung für Schrott einige Anhaltspunkte dafür zu gewinnen, in welcher Weise diese Zielsetzung des Art. 2 Abs. 2 bei der Einführung dieser Ausgleichsregelungen für Schrott berücksichtigt werden konnte.

Auf dem Schrottmarkt der Gemeinschaft würden sich ohne Ausgleichsregelung die Schrottnachfrage n_1 und das Schrottangebot aa_1 gegenüberstehen. Der Verlauf der Angebotskurve wird in besonderem Maße durch das Schrottangebot aus Drittländern bestimmt, das beim Weltmarktpreis p_1 einsetzt und das völlig preiselastisch ist[84]. Ohne die Ausgleichsregelung für Schrott würde sich auf dem Schrottmarkt der Gemeinschaft bei freiem internationalem Handel ein Marktgleichgewicht ergeben, das durch den Weltmarktpreis p_1 und die Absatzmenge m_1 gekennzeichnet ist. Dieses Ergebnis würde den Vorstellungen des Modells der vollkommenen Konkurrenz entsprechen. Es zeigt den Preis p_1 an, der der Forderung niedrigster Preise des Art. 3 Buchst. c entspricht. Es zeigt auch die Menge m_1 an, die der Forderung einer geordneten Versorgung des Gemeinsamen Marktes des Art. 3 Buchst. a entspricht[85].

Die Hohe Behörde hat aber aus Gründen, die hier nicht zur Diskussion stehen, entschieden, daß die Preise für Schrott in der Gemeinschaft niedriger sein müssen als der Weltmarktpreis. Sie hat deshalb eine Umlage auf den Schrottverbrauch erhoben. Durch diese Umlage wird die Nachfragekurve parallel nach links verschoben. Es gilt die

---

84 In Wirklichkeit wird auch das Schrottangebot aus Drittländern nicht völlig preiselastisch sein. Es wird aber preiselastischer sein als das Schrottangebot der Gemeinschaft.

85 Die übrigen Ziele des Art. 3 sind zwar gleichfalls in diesem Modell enthalten, sie können aber nicht direkt aus ihnen abgelesen werden.

Nachfragekurve n_2. Die Mittel aus dieser Umlage dienen dazu, die Preise für Einfuhrschrott auf ein niedrigeres Niveau p_2 abzusenken.

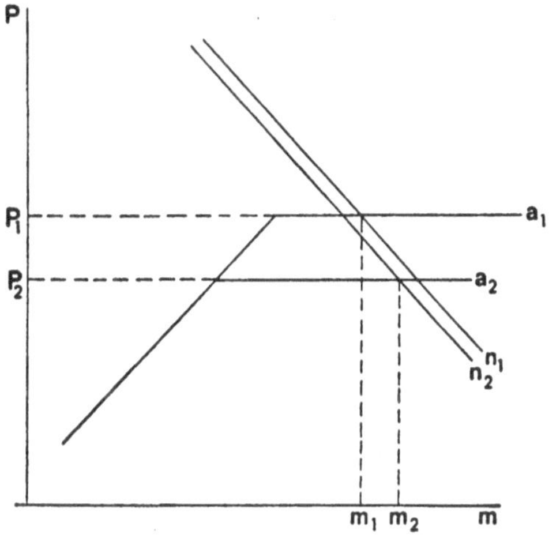

Abbildung 1

Das Schrottangebot aus Drittländern setzt jetzt schon beim Preis p_2 ein und ist wieder völlig elastisch. Es gilt jetzt die Angebotskurve aa_2. Es ergibt sich auf dem Schrottmarkt ein Gleichgewicht, das durch den gegenüber p_1 niedrigeren Preis p_2 und die gegenüber m_1 größere Absatzmenge m_2 gekennzeichnet ist[86].

[86] Bei dieser Darstellung muß berücksichtigt werden, daß die Summe der Ausgleichszahlungen, die ja nur an die Bezieher von Importschrott geleistet werden, stets gleich der Summe der Einkünfte aus der Umlage auf den Schrottverbrauch sein muß, die jeden Schrottverbrauch in der Gemeinschaft trifft (von den Verwaltungskosten der Schrottausgleichsorgane wird in diesem Zusammenhang abstrahiert). Für jedes Unternehmen, das durch den Bezug von Importschrott begünstigt wird, muß also die Höhe der Ausgleichszahlung für den Bezug von Importschrott stets den Umlagebetrag übersteigen. Dieses System ist in seiner technichen Handhabung noch komplizierter. Es läßt sich aber auch so erkennen, daß der Schrottpreis der Gemeinschaft durch die Dispositionen der Hohen Behörde bestimmt wird. Diese kann jedes beliebige Preisniveau unterhalb des Weltmarktpreises herbeiführen. Die Möglichkeit eines langfristigen Ausgleichs der Schwankungen des Weltmarktpreises ist dagegen, da p_2 in aller Regel unter p_1 liegen wird — vorübergehende Abweichungen von dieser Regel sind durchaus möglich, weil die Summe der Einkünfte aus der Umlage nicht täglich mit der Summe der Ausgleichszahlungen abgestimmt wird —, nicht gegeben.

Die Ausgleichsregelung für Schrott bewirkt also nicht nur die von der Hohen Behörde beabsichtigte Preisänderung; sie führt auch zu einer Änderung der Absatzmenge. Diese Feststellung bietet m. E. den einzigen Anhaltspunkt für die Anwendung des Diskriminierungsverbots auf die Ausgleichsregelungen für Schrott. Die Hohe Behörde hat zwar die Preisänderung von p_1 auf p_2 beabsichtigt, die Änderung der Absatzmenge von m_1 auf m_2 war dagegen nicht beabsichtigt. Zwar ließe sich diese Änderung der Absatzmenge möglicherweise über die Theorie des Zweitbesten rechtfertigen. Solange aber dieses Konzept nicht praktikabel ist, erscheint es notwendig, trotz der Aufgabe der Zielsetzung niedrigster Preise möglichst an der Erfüllung der übrigen Ziele des Art. 3 MV festzuhalten, weil sonst die Formulierung dieser Ziele den Erfordernissen des Tages überlassen bliebe. Es kann also zunächst davon ausgegangen werden, daß die Ausgleichsregelung für Schrott, weil sich durch sie die Absatzmenge von m_1 auf m_2 verschoben hat, die geordnete Versorgung des Gemeinsamen Marktes mit Schrott gefährdet[87]. Allerdings muß damit gerechnet werden, daß sich nicht jede Verletzung dieser Ziele des Art. 3 MV vermeiden läßt. Das hat auch der Gerichtshof berücksichtigt. Er hat festgestellt, daß zeitweilig eine Zielsetzung des Art. 3 hinter einer anderen Zielsetzung des Art. 3 zurücktreten könne. Die Beurteilung der Ausgleichregelung für Schrott wird so dem Ermessen stets einen breiten Spielraum lassen müssen.

III. Die Beurteilung der Rechtsprechung zu den Ausgleichsregelungen für Schrott

Die Rechtsprechung zu den Ausgleichsregelungen für Schrott wurde nur insoweit beachtet, als sie Gelegenheit gab, die Anwendung des Diskriminierungsverbots auf die Eingriffe der Hohen Behörde zu untersuchen. Die Rechtsprechung zu den Ausgleichsregelungen für Schrott kann daher auch nur im Hinblick auf dieses Diskriminierungsverbot beurteilt werden. Dabei muß zunächst festgestellt werden, daß die Bedeutung der Zielsetzung der rationellsten Verteilung der Erzeugung auf dem höchsten Leistungsstand für die Anwendung des Diskriminierungsverbots auf die Eingriffe der Hohen Behörde von der Rechtsprechung nicht erkannt wurde. Dennoch sind aber von Fall zu Fall Argumente aufgetaucht, die sich in diesen Zusammenhang einordnen lassen.

---

[87] Es ist durchaus möglich, daß auch noch andere Zielsetzungen des Art. 3 MV verletzt werden. Darauf wird aber nur im Bedarfsfall eingegangen.

1. Die Beurteilung der Ausgleichsregelungen für Schrott

Die Ausführungen zum Diskriminierungsverbot, das sich gegen die Hohe Behörde richtet, haben bereits einige Hinweise für die Beurteilung der Ausgleichsregelungen gebracht.

Zunächst wurde einmal festgestellt, daß zweckmäßigerweise sämtliche Käufer, Erzeuger oder Verbraucher des Gemeinsamen Marktes, die keinen Schrott verbrauchen, als in vergleichbarer Lage befindlich betrachtet werden sollten. Die Hohe Behörde sollte gegenüber dieser Gruppe von Wirtschaftssubjekten nur Maßnahmen ergreifen, die keine unmittelbaren Auswirkungen auf ihre Wettbewerbsposition haben. Diese Bedingung trifft für die Ausgleichsregelungen für Schrott zu, die ja nur Anwendung auf die schrottverbrauchenden Unternehmen der Gemeinschaft finden. Die Käufer, Erzeuger oder Verbraucher des Gemeinsamen Marktes, die keinen Schrott verbrauchen, werden somit durch die Ausgleichsregelungen für Schrott nicht diskriminiert.

Zum anderen wurde davon ausgegangen, daß sich die schrottverbrauchenden Unternehmen der Gemeinschaft gegenüber den übrigen Käufern, Erzeugern oder Verbrauchern der Gemeinschaft in nicht vergleichbarer Lage befinden. Sie können einer Sonderbehandlung unterworfen werden, ohne daß schon dadurch gegen das Diskriminierungsverbot verstoßen wird.

Schließlich hat sich noch gezeigt, daß innerhalb der Gruppe der schrottverbrauchenden Unternehmen der Gemeinschaft wenigstens zwei Gruppen von Unternehmen unterschieden werden müssen, die gegenseitig wiederum nicht in vergleichbarer Lage sind. Es wurde auch die Möglichkeit einer solchen Abgrenzung angedeutet, nämlich die Unterscheidung zwischen Unternehmen, die Schrott aus dem Gemeinschaftsaufkommen beziehen, und Unternehmen, die Importschrott aus Drittländern beziehen. Die Hohe Behörde hat sich ebenfalls dieser Unterscheidung bedient und diese beiden Gruppen von Unternehmen einer unterschiedlichen Behandlung unterworfen. Auch diese unterschiedliche Behandlung dürfte somit zunächst nicht gegen das Diskriminierungsverbot verstoßen.

Diese Hinweise genügen aber zur Beurteilung der Ausgleichsregelungen für Schrott nicht. Die Prozeßteilnehmer haben wiederholt versucht, die Unterscheidung innerhalb der schrottverbrauchenden Unternehmen der Gemeinschaft auf andere Merkmale zu stützen als auf den Bezug von Importschrott. Daneben haben die Prozeßteilnehmer der Hohen Behörde wiederholt vorgeworfen, die Ausgleichsregelungen hätten sich auf die schrottverbrauchenden Unternehmen des Vertrags in unterschiedlicher Weise ausgewirkt und hätten damit die Erreichung der Ziele des Art. 3 verhindert.

Es muß also untersucht werden, ob die von den Prozeßteilnehmern vorgeschlagenen Merkmale tatsächlich so gewichtig sind, daß sie innerhalb der schrottverbrauchenden Unternehmen der Gemeinschaft die Vergleichbarkeit der Lage aufheben. Zum anderen muß untersucht werden, ob die Ausgleichsregelungen für Schrott tatsächlich zur Erreichung der Ziele des Art. 3 beigetragen haben. Diese Überlegungen können im Rahmen einer Untersuchung angestellt werden, die zu den Diskriminierungsvorwürfen Stellung nimmt, die in den drei Gruppen von Verfahren zu den Ausgleichsregelungen für Schrott vorgebracht wurden.

a) Zur Sonderbehandlung des Eigenaufkommens

Die Hohe Behörde hat in der Entscheidung Nr. 2/57 das „Eigenaufkommen“ der schrottverbrauchenden Unternehmen der Gemeinschaft von der Umlagepflicht freigesprochen. Dieser Begriff kann unterschiedlich definiert werden. Einmal kann darunter all der Schrott verstanden werden, der in sämtlichen Werken einer einheitlichen juristischen Person anfällt. Dann würden insbesondere die Schrottlieferungen zwischen verschiedenen Werken, die aber den gleichen Firmennamen tragen, von der Umlage befreit werden. Die Konzernunternehmen haben auf eine zweite Möglichkeit hingewiesen. Sie wollten die sogenannten „Konzernlieferungen“, das sind Schrottlieferungen zwischen Unternehmen, die demselben Konzern angehören, freigestellt wissen. Sie bezeichneten deshalb alle Schrottlieferungen zwischen juristisch selbständigen, aber wirtschaftlich voneinander abhängigen Unternehmen als Eigenaufkommen. Schließlich hat der Generalanwalt darauf hingewiesen, daß das Eigenaufkommen auch dem „Eigenentfall“ gleichgestellt werden kann. Als Eigenaufkommen wäre dann nur der Schrott zu betrachten, der in einem einheitlichen Werkskomplex anfällt und an Ort und Stelle wieder verbraucht wird. Die Schrottlieferungen zwischen zwei Unternehmen, die denselben Namen tragen, und die Konzernlieferungen würden dann als Zukaufschrott zu betrachten sein[88].

Die Hohe Behörde hat sich — unter dem Eindruck der Rechtsprechung des Gerichtshofs — schließlich dafür entschieden, bei der Handhabung des Begriffs „Eigenaufkommen“ auf das Merkmal der juristischen Selbständigkeit abzustellen. All der Schrott, der in sämtlichen Werken eines Unternehmens anfällt, zählt zum Eigenaufkommen

---

[88] Bei dieser Abgrenzung müßte noch geklärt werden, wie die Schrottlieferungen zwischen juristisch selbständigen, aber örtlich zusammengeschlossenen Unternehmen zu behandeln sind.

dieses Unternehmens. Die Schrottlieferungen zwischen den verschiedenen Werken eines Unternehmens sind also von der Umlage befreit. Die Konzernunternehmen, deren Konzernlieferungen als Zukaufschrott behandelt wurden, fühlten sich durch diese Regelung diskriminiert. Der Gerichtshof hat aber diesen Vorwurf zurückgewiesen. Er gesteht den Konzernunternehmen zwar zu, daß sie gegenüber den Unternehmen, die die Struktur einer einzigen, alle verschiedenen Betriebszweige umfassenden, Rechtsperson haben, benachteiligt werden. Er sieht aber darin keine Diskriminierung, weil sich diese beiden Gruppen von Unternehmen wegen des Kriteriums der juristischen Selbständigkeit seiner Ansicht nach in nicht vergleichbarer Lage befinden.

Diese Hervorhebung des Merkmals der juristischen Selbständigkeit ist nicht sehr überzeugend. Ihm ist auch für die Abgrenzung der schrottverbrauchenden Unternehmen der Gemeinschaft von den übrigen Käufern, Erzeugern oder Verbrauchern des Gemeinsamen Marktes kein besonderes Gewicht beigelegt worden. Die Ausgleichsregelungen für Schrott wurden auch keineswegs wegen dieser Unterschiede in der rechtlichen Struktur der schrottverbrauchenden Unternehmen eingeführt. Es ist deshalb nicht recht ersichtlich, weshalb dieses Merkmal für die Unterscheidung innerhalb der schrottverbrauchenden Unternehmen plötzlich ein entscheidendes Gewicht erhalten soll. Der Gerichtshof hat diese Gewichtung jedenfalls nicht hinreichend begründet. Eine Überlegung spricht gegen die Hervorhebung dieses Merkmals. Wenn bei der Definition des Eigenaufkommens auf das Merkmal der juristischen Person abgestellt wird, wird den Konzernunternehmen gegenüber den vollintegrierten Stahlwerken der gleiche Zugang zur Produktion verweigert. Die Konzernunternehmen müssen für einen Teil ihrer Schrottbezüge höhere Preise bezahlen, ohne daß es dafür einen vernünftigen Grund gibt[89]. Die Hohe Behörde verstößt deshalb m. E. gegen das Gebot der Gleichbehandlung. Dies bedeutet allerdings noch nicht, daß der Begriff des Eigenaufkommens auch auf die Konzernlieferungen auszudehnen ist. Damit würden nur diejenigen Stahlwerke, die von den Schrottlieferanten isoliert sind, auch gegenüber den Konzernunternehmen benachteiligt. Den Konzernunternehmen und den vollintegrierten Stahlwerken würde gegenüber diesen isolierten Stahlwerken der Zugang zum Schrott erleichtert. Die Lösung scheint vielmehr darin zu bestehen, daß der Begriff „Eigenaufkommen“ mit dem Begriff „Eigenentfall“ gleichgesetzt wird.

---

[89] Jedenfalls vermag m. E. der Hinweis darauf, daß gerade den Konzernunternehmen durch ihre Rechtsform andersgeartete Sondervorteile erwachsen, diese unterschiedliche Behandlung nicht zu rechtfertigen.

b) Zur Frage einer Beeinträchtigung der Wettbewerbsposition der Roheisenhersteller

Die „Compagnie des Hautes Fourneaux de Chasse" klagt in der Rechtssache 15/57 gegen eine individuelle Entscheidung der Hohen Behörde, die auf den allgemeinen Entscheidungen Nr. 22/54 und Nr. 14/55 ruht. Der Vorwurf einer Diskriminierung richtet sich somit gegen die grundlegende Ausgleichseinrichtung der Entscheidung Nr. 22/54 und gegen die mit dieser Ausgleichsregelung verbundene Prämienregelung, deren Einführung von der Hohen Behörde in der Entscheidung Nr. 14/55 vorgesehen wurde. Die Klägerin stellt bei ihrem Diskriminierungsvorwurf einmal auf die Besonderheiten ihres Standorts und ihres Verbrauchs ab. Sie behauptet, sie befinde sich wegen dieser Besonderheiten mit den übrigen schrottverbrauchenden Unternehmen der Gemeinschaft in nicht vergleichbarer Lage und will, daß diesen Besonderheiten durch eine Sonderbehandlung Rechnung getragen wird. Zum andern behauptet sie, sie werde in ihrer Eigenschaft als Roheisenherstellerin im Wettbewerb benachteiligt, weil durch die Ausgleichsregelungen der Verbrauch von Schrott zum Nachteil des Verbrauchs von Roheisen begünstigt werde. Sie sieht darin offenbar einen Verstoß gegen das Gebot der Gleichbehandlung.

aa) Zu den Besonderheiten des Standorts und des Verbrauchs der Klägerin

Die Klägerin bezieht ihren Schrott ausschließlich aus dem Raum von Lyon. Sie behauptet, der Markt von Lyon sei von den übrigen Schrottmärkten der Gemeinschaft und insbesondere auch von den Einfuhrwegen für Schrott aus Drittländern vollkommen isoliert. Sie meint, die Schrottpreise auf dem Markt von Lyon seien von den Preisen für Gemeinschaftsschrott und den Preisen für Importschrott vollkommen unabhängig; sie hätten sich auch ohne Ausgleichsregelung nicht an das Niveau der Preise für Importschrott angeglichen. Die Klägerin folgert daraus, daß sie sich deshalb mit den übrigen schrottverbrauchenden Unternehmen der Gemeinschaft, die ihren Schrott nicht aus dem Raum von Lyon beziehen, in nicht vergleichbarer Lage befindet und will von der Umlage freigestellt werden. Dieser Folgerung ist zunächst einiges Gewicht beizulegen[90]. Der Gerichtshof hat aber schlüssig nachgewiesen, daß die Preise für Schrott auf dem Markt von Lyon durchaus nicht unabhängig von den Preisen für Gemeinschaftsschrott und damit auch von den Preisen für Importschrott sind.

---

[90] Hier läßt sich dann sagen, daß zumindest für diesen Raum die Notwendigkeit nicht bestanden hätte, die Ausgleichsregelungen einzuführen.

Daneben behauptet die Klägerin, sie verwende nur leichte Schrottarten, die sie zu relativ niedrigen Preisen erstehe und bei denen sich der einheitliche Abgabesatz relativ stärker auswirke als bei den von den Stahlwerken verwandten schweren Schrottarten. Die Klägerin behauptet, sie befinde sich deshalb mit den Stahlwerken in nicht vergleichbarer Lage und fordert eine Differenzierung des einheitlichen Abgabesatzes, die ihrer unterschiedlichen Lage Rechnung trägt. Auch die Hervorhebung dieses Merkmals der Zusammensetzung des Schrottverbrauchs ist nicht sehr überzeugend. Dieses Merkmal wurde bei der Einführung der Ausgleichsregelung in keiner Weise hervorgehoben. Auch würde die Ausgleichsregelung für Schrott keineswegs eingeführt, um diese Preisunterschiede zwischen leichten und schweren Schrottarten auszugleichen. Es spricht also nichts dafür, daß diesem Merkmal für eine Unterscheidung innerhalb der Gruppe der schrottverbrauchenden Unternehmen eine besondere Bedeutung zukommen sollte. Dieses Merkmal hebt deshalb die Vergleichbarkeit der Lage innerhalb der schrottverbrauchenden Unternehmen nicht auf[91]. Die Klägerin könnte deshalb m. E. allenfalls an die unterschiedlichen Auswirkungen des einheitlichen Abgabesatzes anknüpfen und den Vorwurf einer ungleichen Behandlung erheben. Der Gerichtshof hat allerdings in der Rechtssache 15/57 zu erkennen gegeben, daß er diese unterschiedlichen Auswirkungen hinzunehmen bereit ist. Die Aussichten einer solchen Argumentation sind also nicht sehr hoch einzuschätzen.

[91] Der Gerichtshof hat im übrigen festgestellt, daß diese beiden Gruppen von Schrottverbrauchern zumindest teilweise die gleichen Schrottarten verwenden; er schwächt damit das Argument der Klägerin weiter ab.

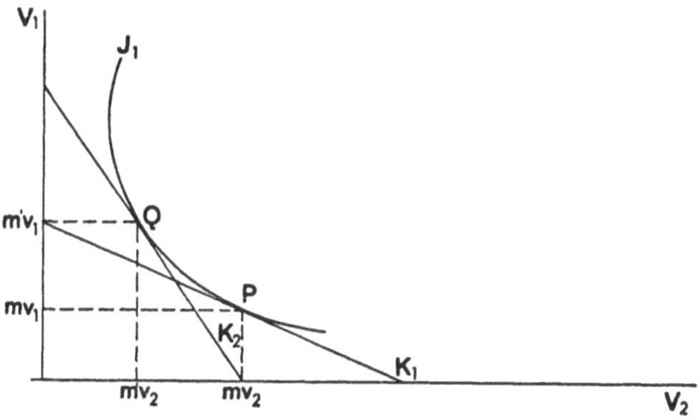

Abbildung 2

bb) Zum Vorwurf einer Beeinträchtigung der normalen Wettbewerbsbedingungen

Die Klägerin behauptet weiter, die Roheisenhersteller würden durch die Einführung der Ausgleichsregelungen für Schrott in ihrer Wettbewerbsposition beeinträchtigt, weil der Verbrauch von Schrott zum Nachteil des Verbrauchs an Roheisen begünstigt werde. Die Absatzmöglichkeiten der Roheisenhersteller werden somit eingeengt. Die Klägerin sieht darin einen Verstoß gegen das Gebot der Gleichbehandlung.

Die Hohe Behörde muß bei ihren Eingriffen im Rahmen des Art. 53 darauf achten, daß die Ziele des Art. 3 gewahrt werden. Diese Ziele des Art. 3 wurden für die Ausgleichsregelungen für Schrott bereits formuliert. Sie sind in dem Modell enthalten, das zeigt, welches Gleichgewicht sich ohne behördlichen Eingriff bei freiem internationalem Handel auf dem Schrottmarkt der Gemeinschaft ergeben würde. Lediglich die Höhe des Schrottpreises p_1 ist davon ausgenommen. Der Schrottpreis wird im Ergebnis von der Hohen Behörde nach eigenem Ermessen festgesetzt. Die Klägerin behauptet nun, gerade durch diese Senkung des Preises für Schrott würden die Absatzmöglichkeiten für die Roheisenhersteller eingeengt. Diese Preissenkung würde somit die Roheisenhersteller daran hindern, ihr Produktionspotential auszubauen und zu verbessern. Die Preissenkung bewirke, daß für diese Roheisenhersteller eines der Ziele des Art. 3 nicht erreicht wird.

Dieses Argument kann an einem Modell überprüft werden, das auf die Überlegungen der schrottverbrauchenden Unternehmen der Gemeinschaft beim Einsatz ihrer Produktionsfaktoren abstellt. Schrott und Roheisen treten bei der Stahlerzeugung als substitutionale Faktoren auf. Sinkt bei konstantem Preis des Roheisens infolge der Ausgleichsregelung der Preis für Schrott, so werden die Unternehmen ihren Einsatz von Roheisen zugunsten des Einsatzes von Schrott reduzieren. Dieses Ergebnis gilt auch, wenn berücksichtigt wird, daß der Preis des Roheisens vom Schrottpreis abhängt, weil der Schrott auch bei der Roheisenherstellung als Produktionsfaktor verwendet wird. Sinkt der Schrottpreis, so wird auch der Preis für Roheisen sinken. Solange aber Schrott nicht der alleinige Produktionsfaktor bei der Roheisenherstellung ist, wird die Preissenkung für Roheisen prozentual hinter derjenigen für Schrott zurückbleiben[92].

---

[92] Ohne Ausgleichsregelung sei bei den Preisen pv_1 für Schrott und pv_2 für Roheisen das Produktionsgleichgewicht P mit den Faktoreinsatzmengen mv_1 für Schrott und mv_2 für Roheisen und den Kosten K_1, repräsentiert durch die Isokostenlinie K_1, gegeben. Für diesen Punkt gilt die Bedingung

$$(GP)v_1 : (GP)v_2 = Pv_1 : Pv_2.$$

Das Grenzprodukt des Faktors Schrott verhält sich zum Grenzprodukt des

Die grundlegende Entscheidung Nr. 22/54 wird also die Roheisenhersteller daran hindern, ihr Produktionspotential auszubauen und zu verbessern. Für diese Roheisenhersteller wird somit eines der Ziele des Art. 3 nicht erreicht. Damit ist freilich noch nicht sicher, ob die Hohe Behörde mit der Einführung der Entscheidung Nr. 22/54 gegen das Diskriminierungsverbot verstoßen hat. Der Gerichtshof hat darauf hingewiesen, daß eines der Ziele des Art. 3 — hier also die Zielsetzung des Art. 3 Buchst. d — zeitweilig hinter einer anderen Zielsetzung — hier der Zielsetzung der niedrigsten Preise — zurücktreten kann. Die Hohe Behörde muß dann zwischen diesen beiden Zielsetzungen abwägen. Läßt sich aber, wie noch zu zeigen sein wird, die Ausgleichsregelung der Entscheidung Nr. 22/54 so verbessern, daß die Erreichung der Zielsetzung niedrigster Preise kein wesentliches Hindernis mehr für die Erreichung der Ziele des Art. 3 Buchst. d bildet, dann scheint diese Abwägung beider Zielsetzungen doch zu dem Ergebnis zu führen, daß die Entscheidung Nr. 22/54 gegen das Gebot der Gleichbehandlung verstößt.

Der Gerichtshof ist allerdings in diesem Status nicht auf eine Abwägung dieser beiden Zielsetzungen eingegangen. Er hat vielmehr gleich auf die Auswirkungen der Entscheidungen Nr. 14/55 hingewiesen. In dieser Entscheidung wurde die Ausgleichsregelung der Entscheidung Nr. 22/54 beibehalten. Es wurde aber darüber hinaus die Gewährung einer Prämie für den durch erhöhten Einsatz von Roheisen eingesparten Schrott vorgeschrieben. Die Einzelheiten dieser Regelung sind in der Entscheidung Nr. 26/55 enthalten. Die Regelung war auf den Ersatz von Schrott durch Roheisen im Siemens-Martin-Ofen beschränkt. Vorgeblasener Thomasstahl wurde dem Roheisen gleichgestellt[93]. Die Prämie wird auf den Mehrverbrauch von Roheisen gewährt. Dieser ergibt sich als Produkt aus dem im Abrechnungszeitraum produzierten Siemens-Martin-Stahl und der Zunahme des Roheiseneinsatzes gegenüber einer Referenzperiode. Referenzperiode ist das 4. Quartal des Jahres 1954. Die Prämiensätze werden so bestimmt, daß sie den

---

Faktors Roheisen wie der Preis des Faktors Schrott zum Preis des Faktors Roheisen. Sinkt nun der Preis des Faktors Schrott prozentual stärker als der Preis des Faktors Roheisen, so muß, entsprechend dem Ertragsgesetz, der Roheiseneinsatz zugunsten des Einsatzes von Schrott reduziert werden, damit die obige Bedingung wieder erfüllt ist. Es findet ein Substitutionsvorgang entlang der Isoquante I_1 statt, der zum neuen Produktionsgleichgewicht Q führt. Der Einsatz von Roheisen geht von mv_2 auf $m'v_2$ zurück, der Einsatz von Schrott steigt von mv_1 auf $m'v_1$. Die Kosten sinken von K_1 auf K_2.

[93] In der Entscheidung Nr. 3/56 wurde eine entsprechende Regelung für die Einsparung von Schrott durch den erhöhten Einsatz von vorgeblasenem Thomasstahl im Elektroofen eingeführt.

Nachteil ausgleichen, der sich durch den Ersatz von Schrott durch Roheisen im Siemens-Martin-Ofen ergibt[94].

Bei der Untersuchung der Auswirkungen dieser Prämienregelung muß von der im Referenzzeitraum gegebenen Situation ausgegangen werden. Im 4. Quartal 1954 war die grundlegende Ausgleichsregelung der Entscheidung Nr. 22/54 bereits in Kraft. Es war somit im Wettbewerb zwischen Roheisen und Schrott mit den bereits oben beschriebenen Auswirkungen zu rechnen. Die Unternehmen waren schon vom Produktionsgleichgewicht P auf das neue Produktionsgleichgewicht Q übergegangen. Durch die Prämienregelung wird nun den Unternehmen der Nachteil ausgeglichen, der ihnen entsteht, wenn sie sich vom Produktionsgleichgewicht Q in Richtung auf eine Substitution von Schrott durch Roheisen entfernen. Eine Grenze für diesen Substitutionsprozeß ist nicht angegeben. Die Unternehmen können bis zur Grenze ihres Substitutionsbereichs, bis zur Faktorkombination P', gehen. Damit ergibt sich für die Unternehmen, ausgehend vom Produktionsgleichgewicht Q, bei einer Substitution von Schrott durch Roheisen ein Bereich von Faktorkombinationen, denen gegenüber sie sich indifferent verhalten. Ein unmittelbarer Anlaß zu einer solchen Substitution besteht allerdings nicht.

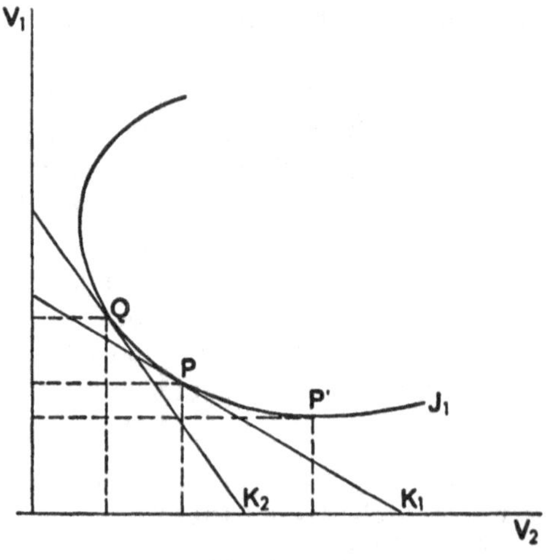

Abbildung 3

[94] In der Entscheidung Nr. 26/55 finden sich noch genauere Bestimmungen über die Errechnung dieser Prämiensätze. Für diese Untersuchung genügt aber bereits der obige Grundsatz. Der Generalanwalt verweist gleichfalls auf die Bedeutung dieses Grundsatzes und schließt aus den Formulierungen in der Entscheidung Nr. 14/55, daß die Hohe Behörde einen annähernden Ausgleich in den Gestehungskosten erreichen wollte (Sammlung der Rechtsprechung ..., Bd. 4, S. 329).

Die Auswirkungen der Prämienregelung sind also nicht exakt bestimmbar. Die Unternehmen können weiterhin die Faktorkombination Q wählen; sie können sich für die Faktorkombination P entscheiden und können sich schließlich auch noch eine links von diesem Punkt liegende Faktorkombination aussuchen.

Dies bedeutet für die Roheisenhersteller, daß die Beeinträchtigung ihrer Absatzmöglichkeiten durch die Entscheidung Nr. 22/54 zumindest eingeschränkt wurde. Zwar kann auch jetzt noch im Ergebnis eine Beeinträchtigung ihrer Absatzmöglichkeiten vorliegen[95]. Für die Roheisenhersteller wird somit möglicherweise weiterhin die Zielsetzung des Art. 3 Buchst. d hinter der Zielsetzung niedrigster Preise für Schrott zurückgesetzt. Es scheint aber doch, daß in bezug auf diese Auswirkungen der Abschätzung des Gerichtshofs zuzustimmen ist. Der Gerichtshof ist der Ansicht, daß diesen Auswirkungen im Rahmen der Möglichkeiten der Hohen Behörde nachgekommen wurde. Er lehnt deshalb den Vorwurf einer ungleichen Behandlung der Roheisenerzeuger ab.

c) Zu den Auswirkungen der Entscheidung Nr. 2/57 auf die einzelnen Stahlerzeugungsverfahren

In dieser Gruppe von Verfahren wird der Vorwurf der Verletzung des Diskriminierungsverbots in zweifacher Hinsicht geltend gemacht. Einmal wird behauptet, die Entscheidung Nr. 2/57 verstoße gegen das Diskriminierungsverbot, weil durch sie Verbraucher, die sich in vergleichbarer Lage befinden, in ungleicher Weise behandelt werden. Zum anderen wird aber auch behauptet, diese Entscheidung behandle die schrottverbrauchenden Unternehmen der Gemeinschaft in gleicher Weise, obwohl sie sich in nicht vergleichbarer Lage befänden.

Bei diesem letzten Vorwurf stellen die Kläger auf ihre Produktionsbedingungen ab. Bei den Klägern handelt es sich um Stahlwerke, die wenigstens teilweise Stahl im Elektro-Ofen erzeugen. Sie behaupten, sie würden sich wegen der unterschiedlichen Produktionsbedingungen mit anderen Stahlwerken, die andere Stahlerzeugungsverfahren verwenden, in nicht vergleichbarer Lage befinden. Der Gerichtshof hat dieses Argument m. E. zu Recht zurückgewiesen. Diesen unterschiedlichen Produktionsbedingungen bei den einzelnen Stahlerzeugungsverfahren wurde bei der Abgrenzung der schrottverbrauchenden Unternehmen von den übrigen Käufern, Erzeugern oder Verbrauchern der Gemeinschaft kein besonderes Gewicht zuerkannt. Diese Unterschiede in den Produktionsbedingungen haben auch nicht zu der Einführung

---

[95] Hier wäre insbesondere auf die Bedeutung der vom Generalanwalt hervorgehobenen konjunkturellen Einflüsse hinzuweisen.

der Ausgleichseinrichtungen geführt. Es ist deshalb nicht recht ersichtlich, weshalb diesen Unterschieden für die Unterscheidung innerhalb der Gruppe der schrottverbrauchenden Unternehmen der Gemeinschaft eine besondere Bedeutung zukommen sollte.

Der Vorwurf einer ungleichen Behandlung in vergleichbarer Lage stützt sich auf die unterschiedlichen Auswirkungen, die einzelne Bestimmungen der Entscheidung Nr. 2/57 auf die unterschiedlichen Stahlerzeugungsverfahren haben. Diese Auswirkungen müssen an den Zielsetzungen des Art. 3 gemessen und beurteilt werden. Diese Zielsetzungen sind bekannt. Sie sind in dem Modell enthalten, das angibt, welches Marktgleichgewicht sich ohne behördlichen Eingriff und bei freiem internationalem Handel auf dem Schrottmarkt der Gemeinschaft einspielen würde. Lediglich die Höhe des Schrottpreises ist nicht an das Modellergebnis gebunden. Die Hohe Behörde kann den Schrottpreis nach eigenem Ermessen auf ein niedrigeres Niveau absenken. Diese Senkung des Schrottpreises hat aber — zumindest in der Entscheidung Nr. 22/54 —, wie bereits ausgeführt wurde, zu einer Steigerung des mengenmäßigen Absatzes an Schrott von m_1 auf m_2 geführt.

Die Hohe Behörde hat in ihrem Bemühen, die Zielsetzung niedrigster Preise zu verwirklichen, eine andere Zielsetzung des Art. 3, nämlich die Zielsetzung einer geordneten Versorgung des Gemeinsamen Marktes mit Schrott, gefährdet. Die Hohe Behörde hat dieser Gefährdung einer geordneten Versorgung des Gemeinsamen Marktes mit Schrott zunächst in den Entscheidungen 14/55, 26/55 und 3/56 entgegenzuwirken versucht. Sie hat dieses System der Ausgleichsregelung aber schließlich in der Entscheidung Nr. 2/57 verbessert, indem sie neben der grundlegenden Ausgleichsregelung einen Ergänzungssatz auf den Mehrverbrauch von Schrott eingeführt hat. Gegen diesen Ergänzungssatz und die mit ihm verbundenen Regelungen wird der Vorwurf einer ungleichen Behandlung erhoben. Es wird behauptet, dieser Ergänzungssatz wirke sich auf die einzelnen Stahlerzeugungsverfahren in unterschiedlicher Weise aus.

Dieses Argument kann in einer Reihe von Modellen überprüft werden, die wieder auf die Überlegungen der Unternehmen beim Einsatz ihrer Produktionsfaktoren abstellen. In das bei der Untersuchung der grundlegenden Entscheidung Nr. 22/54 verwendete Modell muß zusätzlich der Ergänzungssatz und der Referenzverbrauch eingeführt werden. Der Referenzverbrauch sei mv_1. Der Ergänzungssatz sei a. Er wird über die Isokostenlinien im Modell berücksichtigt. Die Isokostenlinie KK_1 gilt bei einem Ergänzungssatz von null. Ihre Gleichung lautet $KK_1 = pv_2 \cdot mv_2 + pv_1 \cdot mv_1$, wobei pv_1 der Preis für Schrott zuzüglich des Basissatzes ist. Diese Isokostenlinie gilt nur für einen

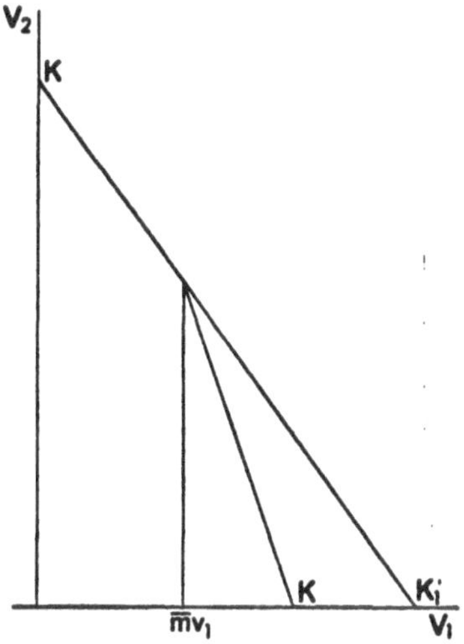

Abbildung 4

Schrottverbrauch der geringer oder gleich dem Referenzverbrauch $\overline{m}v_1$ ist. Überschreitet der Schrottverbrauch den Referenzverbrauch, so gilt die Bedingung

$$KK = pv_2 \cdot mv_2 + pv_1 \cdot \overline{m}v_1 + (pv_1 + a)\ (mv_1 — mv_1).$$

Diese Gerade verläuft steiler[96], die Isokostenlinie KK weist im Referenzverbrauch $\overline{m}v_1$ einen Knick auf. Im Bereich links von mv_1 sind die beiden Isokostenlinien identisch. Der Unternehmer findet die für ihn günstigste Faktorkombination durch den Vergleich der Isoquanten mit den Isokostenlinien. Hat nun der Unternehmer im Ausgangspunkt die Faktorkombination Q mit den Faktormengen $\overline{m}v_1$ und m_1v_2 verwirklicht, so wird er, wenn er den Ersatz des Faktors Schrott über $\overline{m}v_1$ hinaus ausdehnt, je nachdem ob der Isokostenverlauf KK_1 oder der Isokostenverlauf KK'_1, unterstellt wird, eine unterschiedliche Faktorkombination wählen. Diese Ausdehnung des Faktoreinsatzes von Schrott kann zwei Ursachen haben.

Einmal kann das Unternehmen bei konstanten Faktorpreisen seine Ausbringung steigern. Es versucht von der Isoquante I_1 auf die höherwertige Isoquante I_2 zu gelangen. Unter Berücksichtigung des Ergänzungssatzes auf den Mehrverbrauch wird es die Faktorkombination P mit dem Faktoreinsatz m_2v_2 für Roheisen und dem Faktoreinsatz m_2v_1

[96] Im Bereich links vom $\overline{m}v_1$ ist die Steigung $tg\alpha = pv_2/pv_1$; im Bereich rechts von mv_1 ist sie $tg\alpha = pv_2/(pv_1 + a)$.

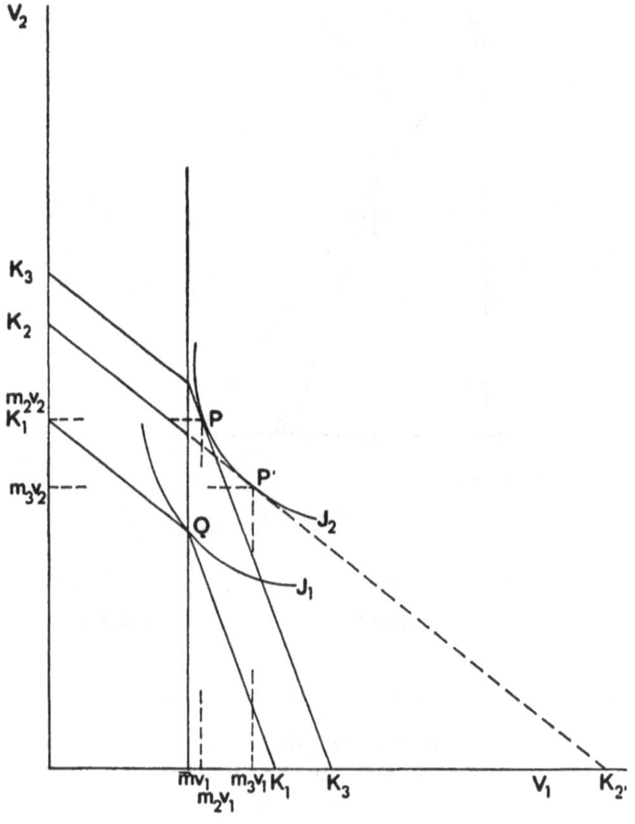

Abbildung 5

für Schrott wählen. Die Auswirkung dieses Ergänzungssatzes zeigt sich, wenn zum Vergleich ein Ergänzungssatz von null unterstellt wird. Dann wird sich der Unternehmer für die Faktorkombination P′ entscheiden, die durch den Faktoreinsatz m_3v_2 für Roheisen und m_3v_1 für Schrott gekennzeichnet ist. Durch die Erhebung des Ergänzungssatzes wird der Unternehmer veranlaßt, seinen Schrottverbrauch zugunsten des Roheisensverbrauchs einzuschränken. Darüber hinaus werden aber die Kosten des Unternehmes steigen. Die Isokostenlinie, die durch die Faktorkombination P′ geht und die unter der Voraussetzung eines

Ergänzungssatzes von null gilt, ist im Bereich links von $\overline{mv}_1$ niedriger als die Isokostenlinie, die durch die Faktorkombination P geht und die den Ergänzungssatz berücksichtigt.

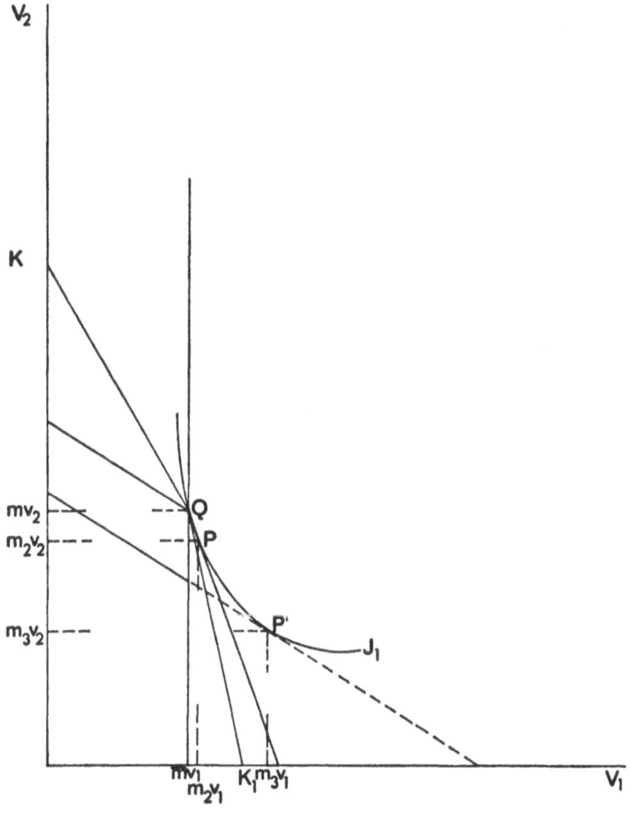

Abbildung 6

Zum anderen wird das Unternehmen den Schrotteinsatz über $\overline{mv}_1$ hinaus ausdehnen, wenn bei konstanter Ausbringung der Schrottpreis relativ stärker sinkt als der Preis von Roheisen. Der Ausgangspunkt sei durch die Isokostenlinie KK_1 und das Produktionsgleichgewicht Q mit den Faktormengen $\overline{mv}_1$ für Schrott und mv_2 für Roheisen gekennzeichnet. Infolge der Veränderung der Preisrelation gelten jetzt neue Isokostenlinien. Unter Berücksichtigung des Ergänzungssatzes auf den Mehrverbrauch für Schrott wird sich der Unternehmer für die Faktorkombination P mit den Faktoreinsatzmengen m_2v_1 für Schrott und m_2v_2 für Roheisen entscheiden. Die Wirkung dieses Ergänzungssatzes zeigt sich wieder, wenn zum Vergleich ein Ergänzungssatz von null unterstellt wird. Dann wird der Unternehmer die Faktorkombination P' mit den Faktoreinsatzmengen m_3v_1 für Schrott und m_3v_2 für Roheisen wählen. Der Unternehmer wird durch die Erhebung des Ergänzungssatzes auch hier zu einer Reduktion des Schrotteinsatzes zugunsten des Roheiseneinsatzes veranlaßt[97]. Auch hier steigen durch den Ergänzungssatz die Kosten des Unternehmers. Die Isokostenlinie, die unter der Voraussetzung eines Ergänzungssatzes von null eingezeichnet wurde, liegt im Bereich links von $\overline{m}v_1$ unter der entsprechenden Isokostenlinie, die den Ergänzungssatz berücksichtigt.

Die übrigen angefochtenen Bestimmungen der Entscheidung Nr. 2/57 lassen sich ohne Schwierigkeit in diese Überlegungen einordnen. Sie geben lediglich Aufschluß darüber, in welcher Weise der Referenzverbrauch und der Ergänzungssatz errechnet werden. Es läßt sich somit als vorläufiges Ergebnis feststellen, daß die Einführung des Ergänzungssatzes den Einsatz von Schrott zugunsten des Einsatzes von Roheisen hemmt und daß vor allem den Unternehmen durch diesen Ergänzungssatz zusätzliche Kosten erwachsen.

Der Vorwurf einer ungleichen Behandlung, der von den Klägerinnen vorgebracht wird, geht allerdings weiter. Die Klägerinnen behaupten, daß sich diese Ergänzungsregelung in unterschiedlichem Maße auf die einzelnen Stahlerzeugungsverfahren auswirke.

Dieses Argument wird verständlich, wenn die unterschiedlichen Produktionsbedingungen berücksichtigt werden, denen die verschiedenen Stahlerzeugungsverfahren unterliegen. Von den drei in der Gemeinschaft hauptsächlich verwandten Stahlerzeugungsverfahren, dem Siemens-Martin-Verfahren, dem Thomasverfahren und dem elektrolytischen Verfahren, kann im Siemens-Martin-Ofen der Schrotteinsatz, der, wie beim Elektroofen, sehr hoch ist, leicht reduziert werden. Beim Thomasverfahren und dem elektrolytischen Verfahren sind dagegen die Substitutionsmöglichkeiten sehr eng begrenzt. So behauptet die Klägerin in der Rechtssache 8/57 bei den Thomas-Konvertern und den Elektroöfen mit flüssiger Beschickung ließen sich keine Schrotteinspa-

---

[97] Hier, wie auch bei der Steigerung der Ausbringung des Unternehmers, läßt sich nichts darüber aussagen, ob durch die Ergänzungsregelung die Wettbewerbsverzerrung zugunsten des Schrotteinsatzes aufgehoben oder gar überkompensiert wird.

rungen erzielen[98]. Die Hohe Behörde hält dem in der Rechtssache 13/57 entgegen, daß auch in den Elektroöfen Schrotteinsparungen möglich seien und verweist dabei auf ein von den Deutschen Edelstahlwerken angewandtes Verfahren.

Diese beschränkten Substitutionsmöglichkeiten für Schrott kommen in der Gestalt der Isoquanten zum Ausdruck. die stärker gekrümmt sind und im Grenzfall, also etwa beim elektrolytischen Verfahren, einen Verlauf zeigen, wie er bei der Kombination limitationaler Produktionsfaktoren auftritt. Es läßt sich nun zeigen, daß der Ergänzungssatz bei den Verfahren, deren Substitutionsbereich für Schrott stark eingeengt ist, höhere Kosten verursacht. Auch hier muß wieder zwischen einer Ausdehnung des Schrotteinsatzes über den Referenzverbrauch, die auf einer Steigerung der Produktion beruht, und einer solchen, die auf einer Veränderung der Faktorpreisrelationen zugunsten von Schrott zurückgeht, unterschieden werden. Bei einer Ausdehnung der Produktion von I_1 auf I_2 würde der Unternehmer, wenn kein Ergänzungssatz gelten würde, bei gegebenen Faktorpreisen von der Faktorkombination P auf P′ übergehen. Seine Kosten würden von K_1 auf K_2 steigen. Wegen des Ergänzungssatzes wird er aber die Faktorkombination Q wählen und die höheren Kosten K'_2 haben. Wird nun unterstellt, daß derselbe Unternehmer in derselben Situation über Isoquanten mit stärkerer Krümmung verfügt, so ändert sich das Ergebnis: Der Unternehmer würde ohne Ergänzungssatz von der Faktorkombination P auf die Faktorkombination P′ übergehen, die ihm die oben erwähnte höhere Ausbringung sichert. Für diesen Punkt gilt aber jetzt die Isoquante I_2', die einen anderen Verlauf nimmt. Der Unternehmer wird sich jetzt für die Faktorkombination Q′ entscheiden, die ihm die gegenüber der Faktorkombination Q höheren Kosten K_3 verursacht. Sind die Produktionsfaktoren gar limitational, gilt also der Isoquantenverlauf I_2'' I_2''', so wird der Unternehmer bei der Faktorkombination P′ bleiben und die Kosten K_4 in Kauf nehmen, die noch über den Kosten K_3 liegen.

[98] In diesen Verfahren wird allerdings in überwiegendem Maße nur auf die Elektroöfen Bezug genommen.

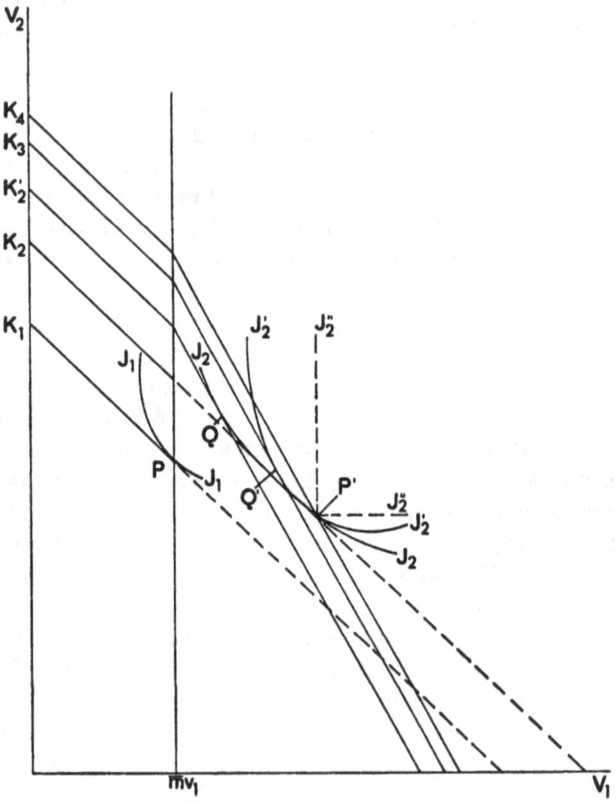

Abbildung 7

Sinkt bei konstanter Ausbringung der Preis des Faktors Schrott stärker als der Preis von Roheisen, so würde der Unternehmer beim Ergänzungssatz null die Faktorkombination P′ wählen.

Infolge des Ergänzungssatzes wird er aber zur Faktorkombination Q übergehen. Seine Kosten werden von K_2 auf K_2' steigen. Wird nun unterstellt, daß dieser Unternehmer in derselben Situation über Isoquanten mit stärkerer Krümmung verfügt, so ändert sich das Ergebnis

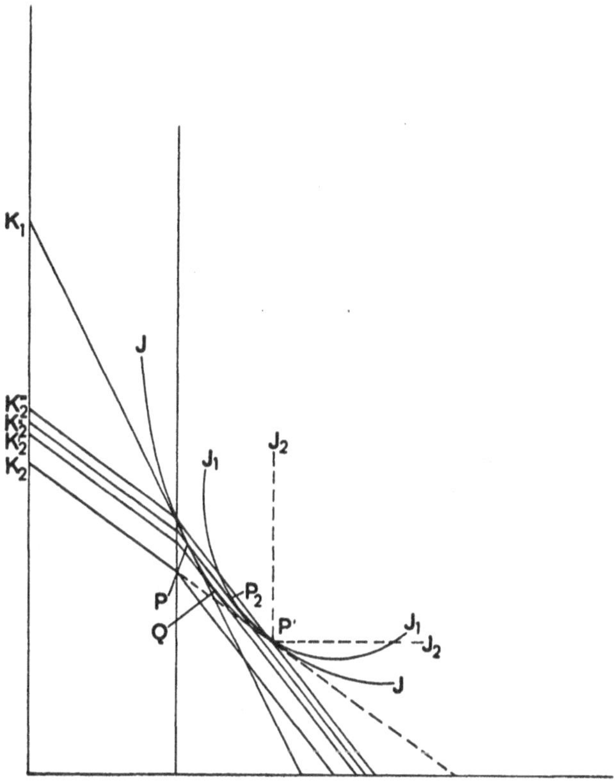

Abbildung 8

wieder. Die Überlegung geht wieder vom Punkt P′ aus, für den jetzt aber die Isoquante I_1, gilt. Durch die Einführung des Ergänzungssatzes wird der Unternehmer veranlaßt, die Faktorkombination P_2 mit den Kosten K_2'' zu wählen. Diese liegen über den Kosten K_2'. Bei limitationalen Produktionsfaktoren würde der Unternehmer die Faktorkombination P′ beibehalten und die Kosten K_2''' in Kauf nehmen, die wiederum über den Kosten K_2'' liegen. Es zeigt sich also tatsächlich, daß diejenigen Unternehmen, deren Substitutionsmöglichkeiten stark eingeengt sind, durch diese Ergänzungsregelung stärker getroffen werden als die Unternehmen mit weniger engem Substitutionsbereich. Die Unternehmen, die Stahl im Elektroofen erzeugen, verlieren den Anreiz, ihr Produktionspotential auszubauen und zu verbessern. Für sie werden die Ziele des Art. 3 Buchst. d nicht in ausreichendem Maße wahrgenommen. Dies besagt aber noch nicht, daß durch die Einführung des Ergänzungssatzes gegen das Gebot der Gleichbehandlung verstoßen wird. Die Hohe Behörde hat diese Maßnahme ergriffen, um ein anderes Ziel des Art. 3, die geordnete Versorgung des Gemeinsamen Marktes, sicherzustellen. Wenn sie bei diesem Verfahren gegen die Ziele des Art. 3 Buchst. d verstößt, so wird es notwendig, diese beiden Zielsetzungen gegeneinander abzuwägen. Diese Entscheidung kann hier aber nicht getroffen werden, sie muß dem Gerichtshof überlassen bleiben.

2. Die praktische Bedeutung der Urteile des Gerichtshofs in den Verfahren zu den Ausgleichsregelungen für Schrott

In den hier ausgewählten Verfahren wurden stets nur einzelne Bestimmungen der Ausgleichsregelungen für Schrott angegriffen. Die grundsätzliche Berechtigung dieser Ausgleichsregelungen für Schrott wurde nie angezweifelt. Die praktische Bedeutung der Urteile des Gerichtshofs in diesen Verfahren kann deshalb nicht allzusehr ins Gewicht fallen. Dies gilt um so mehr, als der Gerichtshof die Entscheidungen ber Hohen Behörde nur einmal — und zwar in den Verfahren zur Definition des Eigenaufkommens — geringfügig abgewandelt hat. In den Unteilen in den beiden anderen Gruppen von Verfahren hat er dagegen die Auffassung der Hohen Behörde bestätigt.

So hat der Gerichtshof in seinen Urteilen in den Rechtssachen 8, 9, 10, 11, 12 und 13/57 festgestellt, daß die Hohe Behörde durch die Einführung des Ergänzungssatzes in der Entscheidung Nr. 2/57 nicht gegen den Vertrag verstoßen hat. Er hat auch die anderen mit der Einführung dieses Ergänzungssatzes verbundenen Neuregelungen bestätigt. Die Einleitung dieser Verfahren durch die Kläger kann für diese nicht einmal wesentliche Verzögerungen bei der Heranziehung zu der Ausgleichsumlage auf den Verbrauch und den Mehrverbrauch an Zukaufschrott mit sich gebracht haben. Die Klageanträge richten sich gegen die allgemeine Entscheidung Nr. 2/57. Sie standen dem Erlaß von Zahlungsaufforderungen, die in Form individueller Entscheidungen der Hohen Behörde ergehen, nicht entgegen.

Auch in den Rechtssachen 2/57 und 15/57 setzt der Gerichtshof in seinen Urteilen vom 12. 6. 1958 lediglich einen Schlußpunkt hinter die

Bemühungen der „Compagnie des Hautes Fourneaux de Chasse“, die Anwendung der Ausgleichsumlage auf ihren Schrottverbrauch zu verhindern. Der Gerichtshof stimmt der Einbeziehung dieses Unternehmens in die Ausgleichsregelungen für Schrott zu. Zuvor war die Klägerin allerdings mit einigem Erfolg bemüht, ihre Heranziehung zur Ausgleichsumlage zu umgehen. Sie hat sich von Anfang an geweigert, den Ausgleichsregelungen für Schrott beizutreten. Dies gilt auch für die Zeit nach dem 1. 4. 1954, als diese Ausgleichsregelung den schrottverbrauchenden Unternehmen der Gemeinschaft von der Hohen Behörde zwangsweise auferlegt wurde. Die Hohe Behörde hat schließlich am 2. 5. 1956 und am 12. 12. 1956 zwei vollstreckbare individuelle Entscheidungen erlassen, in denen die Klägerin zur Bezahlung der bis zum 31. 8. 1956 aufgelaufenen Verpflichtungen aufgefordert wurde. Die „Compagnie des Hautes Fourneaux de Chasse“ hat dann zwar die Klageanträge Nr. 2/57 und 15/57 gestellt[99]. Sie hat aber gleichzeitig auch ihre Schulden teilweise abbezahlt. Die Anrufung des Gerichtshofs hat also für die Klägerin kaum eine wesentliche Verzögerung ihrer Zahlungen mit sich gebracht.

Die Verfahren zur Definition des Eigenaufkommens zeigen einen abwechslungsreicheren Verlauf. Ausgangspunkt ist die Entscheidung Nr. 2/57 vom 26. 1. 1957. In dieser Entscheidung hat die Hohe Behörde den Verbrauch an Zukaufschrott, der zur Umlage auf den Schrottverbrauch herangezogen wurde, als Differenz zwischen dem Gesamtschrottverbrauch eines Unternehmens und seinem Eigenaufkommen definiert. Das Eigenaufkommen wurde also von der Umlage freigestellt. Dieser Begriff wurde von den schrottverbrauchenden Unternehmen der Gemeinschaft unterschiedlich ausgelegt. Die Hohe Behörde hat deshalb diesen Begriff in einem Schreiben an das Gemeinsame Büro der Schrottverbraucher vom 18. 12. 1957 präzisiert Ein Unternehmen darf danach nur den Schrott als Eigenaufkommen bezeichnen, den es selbst in seinen eigenen Werken, die den gleichen Firmennamen tragen, aufbringt. Gleichzeitig hat die Hohe Behörde auf eine Ausnahme aufmerksam gemacht. Schrottlieferungen zwischen juristisch selbständigen Unternehmen, deren Werke aber örtlich zusammengeschlossen sind, werden auch als Eigenaufkommen betrachtet.

Die Hohe Behörde wurde in einer Reihe von Verfahren gezwungen, diese Definition des Eigenaufkommens zu berichtigen. Zunächst versuchten einige Unternehmen in den Rechtssachen 20, 21, 22 und 23 sowie 42/58 und in den verbundenen Rechtssachen 32 und 33/58 die

---

[99] Der Antrag Nr. 2/57 richtet sich gegen die allgemeine Entscheidung Nr. 2/57. Er ist also vom Erlaß der individuellen Entscheidungen vom 2. 5. 1956 und 12. 12. 1956 zeitlich unabhängig.

Schrottlieferungen zwischen rechtlich selbständigen, wirtschaftlich aber von einander abhängigen Unternehmen (Konzernschrott) unter den Begriff des Eigenaufkommens zu fassen und damit seine Freistellung von der Umlage auf den Schrottverbrauch durchzusetzen. Der Gerichtshof hat diese Definition in seinen Urteilen vom 6. 7. 1959 abgelehnt. Die Klageanträge 20, 21, 22 und 23/58 hat er als unzulässig, die übrigen Klageanträge als unbegründet abgewiesen. Trotzdem haben einige Unternehmen in der Rechtssache 19/61 und in den verbundenen Rechtssachen 17 und 20/61 versucht, die Einbeziehung ihrer Konzernlieferungen in das Eigenaufkommen durchzusetzen. Der Gerichtshof hat diese Klagen aber in den Urteilen vom 13. 7. 1962 erneut abgelehnt. In den verbundenen Rechtssachen 42 und 49/59 wird die Hohe Behörde dagegen zu einer Berichtigung ihrer Definition des Eigenaufkommens gezwungen. In diesem Verfahren wurde wegen der Freistellung der Schrottlieferungen zwischen juristisch selbständigen Unternehmen, deren Werke aber örtlich zusammengeschlossen sind, Klage erhoben. Der Gerichtshof hat der Klage in seinem Urteil vom 22. 3. 1961 stattgegeben. Eine Drittwiderspruchsklage gegen dieses Urteil hat er als unzulässig abgewiesen. Die Hohe Behörde hat mit Rücksicht auf das Urteil in den verbundenen Rechtssachen 42 und 49/59 die Freistellung dieser Schrottlieferungen zurückgenommen. Gegen diese Entscheidung richtet sich die Klage Nr. 14/61. Die wurde vom Gerichtshof in seinem Urteil vom 12. 7. 1962 abgewiesen.

Die Verfahren zur Definition des Eigenaufkommens haben somit einen verhältnismäßig langen Zeitraum in Anspruch genommen. Von der Entscheidung Nr. 2/57 am 26. 1. 1957 bis zur endgültigen Klärung dieses Begriffs in den Urteilen vom 12. 7. und 13. 7. 1962 vergingen nahezu 5 1/2 Jahre. Diese Verzögerung hat sich, da die Klagen beim Gerichtshof in der Regel keine aufschiebende Wirkung haben, nur für die Firmen „Hoogovens“ und „Breda Siderurgica“ ausgewirkt. Diese brauchten zunächst für ihre Schrottlieferungen aus den mit ihnen örtlich zusammengeschlossenen Werken bis nach den Urteilen in den verbundenen Rechtssachen 42 und 49/59 keine Umlage zu bezahlen. Danach wurden diese Freistellungen allerdings mit rückwirkender Kraft aufgehoben. Für die Unternehmen, die mit der Freistellung der Konzernlieferungen von der Ausgleichsumlage für Schrott gerechnet hatten, scheint sich dagegen diese Rechtsunsicherheit nachteilig ausgewirkt zu haben. Die unterschiedliche Behandlung der Konzernunternehmen und der vollintegrierten Unternehmen ist ein Faktor, der sich auf die Wahl zwischen diesen beiden Unternehmungsformen auswirkt. Er scheint für einige der an diesen Verfahren beteiligten Unternehmen nicht unwesentlich gewesen zu sein. So haben die Klöckner-Werke A. G. und die Hoesch A. G., die beide zuvor Obergesellschaften eines Konzerns waren, 1959 die Unternehmungsform gewechselt. Sie schlossen sich mit ihren Tochtergesellschaften in einer einheitlichen juristischen Person zusammen. Auch die Mannesmann A. G. hat sich schon 1958 zu einer Fusion mit ihren Tochtergesellschaften entschlossen.

Zweiter Teil

Die Rechtsprechung zu Artikel 65 des Vertrags

Während im ersten Teil dieser Arbeit auf die Rechtsprechung zu den wichtigsten Grundsatznormen des Vertrags eingegangen wurde, wird im zweiten Teil die Rechtsprechung zu der bedeutendsten Spezialnorm des Vertrags, nämlich die Rechtsprechung zu Art. 65 MV, untersucht.

Dieser Artikel 65 verbietet „... alle Vereinbarungen zwischen Unternehmen, alle Beschlüsse von Unternehmen und alle verabredeten Praktiken, die darauf abzielen würden, auf dem gemeinsamen Markt direkt oder indirekt den normalen Wettbewerb zu verhindern, einzuschränken oder zu verfälschen". Er verbietet insbesondere Vereinbarungen, Beschlüsse oder Praktiken, die darauf abzielen könnten, a) die Preise festzusetzen oder zu bestimmen, b) die Erzeugung, die technische Entwicklung oder die Investitionen einzuschränken oder zu kontrollieren, oder c) die Märkte, Erzeugnisse, Abnehmer oder Versorgungsquellen aufzuteilen. Allerdings sind in Art. 65 § 2 Ausnahmen von dieser Regel vorgesehen. „Die Hohe Behörde genehmigt jedoch für bestimmte Erzeugnisse Vereinbarungen über Spezialisierung oder über gemeinsamen Ein- oder Verkauf, wenn sie feststellt,

a) daß die Spezialisierung oder diese gemeinsamen Ein- oder Verkäufe zu einer merklichen Verbesserung der Produktion oder der Verteilung der genannten Erzeugnisse beitragen;

b) daß die betreffende Vereinbarung für die Erzielung dieser Wirkungen wesentlich ist, ohne daß sie weitergehende Einschränkungen vorsieht, als dies ihr Zweck erfordert, und

c) daß sie nicht geeignet ist, den beteiligten Unternehmen die Möglichkeit zu geben, für einen wesentlichen Teil der betreffenden Erzeugnisse auf dem gemeinsamen Markt die Preise zu bestimmen, die Erzeugung oder den Absatz zu kontrollieren oder einzuschränken, noch diese Erzeugnisse dem tatsächlichen Wettbewerb anderer Unternehmen auf dem gemeinsamen Markt zu entziehen."

Die Rechtsprechung zu diesem Monopolverbot des Art. 65 läßt sich in zwei Gruppen von Verfahren einteilen. Die Rechtssache 13/60 hat die Frage des einheitlichen Ruhrkohlenverkaufs zum Gegenstand. Die Rechtssachen 2/56, 18/57, die verbundenen Rechtssachen 16 bis 18/59 sowie die verbundenen Rechtssachen 36 bis 38 und 40/59 befassen sich mit den Handelsregelungen der Ruhrkohle- Verkaufsgesellschaften[1].

Viertes Kapitel

Die Rechtsprechung zur Frage eines einheitlichen Ruhrkohlenverkaufs

Bevor auf die Rechtsprechung zur Frage eines einheitlichen Ruhrkohlenverkaufs eingegangen wird, ist es notwendig, einen flüchtigen Blick auf die Vorgeschichte dieses Verfahrens zu werfen.

Die Geschichte des Ruhrkohlenbergbaus ist durch sehr starke Tendenzen zum Zusammenschluß gekennzeichnet. Sie setzten bereits in den 70er Jahren des 19. Jahrhunderts ein. Die wichtigsten Etappen waren die Gründung des Westfälischen Kohlen-Ausfuhr-Vereins im Jahre 1877 und insbesondere die Gründung des Rheinisch-Westfälischen Kohlensyndikats im Jahre 1893. Dieses wurde nach dem zweiten Weltkrieg von den Alliierten aufgelöst, aber schon 1948 trat an seine Stelle mit dem „Deutschen Kohlenverkauf" (DKV) eine neue zentrale Verkaufsorganisation. Der DKV wurde von den Alliierten im Hinblick auf die Gründung der Montanunion aufgelöst. In der Folge schloß sich die überwiegende Mehrheit der Bergwerksgesellschaften des Ruhrgebiets mit Wirkung vom 1. April 1953 in sechs nominell selbständigen Verkaufsgesellschaften und dem Dachverband „Gemeinschaftsorganisation Ruhrkohle GmbH." (GEORG) zusammen. Tatsächlich lag die Verkaufspolitik allein bei der GEORG. Die GEORG genoß den Schutz der Übergangsbestimmungen zum Montanvertrag[1] und wurde erst durch die Entscheidungen Nr. 5 bis 8/56[2] aufgehoben. In diesen Entscheidungen

---

[1] Zu diesem Verfahren gehören auch noch die Rechtssache 1/58 (Vgl. Sammlung der Rechtsprechung ..., Bd. 5, S. 43 ff.) und die Stellungnahme 1/61 des Gerichtshofs (Vgl. Sammlung der Rechtsprechung ..., Bd. 7, S. 525 ff.), die hier nur am Rande erwähnt werden.

Das ist das wesentliche Ergebnis der Rechtssache 1/58.

[2] Entscheidung Nr. 5/56 vom 15. 2. 1956, in: Amtsblatt ..., 5. Jg. (1956) (Heft) Nr. 6 vom 13. 3. 1956, S. 29 ff.; Entscheidung Nr. 6/56 vom 15. 2. 1956, in: Amtsblatt ..., 5. Jg. (1956) (Heft) Nr. 6 vom 13. 3. 1956, S. 43 ff.; Entscheidung Nr. 7/56 vom 15. 2. 1956 in: Amtsblatt ..., 5. Jg. (1956) (Heft) Nr. 6 vom 13. 3. 1956, S. 56 ff.; Entscheidung Nr. 8/56 vom 15. 2. 1956, in: Amtsblatt ..., 5. Jg (1956) (Heft) Nr. 6 vom 13. 3. 1956, S. 70 ff.

wurde der Absatz der Ruhrkohle den drei Verkaufsgesellschaften „Geitling" — Ruhrkohlenverkaufsgesellschaft m. b. H., „Präsident" — Ruhrkohlenverkaufsgesellschaft m. b. H. und „Mausegatt" — Ruhrkohlenverkaufsgesellschaft m. b. H. übertragen, die eine selbständige Absatzpolitik betreiben sollten. Die Hohe Behörde stellte aber wiederholt fest, daß die drei Verkaufsgesellschaften von Anfang an eine gemeinsame Verkaufspolitik betrieben und kündigte schließlich wirksame Maßnahmen zur Sicherstellung der Unabhängigkeit dieser Verkaufsgesellschaften an.

I. Die Rechtssache 13/60

Die Kohlenkrise gab dem Ruhrkohlenbergbau jedoch Gelegenheit, eine entgegengerichtete Politik einzuschlagen. Die Vertreter der Ruhr drängten unter Berufung auf die Absatzschwierigkeiten im Kohlenbergbau auf die Genehmigung einer einheitlichen Absatzorganisation in Gestalt der „Ruhrkohle-Verkaufsgesellschaft m. b. H.". Ein entsprechender Antrag des Ruhrkohlenbergbaus wurde von der Hohen Behörde in der Entscheidung Nr. 16/60 abgelehnt[3]. Gegen diese Entscheidung klagen in der Rechtssache 13/60 die drei Ruhrkohlen-Verkaufsgesellschaften und die in diesen zusammengeschlossenen Bergwerksgesellschaften. Das Land Nordrhein-Westfalen ist den Klägerinnen als Streithelfer beigetreten[4].

Im Mittelpunkt des Verfahrens steht die Anwendung des Artikels 65 § 2 Abs. c MV. Die Klägerinnen behaupten, der Zusammenschluß zur „Ruhrkohle-Verkaufsgesellschaft m. b. H." sei nicht geeignet, den beteiligten Unternehmen die Möglichkeit zu geben, für einen wesentlichen Teil der Erzeugnisse auf dem Gemeinsamen Markt die Preise zu bestimmen oder den Absatz zu kontrollieren. Sie werfen der Hohen Behörde insbesondere vor, sie habe die Entscheidung Nr. 16/60 unzureichend begründet und den Art. 65 § 2 Abs. c falsch ausgelegt und angewandt.

1. Die Argumente der Parteien und des Generalanwalts

Die Prozeßteilnehmer setzen sich infolgedessen vor allem mit der Definition und Anwendung der Begriffe „Preisbestimmungsmacht", „Absatzkontrolle" und „wesentlicher Teil der betreffenden Erzeugnisse auf dem gemeinsamen Markt" auseinander.

---

[3] Entscheidung Nr. 16/60 vom 22. 6. 1960, in: Amtsblatt ..., 3. Jg. (1960) (Heft) Nr. 47 vom 23. 7. 1960, S. 1014 ff.

[4] Die Argumente des Landes Nordrhein-Westfalen sind vom Berichterstatter aber nur lückenhaft dargestellt worden.

a) *Die Preisbestimmungsmacht*

In der Entscheidung Nr. 16/60 hat die Hohe Behörde festgestellt, daß für die einheitliche „Ruhrkohle-Verkaufsgesellschaft m. b. H." die Möglichkeit gegeben sei, für einen wesentlichen Teil ihrer Erzeugnisse auf dem Gemeinsamen Markt die Preise zu bestimmen. „Die Preisbestimmung durch den Gemeinschaftsverkauf besteht zunächst in der Aufstellung der Preislisten und Verkaufsbedingungen, welche die Beteiligten gemeinsam und einheitlich für die Erzeugnisse festsetzen, die durch die ‚Ruhrkohle-Verkaufsgesellschaft m. b. H.' abgesetzt werden[5]." Diese Möglichkeit zur Preisbestimmung verliert die Verkaufsgesellschaft nach Ansicht der Hohen Behörde auch nicht durch den Wettbewerb, in dem die Ruhrkohle mit der Kohle anderer Reviere der Gemeinschaft, mit der Importkohle aus Drittländern und mit dem Heizöl steht. „Zusammenfassend ist demnach auch unter Berücksichtigung der von den Antragstellern vorgebrachten Gesichtspunkte festzustellen, daß die vorgelegte Vereinbarung unter den gegenwärtigen und unter den für die Dauer der beantragten Genehmigung vorauszusehenden Umständen geeignet ist, den Unternehmen die Möglichkeit zu geben, für einen wesentlichen Teil von Steinkohle und Steinkohlenkoks auf dem gemeinsamen Markt die Preise zu bestimmen[6]."

Die Klägerinnen greifen diese Feststellung an, indem sie zunächst zwischen der „Preisfestsetzungsmacht" und der „Preisbestimmungsmacht" eines Unternehmens unterscheiden. „Wer nur die Ergebnisse formuliert, die sich aus der Einwirkung der Marktdaten auf die Preishöhe ergeben, setzt zwar die Preise fest, kann sie aber nicht bestimmen (determinieren)[7]." Die Preisbestimmungsmacht des Art. 65 § 2 Abs. c ist demgegenüber „... eine effektive Machtstellung, die unabhängig von den Marktdaten eine Preisbestimmung zuläßt"[8]. Die Klägerinnen behaupten nun, die einheitliche Ruhrkohlen-Verkaufsgesellschaft habe zwar die Fähigkeit, die Preise festzusetzen, sie habe aber nicht die Möglichkeit, sie zu bestimmen.

Dabei beschränken sich die Klägerinnen im wesentlichen auf eine Kritik an den Ausführungen der Hohen Behörde in der Entscheidung Nr. 16/60. Die wichtigsten Argumente sind:

1. Die Hohe Behörde hat in dieser Entscheidung die Preisbestimmungsmacht der einheitlichen Ruhrkohlenverkaufsgesellschaft zunächst aus dem Marktanteil der Antragsteller abgeleitet. Sie hat festgestellt, daß

---

[5] Amtsblatt ..., 3. Jg. (1960) (Heft) Nr. 47 vom 23. 7. 1960, S. 1022.

[6] Amtsblatt ..., 3. Jg. (1960) (Heft) Nr. 47 vom 23. 7. 1960, S. 1025.

[7] Zitiert nach Sammlung der Rechtsprechung .., Bd. 8, S. 213.

[8] Zitiert nach Sammlung der Rechtsprechung ..., Bd. 8, S. 213.

die Antragsteller im Jahre 1959 80 v. H. ihrer Absätze an Steinkohle und Steinkohlenkoks in der Bundesrepublik getätigt und damit 73,1 v. H. des Inlandsverbrauchs der Bundesrepublik gedeckt haben. Die Bedeutung dieses Absatzgebiets zeigt sich darin, daß der Absatz von Steinkohle bzw. Steinkohlenkoks in der Bundesrepublik 53 bzw. 48,5 v. H. des Gesamtabsatzes im Gemeinsamen Markt ausgemacht hat. Aus diesen Zahlen hat die Hohe Behörde gefolgert, „... daß die Beteiligten durch eine Vereinbarung über einen gemeinsamen Verkauf und eine gemeinsame Festsetzung der Preise die Möglichkeit erlangen, die Preise ihrer Erzeugnisse auf dem gemeinsamen Markt selbständig zu bestimmen“[9]. Die Klägerinnen greifen diese Beweisführung an. Sie behaupten, diese Zahlen bewiesen für sich allein nichts. Es müßten daneben auch qualitative Merkmale berücksichtigt werden. Sie denken dabei wohl vor allem daran, daß die Ruhrkohle der Gefahr ausgesetzt ist, durch das Vordringen des Heizöls bedeutende Teile ihres Absatzes zu verlieren und rügen in diesem Zusammenhang, daß die Hohe Behörde bei der Feststellung der Marktsituation diese Entwicklung nicht berücksichtigt hat. Schließlich greifen sie in diesem Zusammenhang auch die Einengung des Marktes auf die Bundesrepublik an[10]. Die Hohe Behörde entgegnet, wenn man von den angeführten Zahlen ausgehe, könne man logischerweise nicht bestreiten, daß die beteiligten Unternehmen in der Lage seien, die Preise auf dem Markt zu bestimmen. Den Hinweis auf das Vordringen des Heizöls schwächt sie ab. Der Anteil des Heizöls am Energieverbrauch sei in der Bundesrepublik geringer als in den übrigen kohlegewinnenden Ländern der Gemeinschaft. Im übrigen bestreitet sie, daß die Entwicklung unbedingt in Richtung auf eine weitere Ausdehnung des Heizölverbrauchs gehe und meint, das Jahr 1959 habe gerade die bisher stärkste Ungunst der Marktverhältnisse für Kohle gebracht. In bezug auf den Marktbegriff fügt die Hohe Behörde hinzu, sie habe sich dabei an die räumliche Ausdehnung des Marktes für Ruhrkohle gehalten.

2. Im Anschluß an die Ermittlung der Marktanteile der Antragsteller hat die Hohe Behörde festgestellt, daß diese Preisbestimmungsmacht auch nicht durch den Wettbewerb anderer Unternehmer der Gemeinschaft, der Kohle aus Drittländern oder des Heizöls ausgeschlossen werde. Die Klägerinnen führen eine Reihe von Beobachtungen an, die zum entgegengesetzten Ergebnis führen sollen.

   Sie weisen auf den Wettbewerb hin, der zwischen der Ruhrkohle und der Kohle der übrigen deutschen Reviere besteht. Sie machen

---

[9] Vgl. Amtsblatt ..., 3. Jg. (1960) (Heft) Nr. 47 vom 23. 7. 1960, S. 1023.
[10] Vgl. Sammlung der Rechtsprechung ..., Bd. 8, S. 208.

darauf aufmerksam, daß die Ruhrkohle insbesondere in Süddeutschland mit der belgisch-niederländischen Kohle im Wettbewerb steht und daß die Kohlelieferungen aus dem Ruhrgebiet nach den Niederlanden seit einiger Zeit zu Preisen erfolgen, die den niederländischen Preisen angeglichen sind. Sie behaupten schließlich, daß die deutschen und ausländischen Reviere kaum merklich auf Preisänderungen reagiert hätten, die vor kurzer Zeit an der Ruhr vorgenommen worden seien. Daneben bestreiten sie auch den Wert verschiedener Angaben über den Wettbewerb der Kohle aus Drittländern und werfen der Hohen Behörde schließlich vor, sie habe einige Aspekte der Entwicklung des Wettbewerbs zwischen Kohle und Heizöl völlig außer acht gelassen. Sie weisen auch darauf hin, daß die Hohe Behörde selbst von einem ständig wachsenden Wettbewerb des Heizöls spricht und fragen, wie sich dieser Umstand mit der angeblichen Preisbestimmungsmacht der einheitlichen Verkaufsorganisation vereinbaren lasse.

Die Hohe Behörde setzt den Begriff der Preisbestimmungsmacht nicht — wie die Klägerinnen — mit dem Begriff der Marktbeherrschung gleich. Sie hat vielmehr, wie der Generalanwalt ausführt, in der Entscheidung Nr. 16/60 als Preisbestimmungsmacht die Fähigkeit verstanden, „... das Preisniveau selbständig zu wählen und im übrigen selbständig zu bestimmen, in welchen Gebieten, mit welchen Mengen und zu welchen Preisen dem Wettbewerb anderer Unternehmen und anderer Erzeugnisse begegnet werden soll“[11]. Sie führt deshalb als entscheidendes Argument an, es bedeute keinesfalls einen Widerspruch, einerseits von einem Wettbewerb zu sprechen, dem die Ruhrkohle unterliege, und andererseits dennoch die Preisbestimmungsmacht der Verkaufsorganisation anzuerkennen. Dieses Argument gilt in gleicher Weise für den Wettbewerb der Kohle aus dritten Ländern, der Gemeinschaftskohle und des Heizöls. Die entscheidende Frage ist nach Ansicht der Hohen Behörde in Wirklichkeit vielmehr die, „... ob die Preiseinflüsse der anderen Unternehmen der Gemeinschaft auf die Unternehmen des Ruhrreviers so stark seien, daß diese für ihr Hauptabsatzgebiet die Listenpreise nicht mehr selbständig bestimmen könnten“[12]. Im übrigen ist sie der Meinung, die von ihr hervorgehobenen Ziffern würden eine Vermutung für das Bestehen der Möglichkeit der selbständigen Preisbestimmung auf dem deutschen Markt begründen.

---

[11] Sammlung der Rechtsprechung ..., Bd. 8, S. 260. „selbständig“ ist vom Generalanwalt hervorgehoben.

[12] Sammlung der Rechtsprechung ..., Bd. 8, S. 195.

Der Generalanwalt weist auf die Unterschiede in der Auslegung des Begriffs der Preisbestimmungsmacht hin, die zwischen der Hohen Behörde und den Klägerinnen bestehen. Er stimmt der Hohen Behörde zu und versteht unter der Preisbestimmung die selbständige Festsetzung der Preise und Lieferbedingungen. Zwar weist er darauf hin, daß von einer Preisgestaltung nicht gesprochen werden könne, wenn sich das Kartell nur in vollem Umfang an die Marktdaten anpaßt. Er lehnt aber die Auffassung der Klägerinnen, die in der Preisbestimmung einen Ausfluß der Marktbeherrschung sehen, als zu weitgehend ab. Dieses Ergebnis wirkt sich auf die Anforderungen aus, die er an den Nachweis der Preisbestimmungsmacht stellt. Die Hohe Behörde hat sich in der Entscheidung Nr. 16/60 nicht mit der Ermittlung des Marktanteils der Antragsteller begnügt. Sie hat daneben festgestellt, daß die Preise für Ruhrkohle einen mehr oder weniger starken Einfluß auf die Preisgestaltung der Kohle der benachbarten Reviere der Gemeinschaft ausgeübt hat und daß die Ruhr kaum vom Recht der Preisangleichung Gebrauch gemacht hat. Die Hohe Behörde hat auch auf die Bedeutung handelspolitischer Maßnahmen, wie des Kohlezolls und der Heizölsteuer, hingewiesen und schließlich festgestellt, daß der Wettbewerbsdruck des Heizöls je nach Kohleart und -sorte unterschiedlich ist. Der Generalanwalt ist nun zwar der Überzeugung, daß diese Angaben nicht ausreichen, um das Bestehen einer Preisbestimmungsmacht im Sinne der Klägerinnen nachzuweisen. Er ist aber überzeugt, daß die Angaben genügen, um eine Preisbestimmungsmacht im Sinne der Hohen Behörde nachzuweisen[13].

b) Die Absatzkontrolle

Die Hohe Behörde hat in der Entscheidung Nr. 16/60 festgestellt, daß die Antragsteller das alleinige Recht zum Absatz ihrer Erzeugnisse der Verkaufsgesellschaft übertragen haben[14]. Infolge dieser Vereinbarungen, folgert sie weiter, erlange die Verkaufsgesellschaft für diese Absatzmengen die Möglichkeit, ihre gezielten Wettbewerbsmaßnahmen im Rahmen ihrer Preispolitik durch eine selbständige Lenkung des Absatzes zu unterstüzen. Sie sieht darin die Möglichkeit zu einer Kontrolle des Absatzes im Sinne des Art. 65 § 2 Abs. c.

Den Klägerinnen genügt diese Feststellung nicht. Sie weisen insbesondere auf das fehlende qualitative Moment der Absatzkontrolle hin. Die

---

[13] Vgl. Sammlung der Rechtsprechung ..., Bd. 8, S. 260 f.

[14] Die Vorbehaltsmengen werden in diesem Zusammenhang besonders erwähnt. Ihre Einbeziehung wird von den Klägerinnen auch angegriffen. Doch kann hier auf eine Darstellung verzichtet werden. Es handelt sich um ein Problem, das noch bei der Klärung des Begriffs „wesentlicher Teil" erörtert wird.

Hohe Behörde erwidert, sie habe das qualitative Moment berücksichtigt, indem sie auf die Möglichkeit einer selbständigen Lenkung der Absatzmengen hingewiesen habe. Der Generalanwalt hält aber diesen Hinweis auf die selbständige Lenkung des Absatzes nicht für ausausreichend.

c) Der wesentliche Teil der betreffenden Erzeugnisse auf dem Gemeinsamen Markt

Die Hohe Behörde hat in der Entscheidung Nr. 16/60 in einer Tabelle die Anteile der Antragsteller an den im Jahre 1959 auf dem Gemeinsamen Markt abgesetzten Mengen an Steinkohle, Steinkohlenbriketts und Steinkohlenkoks zusammengestellt. Dabei hat sie zum Absatz der Ruhrkohlenverkaufsgesellschaften auch den Landabsatz und andere Vorbehaltsmengen, nämlich insbesondere die Lieferungen im Rahmen des Werkselbstverbrauchs, und die Verbundlieferungen hinzugezählt und ist auf Anteile gekommen, die zwischen 26,1 und 43,7 v. H. schwanken. Diese Anteile stellen ihrer Ansicht nach einen wesentlichen Teil der betreffenden Erzeugnisse auf dem Gemeinsamen Markt dar.

Die Klägerinnen greifen dieses Ergebnis an:

1. Sie weisen darauf hin, daß die Hohe Behörde nicht ausgeführt hat, was unter einem „wesentlichen Teil der betreffenden Erzeugnisse auf dem gemeinsamen Markt“ zu verstehen ist und weshalb die festgestellten Prozentsätze dieser Bedingung genügen.
2. Die Klägerinnen greifen die Einschränkung der Untersuchung auf die Produkte Steinkohle, Steinkohlenbriketts und Steinkohlenkoks an. Sie wollen unter dem Ausdruck „der betreffenden Erzeugnisse“ das gesamte Angebot an Primärenergie im Gemeinsamen Markt verstanden wissen. Die Hohe Behörde hält diese Ausdehnung dagegen für unzulässig.
3. Schließlich greifen die Klägerinnen die Zahlenangaben der Hohen Behörde an. Zwei weniger wichtige Bedenken werden in bezug auf die Zuverlässigkeit der statistischen Angaben vorgetragen. Ein bedeutender Einwand richtet sich dagegen gegen die Einbeziehung der Lieferungen im Rahmen des Werkselbstverbrauchs und der Verbundlieferungen[15]. Die Klägerinnen behaupten, diese Lieferungen würden nicht der Kontrolle durch das Organ des Gemeinschaftsverkaufs unterliegen, sie würden nicht auf den Markt gelangen und folglich auch nicht den Wettbewerb beeinträchtigen. Die

[15] Die Einbeziehung des Landabsatzes wird nicht gerügt. Diese Lieferungen erfolgen laut Kartellvertrag zu den gleichen Preisen und Bedingungen, die für die vom Kartell gelieferten Mengen gelten.

Hohe Behörde verteidigt die Einbeziehung der Vorbehaltsmengen und der Verbundlieferungen. Sie behauptet, das Kartell stelle die „Begriffsbestimmungen, Regeln und Voraussetzungen für den Werkselbstverbrauch" auf und kontrolliere deren Innehaltung. Dieses System gestatte dem Kartell, den Absatz zu kontrollieren und die Preise zu bestimmen. Die Preis- und Absatzpolitik des Kartells sei maßgebend für das Interesse der betreffenden Unternehmen an Entnahmen auf dem Wege über den Werkselbstverbrauch. Daher erstrecke sich die Wirkung der Preisbeschlüsse des Kartells auch auf die gesamten Lieferungen im Rahmen des Werkselbstverbrauchs. In bezug auf die Verbundlieferungen führt die Hohe Behörde zwei Argumente an. Einmal behauptet sie, diese Lieferungen müßten wegen des Diskriminierungsverbots gleichfalls zu den Bedingungen und Preisen des Kartells verkauft werden. Zum andern meint sie, diese Verbundlieferungen würden einen potentiellen Absatz des Kartells darstellen und damit sei auch eine potentielle Preisbestimmungsfähigkeit des Kartells gegeben.

Der Generalanwalt stellt fest, daß in der Entscheidung Nr. 16/60 keine Begründung für die Einbeziehung des Werkselbstverbrauchs enthalten ist, und hält die Begründung für die Einbeziehung der Verbundlieferungen nicht für ausreichend. Er schließt aus dem Kartellvertrag, daß nur „... allenfalls ein kleiner Bruchteil der Verbundlieferungen als bedingt möglicher Gemeinschaftsabsatz zur Absatzmenge des Kartells geschlagen werden kann[16], während die Unternehmen im übrigen frei entscheiden können, ob sie Verbundlieferungen durchführen oder sie dem Kartell überlassen wollen. Er gesteht dem Kartell, soweit es diese Lieferungen vornimmt, zwar eine potentielle Preisbestimmungsmacht zu, er hält aber eine Ausdehnung auf sämtliche Verbundlieferungen nicht für gerechtfertigt. Er glaubt auch nicht, daß das Diskriminierungsverbot zur Rechtfertigung der Einbeziehung der Verbundlieferungen herangezogen werden kann[17].

2. Das Urteil des Gerichtshofs

Der Gerichtshof legt das Schwergewicht seiner Untersuchung auf die Frage, ob die Verkaufsgesellschaft die Möglichkeit hat, ihre Preise im Sinne des Art. 65 § 2 Abs. c zu bestimmen.

a) Die Preisbestimmungsmacht

Der Gerichtshof greift auf die Unterscheidung zwischen der Preisbestimmungsmacht und der Preisfestsetzungsmacht zurück. „Die Preis-

[16] Sammlung der Rechtsprechung ..., Bd. 8, S. 268.
[17] Vgl. Sammlung der Rechtsprechung ..., Bd. 8, S. 269 ff.

festsetzungsmacht stellt für den, der über sie verfügt, eine objektive Gegebenheit dar, die sich aus einer leicht feststellbaren organisatorischen Struktur ergibt[18]." Davon unterscheidet sich die Preisbestimmungsmacht. „Die Preisbestimmungsmacht besteht dagegen in der Fähigkeit, die Preise in einer Höhe festzusetzen, die sich merklich von der Höhe unterscheidet, auf der sie sich eingependelt hätten, wenn sie ausschliechlich vom Wettbewerb bestimmt worden wären[19]." Anschließend versucht der Gerichtshof, diese Definition auf die einheitliche Ruhrkohlenverkaufsgesellschaft anzuwenden.

Zunächst untersucht er die Innenwirkung des Kartells. Durch das Kartell wird der Wettbewerb zwischen den Kartellmitgliedern beseitigt, und der Konkurrenzdruck wird verhindert, der von den Erzeugern mit den niedrigsten Kosten auf die übrigen Erzeuger mit höheren Kosten ausgeübt würde. Der Gerichtshof sieht darin eine gewisse Preisbestimmungsmacht des Kartells, die allerdings durch den Wettbewerb anderer Produkte vollkommen beseitigt werden kann. Der Gerichtshof untersucht deshalb, ob der Wettbewerb der Kohle anderer Reviere der Gemeinschaft, der Wettbewerb der Kohle aus Drittländern und die Konkurrenz des Heizöls in der Lage sind, diese Preisbestimmungsmacht vollkommen zu beseitigen. Dabei stimmt er im Ergebnis der Hohen Behörde zu.

Der Wettbewerb der Kohle anderer Reviere der Gemeinschaft schließt nach Ansicht des Gerichtshofs eine gewisse Preisbestimmungsmacht der Ruhrkohle nicht aus. Zum Beweis stellt er auf die Bedeutung der Transportkosten ab. „Jedes Unternehmen, das eine Ware von hohem Gewicht erzeugt, hat ... grundsätzlich und vorbehaltlich des Wettbewerbs von Waren, deren Gewicht oder deren Produktionskosten geringer sind, innerhalb eines geographisch abgrenzbaren Schutzbezirks die Macht, seine Preise zu bestimmen[20]." Der Gerichtshof verstärkt dieses Argument u. a. durch den Hinweis, daß, nach Aussage der Klägerinnen, die Listenpreise der Ruhr fast durchweg die niedrigsten Listenpreise im Gemeinsamen Markt seien.

Bei der Beurteilung des Wettbewerbs der Importkohle aus Drittländern vergleicht er die Einfuhren aus Drittländern mit den von den Klägerinnen erzeugten Steinkohlenmengen. Er kommt zu der Überzeugung, daß diese Importe den Absatz an Ruhrkohle in der Bundesrepublik nicht unrettbar beeinträchtigen und findet dafür folgende Erklärung: „Diese Situation ist sowohl durch den Schutz zu erklären, den die Mehrheit dieser Gebiete im Vergleich zu den wichtigsten Her-

---

[18] Sammlung der Rechtsprechung ..., Bd. 8, S. 215.
[19] Sammlung der Rechtsprechung ..., Bd. 8, S. 215.
[20] Sammlung der Rechtsprechung ..., Bd. 8, S. 218 f.

kunftsgebieten der Kohle aus dritten Ländern durch ihre geographische Lage genießt, wie durch den Zoll, den die Bundesregierung auf Einfuhrkohle aus dritten Ländern erhebt[21]." Auch der Wettbewerb der Kohle aus Drittländern schließt seiner Meinung nach eine gewisse Preisbestimmungsmacht der einheitlichen Verkaufsgesellschaften nicht aus.

Schließlich bemerkt er in bezug auf den Wettbewerb des Heizöls, daß dieser für die einzelnen Kohlenarten und -sorten verschieden stark ist. Auch sei, soweit die Kohle zum Zwecke der Verbrennung geliefert werde, die Stellung des Heizöls gegenüber der Kohle je nach dem Verwendungszweck verschieden stark. „Die jeweilige Grenze zwischen den Einflußgebieten von Heizöl und Kohle verschiebt sich nach Maßgabe des Verhältnisses, in dem die Preise dieser beiden Brennstoffe zueinander stehen. Infolgedessen gibt es in bezug auf den Wettbewerb des Heizöls eine Preiszone, innerhalb welcher das gemeinschaftliche Verkaufsorgan seine Absatzpolitik und in gewissen Grenzen auch seine Listenpreise zwar nicht beliebig, aber doch mit einem gewissen Maß an Freiheit wählen kann[22]." Er fügt hinzu, die sich hieraus ergebende Preisbestimmungsmacht werde noch durch die Heizölsteuer in der Bundesrepublik verstärkt.

Der Gerichtshof kommt folglich zu dem Ergebnis, „... daß die in Frage stehende gemeinschaftliche Verkaufsorganisation über eine gewisse Preisbestimmungsmacht verfügen würde"[23]. Er stellt fest, daß der Kohlenmarkt und auch der Energiemarkt kein Markt der vollständigen Konkurrenz, sondern ein oligopolistischer Markt sei, auf dem jeder Anbieter einen gewissen Einfluß auf die Preise ausübt.

Allerdings begnügt sich der Gerichtshof nicht mit dieser Feststellung. Er verweist auf die technische und wirtschaftliche Entwicklung, die zu immer größeren Wirtschaftseinheiten führe und den oligopolistischen Charakter des Kohle- und Stahlmarktes fortlaufend verstärke. Er stellt fest, daß diese Entwicklung von den Verfassern des Vertrags nicht verkannt worden sei. Gerade Art. 65 § 2 lasse den Willen erkennen, dieser Entwicklung nicht entgegenzutreten, sofern sie den Vertragszielen dienlich sei und sofern sie vor allem zwischen den großen Einheiten auf dem Markt ein Mindestmaß an Wettbewerb bestehen lasse. „Unzweifelhaft war es dieses Bestreben, innerhalb des unvollständigen Wettbewerbs, wie er auf dem Kohle- und Stahlmarkt herrscht, ein gewisses Mindestmaß an Wettbewerb zu gewährleisten, das dazu geführt hat, unter die Voraussetzungen für die Genehmigung eines ge-

---

[21] Sammlung der Rechtsprechung ..., Bd. 8, S. 220.
[22] Sammlung der Rechtsprechung ..., Bd. 8, S. 221 f.
[23] Sammlung der Rechtsprechung ..., Bd. 8, S. 222.

meinsamen Verkaufs nach Artikel 65 § 2 die Forderung aufzunehmen, daß dieser den beteiligten Unternehmen keine Preisbestimmungsmacht für einen wesentlichen Teil der betreffenden Erzeugnisse auf dem gemeinsamen Markt verleihen darf[24]." Der Gerichtshof beruft sich anschließend auf die Feststellung der Hohen Behörde in der Entscheidung Nr. 16/60, daß dieses Mindestmaß an Wettbewerb bei einem einheitlichen Ruhrkohlenverkauf nicht mehr gewährleistet sei. „Der Gerichtshof sieht keinen Grund, der die Annahme rechtfertigen könnte, daß die Hohe Behörde Wortlaut und Geist des Vertrages und vor allem die ihr durch die Artikel 2, 3, 4 und 5 auferlegten Verpflichtungen mißachtet hätte, indem sie die Aufrechterhaltung eines Minimums an Wettbewerb innerhalb des Ruhrreviers verlangt hat[25]."

b) Die Absatzkontrolle

Der Gerichtshof geht auf diesen Begriff nur am Rande ein. Er hält die Begründung der Hohen Behörde in der Entscheidung Nr. 16/60 für ausreichend. Diese stellt fest, daß die einheitliche Verkaufsgesellschaft die Möglichkeit hat, die ihr übertragenen Absatzmengen nach den Bedürfnissen ihrer Absatzpolitik zu lenken. Diese Feststellung genügt nach Ansicht des Gerichtshofs, um darzulegen, daß die Verkaufsgesellschaft die Macht erlangen könne, die Mengen, Gebiete und Abnehmer zu bestimmen, auf die es ihr ankommt, um Wettbewerber am Eindringen in das Hauptabsatzgebiet zu hindern. Der Gerichtshof sieht darin eine gewisse Möglichkeit der Absatzkontrolle im Sinne des Artikel 65 § 2 Abs. c.

c) Der wesentliche Teil der betreffenden Erzeugnisse auf dem Gemeinsamen Markt

Auch der Gerichtshof stellt fest, daß im Vertrag keine Kriterien angegeben sind, die den „wesentlichen Teil der betreffenden Erzeugnisse" bestimmen. Er schließt aber aus der Gesamtheit der Vertragsbestimmungen, „... daß die Möglichkeit der Preisbestimmung oder Absatzkontrolle dann für einen wesentlichen Teil der betreffenden Erzeugnisse eröffnet ist, wenn ihre Wirkungen nicht von untergeordneter oder nebensächlicher Größenordnung, sondern derart sind, daß sie das vom Vertrag gewollte Mindestmaß an Wettbewerb ... in Gefahr bringen können"[26]. Diesen Grundsatz wendet er auf die einheitliche Verkaufsorganisation an. Dabei muß er sich zunächst den umstrittenen Zahlenangaben der Hohen Behörde zuwenden. Er hält die Einbeziehung

[24] Sammlung der Rechtsprechung ..., Bd. 8, S. 227.
[25] Sammlung der Rechtsprechung ..., Bd. 8, S. 229.
[26] Sammlung der Rechtsprechung ..., Bd. 8, S. 231.

der Vorbehaltsmengen und der Verbundlieferungen für richtig und verteidigt insbesondere die Einbeziehung der Verbundlieferungen. „Bei ihnen [den Verbundlieferungen] handelt es sich ... sehr wohl um Mengen, deren Preis direkt oder indirekt durch die gemeinschaftliche Verkaufsorganisation festgesetzt wird[27].“ Im übrigen, meint der Gerichtshof, würde, wenn die Vorbehaltsmengen bei der Verkaufsgesellschaft nicht in Anschlag gebracht werden könnten, das Ergebnis der Hohen Behörde nicht erschüttert werden. Diese Vorbehaltsmengen müßten dann nämlich auch bei den übrigen Produzenten des Gemeinsamen Marktes ausgeklammert werden, so daß sich die angegebenen Prozentsätze nicht wesentlich verändern würden. Zum anderen sei, selbst wenn sich diese Angaben verändern, nicht zweifelhaft, „... daß die Absatzmengen der gemeinsamen Verkaufsorganisation einen bedeutenden Teil des Absatzes der betreffenden Erzeugnisse auf dem gemeinsamen Markt unter den unmittelbaren oder mittelbaren Einfluß dieser Organisation brächten und daß deshalb die Macht dieser Organisation sich auf einen wesentlichen Teil der betreffenden Erzeugnisse auf dem Markt erstreckte“[28]. Diese Festsetllung unterstreicht er durch den Vergleich der Absatzmengen der ihr auf dem Markt gegenüberstehenden Organisationen. Diese Gegenüberstellung bringt seiner Ansicht nach den Einfluß der Verkaufsgesellschaften besser zum Ausdruck als die Wiedergabe der Anteile am Gemeinsamen Markt. Es zeigt sich, „... daß zwischen der ‚Größe‘ des Ruhrreviers in seiner Gesamtheit und der der anderen Reviere der Gemeinschaft ein ausgesprochenes Mißverhältnis besteht“[29]. Der Gerichtshof hält deshalb die Auffassung der Hohen Behörde in der Entscheidung Nr. 16/60 für gerechtfertigt und lehnt die Klage ab.

II. Die wirtschaftlichen und technischen Bedingungen im Ruhrkohlenbergbau

Die Prozeßteilnehmer haben bei der Anwendung dieser Vorschrift des Art. 65 § 2 Buchst. c auf die einheitliche Ruhrkohlenverkaufsgesellschaft auf die Begriffe „Preisbestimmungsmacht“, „Absatzkontrolle“ und „wesentlicher Teil der betreffenden Erzeugnisse auf dem gemeinsamen Markt“ ein unterschiedliches Gewicht gelegt. Die Ausführungen zum Begriff der Absatzkontrolle sind sehr knapp. Sie lassen nicht erkennen, wie dieser Begriff zu handhaben ist. Auch die Ausführungen zum Begriff „wesentlicher Teil der betreffenden Erzeugnisse auf dem

---

[27] Sammlung der Rechtsprechung ..., Bd. 8, S. 232.

[28] Sammlung der Rechtsprechung ..., Bd. 8, S. 232.

[29] Sammlung der Rechtsprechung ..., Bd. 8, S. 233.

gemeinsamen Markt" führen nicht sehr weit. Der Gerichtshof hat festgestellt, daß im Vertrag keine Kriterien angegeben sind, die diesen Begriff näher bestimmen. Er hat zwar deutlich gemacht, daß bei der Handhabung dieses Begriffs auf die Größenordnung der zu beurteilenden Verkaufsgesellschaft abgestellt werden muß. Er hat sich aber gescheut, eine bestimmte Grenze anzugeben. Diese Grenze muß durch Übereinkunft festgelegt werden.

Dagegen bieten die Ausführungen zum Begriff der Preisbestimmungsmacht Gelegenheit zu einer selbständigen Untersuchung. Der Gerichtshof hat diese Preisbestimmungsmacht definiert. „Die Preisbestimmungsmacht besteht ... in der Fähigkeit, die Preise in einer Höhe festzusetzen, die sich merklich von der Höhe unterscheidet, auf der sie sich eingependelt hätten, wenn sie ausschließlich vom Wettbewerb bestimmt worden wären[30]." Der Gerichtshof stellt also auf einen Vergleich der tatsächlichen Preisbildung mit einer hypothetischen Preisbildung, nämlich der Preisbildung bei vollkommener Konkurrenz, ab. Wenn die tatsächlichen Preise von den Preisen bei vollkommener Konkurrenz abweichen, verfügen die Unternehmen über eine Preisbestimmungsmacht. Auch hier anerkennt also der Gerichtshof die Zielsetzung der rationellsten Verteilung der Erzeugung auf dem höchsten Leistungsstand als einen Maßstab für die Auslegung und Anwendung des Vertrags.

Allerdings kann dieser Maßstab nicht in dieser Form auf die einheitliche Ruhrkohlenverkaufsgesellschaft angewandt werden. In Wirklichkeit werden räumliche, zeitliche oder sachliche Präferenzen auf dem Markt für Kohle stets dafür sorgen, daß die tatsächliche Preisbildung von der Preisbildung bei vollkommener Konkurrenz abweicht. Die Ausführungen des Gerichtshofs sind deshalb, soweit sie der einheitlichen Ruhrkohlenverkaufsgesellschaft eine gewisse Preisbestimmungsmacht nachweisen, nicht sehr überzeugend. Die wirtschaftlichen und technischen Bedingungen im Ruhrkohlenbergbau werden eine Preisbildung, die den Ergebnissen des Modells der vollkommenen Konkurrenz entspricht, stets verhindern. Der Gerichtshof hätte sich deshalb in viel stärkerem Maße mit der Frage befassen müssen, welche der technischen und wirtschaftlichen Bedingungen im Ruhrkohlenbergbau, die mit den Vorstellungen des Modells der vollkommenen Konkurrenz nicht vereinbar sind, als unabdingbar hingenommen werden müssen. Der Gerichtshof hat zwar die Bedeutung dieser Fragestellung erkannt. Er hat ihr aber in seinem Urteil kein praktisches Gewicht beigelegt.

Es ist im Rahmen dieser Arbeit nicht möglich, diese Frage eingehend zu untersuchen. Es wird lediglich versucht, die wirtschaftlichen und

---

[30] Sammlung der Rechtsprechung ..., Bd. 8, S. 215.

technischen Bedingungen im Ruhrkohlenbergbau darzustellen. Daran schließt sich eine Beschreibung der mutmaßlichen Preisbildung für Ruhrkohle bei einheitlichem Ruhrkohlenverkauf an. Zwar läßt sich aus dieser Gegenüberstellung kein Urteil über die Notwendigkeit eines einheitlichen Ruhrkohlenverkaufs gewinnen. Sie zeigt aber immerhin das Für und Wider eines einheitlichen Ruhrkohlenverkaufs auf.

1. Die Angebots- und Nachfragebedingungen im Ruhrkohlenbergbau

Eine solche Untersuchung der Angebots- und Nachfrageverhältnisse ist hier nur in sehr knapper Form möglich. Eine ökonometrische Untersuchung der Angebots- und Nachfragebedingungen im Ruhrkohlenbergbau verbietet sich im Rahmen dieser Arbeit von selbst. Es wird deshalb lediglich versucht, auf einige Faktoren hinzuweisen, die für die Angebots- und Nachfragebedingungen im Ruhrkohlenbergbau von wesentlicher Bedeutung sein dürften.

a) Die Angebotsbedingungen im Ruhrkohlenbergbau

Die Angebotsbedingungen im Ruhrkohlenbergbau werden in erster Linie durch die geologischen Verhältnisse bestimmt. Die mittlere Teufe im Ruhrkohlenbergbau beträgt heute etwa 750 m[31]. Die durchschnittliche Mächtigkeit der Flöze wird mit 1,04 m angegeben[32]. Die Flöze sind sehr ungleichmäßig gelagert und häufig durch Mulden, Sättel, Querverwerfungen und Überschichtungen gestört. Schließlich ist das Deckgebirge stark wasserhaltig. Diese Faktoren engen die Angebotselastizität im Ruhrkohlenbergbau sehr stark ein.

Eine langfristige Steigerung der Ausbringung durch das Abteufen neuer Anlagen nimmt Jahre in Anspruch. Die Produktion setzt erst 6—8 Jahre nach Abteufungsbeginn ein, die volle Förderung kann sogar erst nach 12—15 Jahren erreicht werden[33]. Auch eine kurz- und mittelfristige Steigerung der Ausbringung durch verstärkte Mechanisierung des Abbaus oder durch erhöhten Arbeitseinsatz ist nur in engen Grenzen möglich. Die ungünstige Lagerung und die geringe Mächtigkeit der Flöze läßt nur eine Teilmechanisierung des Abbaus zu. Die Ausbildung von Fachkräften für den Bergbau ist kostspielig und zeitrau-

---

[31] Vgl. Ernst *Neuffer*, Der Wettbewerb zwischen Steinkohle und Heizöl auf dem westdeutschen Energiemarkt unter Berücksichtigung der übrigen Energieträger und unter Berücksichtigung der ausländischen Energiemärkte, Dissertation Tübingen 1960, S. 107.

[32] Vgl. Ernst *Neuffer*, Der Wettbewerb ..., S. 105 f. Die mittlere Mächtigkeit der tatsächlich abgebauten Flöze liegt im Ruhrkohlenbergbau allerdings bei etwa 1,33 m.

[33] Vgl. Ernst *Neuffer*, Der Wettbewerb ..., S. 112.

bend. Außerdem hat der Ruhrkohlenbergbau — zumindest vor Beginn der Kohlenabsatzkrise — große Schwierigkeiten, sich seinen Facharbeiterstamm auch nur zu erhalten.

Auch eine Reduzierung des Kohlenangebots stößt auf Schwierigkeiten. Die Stillegung von Schachtanlagen ist nur mit großen Verlusten möglich. Die Kosten der Wasserwirtschaft sind als remanente Fixkosten zu betrachten. Sie müssen auch bei einer Stillegung der Schachtanlagen in Kauf genommen werden. Das gilt auch für einen Teil der Kosten der Bewetterung und für einen Großteil des Arbeitsaufwands. Die Unternehmen sind deshalb nur wenig an einer Stillegung einzelner Schachtanlagen interessiert.

Das Angebot an Ruhrkohle unterliegt somit weder kurz- noch mittelfristigen Schwankungen. Es wird daher auch auf Preisänderungen nicht reagieren und folglich wenig preiselastisch sein.

b) *Die Nachfragebedingungen im Ruhrkohlenbergbau*

Die Nachfrage nach Ruhrkohle wird im wesentlichen von vier Faktoren beeinflußt. Einmal ist die Nachfrage abhängig von den Preisen für Ruhrkohle und den Preisen ihrer Konkurrenzprodukte. Zum andern kann die Nachfrage aber auch bei unveränderten Preisen der Ruhrkohle und ihrer Konkurrenzprodukte einen bestimmten Trend aufweisen oder konjunkturellen oder saisonalen Schwankungen unterliegen. Die Bedeutung dieser Faktoren ist vom Verwendungszweck der Kohle abhängig. Es muß deshalb versucht werden, den Absatz der Ruhrkohle in einzelne Verbrauchssektoren aufzuteilen und über die Beobachtung dieser Verbrauchssektoren Rückschlüsse auf den Charakter der Gesamtnachfrage nach Ruhrkohle zu ziehen.

Eine solche Aufgliederung nach Verbrauchssektoren, getrennt in den Verbrauch von Steinkohle und Steinkohlenkoks, liegt allerdings nur für den Verbrauch in der Bundesrepublik vor. In diesen Absatzmengen sind neben den in der Bundesrepublik abgesetzten Mengen an Ruhrkohle und Ruhrkohlenkoks auch die im Inland abgesetzten Mengen der übrigen Reviere der Bundesrepublik enthalten. Dazu kommen noch die Kohlenimporte, während die Kohlenexporte der Ruhr davon ausgenommen sind. Es kann aber wohl unterstellt werden, daß diese Aufgliederung nach Verbrauchssektoren in etwa auch für den Verbrauch an Ruhrkohle und Ruhrkohlenkoks gilt, weil auf den Ruhrkohlenbergbau immerhin über 80 v. H. der Steinkohlenförderung der Bundesrepublik entfallen[34]. Es erscheint deshalb gerechtfertigt, der

[34] Für die Kohlenexporte der Ruhr gilt diese Unterstellung nicht. Darauf wird noch gesondert eingegangen.

Aufkommen, Verbrauch und Absatz von Steinkohle im Bundesgebiet 1961 (in 1000 t)

	Steinkohle[a)] Steinkohlen-briketts	Steinkohlen-koks[b)]
Aufkommen		
Förderung bzw. Erzeugung	142 740	44 534
Verladungen vom Bestand	—	503
Einfuhr aus dem Ausland	6 788	279
Bezug von Kleinzechen	—	—
Ausgleich bei der Brikettherstellung[c)]	97	—
Ausgleich für minderwertige Brennstoffe	743	—
Gesamtaufkommen	150 368	45 316
Abgabe an Kokereien[d)]	59 803	35[e)]
Verbrauch und Deputate		
Zechenselbstverbrauch	9 515	1 438
Verbrauch für an Dritte abgegebene Energie	4 596	8
Deputate	2 452	293
Gesamtverbrauch	16 563	1 774
Auf Bestand genommen	752	—
Für den Absatz verfügbar	73 250	43 542
Absatz		
Ausfuhr	16 856	10 692
West-Berlin	2 303	220
Mitteldeutschland (S. B. Z.)	154	81
Absatz im Bundesgebiet	53 937	32 549
davon:		
Bahnen	7 031	140
Sonstiger Verkehr	291	11
Elektrizitätswerke	12 889	9
Gas- und Wasserwerke	6 579	19
Eisen schaffende Industrie	1 770	21 912
Übrige Industrie	16 075	4 225
Hausbrand und Kleinverbrauch	8 850	5 191
Truppen u. milit. Dienststellen	452	1 042

a) Ohne die Kleinzechen. — b) Zechen-, Hütten- und Spezialkoks, auch einschl. Steinkohlenschwelkoks und Koks aus amerikanischer Kohle. — c) Pechzusatz abzüglich Trocknungsverluste der eingesetzten Kohle. — d) Einschl. Hütten- u. Spezialkokereien. — e) Einsatz in Brikettfabriken und Wiedereinsatz in Kokereien.

Quelle: Jahrbuch des deutschen Bergbaus, Das Handbuch für Bergbau und Energiewirtschaft, Jg. 55 (1962) [70. Erscheinungsjahr], hrsg. v. Wolfgang *Raack*, Paul *Schorn*, u. a., Essen (1962), Kapitelseite 928.

Untersuchung der Nachfragebedingungen für Ruhrkohle die Angaben über die Aufgliederung des Steinkohlenverbrauchs in der Bundesrepublik zugrundezulegen.

Anhand dieser Aufgliederung kann auf einige Punkte hingewiesen werden, die für die Nachfrage nach Ruhrkohle von entscheidender Bedeutung sind:

1. Aus der Förderung der Bundesrepublik wird ein Teil von den Zechen zurückbehalten. Es handelt sich dabei um den Zechenselbstverbrauch, den Verbrauch für an Dritte abgegebene Energie und um die Deputate. Für die Nachfrage, die im Rahmen dieser Mengen zum Zuge kommt, sind Preisüberlegungen von verhältnismäßig geringer Bedeutung. Der Zechenselbstverbrauch hängt von den Fördermengen des Kohlenbergbaus ab. Er verminderte sich allerdings in den letzten Jahren infolge technischer Verbesserungen und Rationalisierungsmaßnahmen. Sein Anteil an der Bruttoförderung von Steinkohle sank von etwa 10 v. H. im Jahre 1954 über ca. 9 v. H. im Jahre 1958 auf rund 8 v. H. im Jahre 1961 ab. Diese Tendenz wird sich sicherlich auch weiterhin fortsetzen[35]. Dagegen nimmt der Verbrauch für an Dritte abgegebene Energie zu, weil die Zechen in zunehmendem Maße bemüht sind, nicht marktfähige Kohlesorten selbst zu veredeln. Der Anteil des Verbrauchs für an Dritte abgegebene Energie an der Bruttoförderung von Steinkohle stieg von etwa 2 v. H. im Jahre 1958 auf ca. 3 v. H. im Jahre 1961[36]. Bei den Deputaten handelt es sich um Kohlen, die von den Zechen seit altersher direkt an ihre Arbeiter und Angestellten abgegeben werden. Ihr Anteil an der Bruttoförderung blieb in den letzten Jahren ziemlich konstant bei etwa 2 v. H.[37]. Es zeigt sich somit, daß über den Zechenselbstverbrauch, den Verbrauch für an Dritte abgegebene Energie und die Lieferungen von Deputatkohle in den letzten Jahren jeweils etwa 13 v. H. der Bruttoförderung des Steinkohlenbergbaus abgesetzt wurden. Dieser Teil der Nachfrage nach Steinkohle ist also ziemlich stabil und wenig preiselastisch.

2. Werden von der Steinkohlenförderung der Bundesrepublik der Zechenselbstverbrauch, der Verbrauch für an Dritte abgegebene Energie und die Deputate abgezogen, so ergibt sich die Steinkohle, die für den Absatz auf dem Markt zur Verfügung steht. Werden dazu die Kohlenimporte hinzugezählt und die Kohlenexporte davon abge-

---

[35] Vgl. dazu Ernst *Neuffer*, Der Wettbewerb ..., S. 72 f. und die Angaben in der Tabelle 2 (1 000 t Steinkohle = 1 000 t Steinkohlenkoks gerechnet).

[36] Vgl. dazu Ernst *Neuffer*, Der Wettbewerb ..., S. 73 und die Angaben in der Tabelle 2 (1 000 t Steinkohle = 1 000 t Steinkohlenkoks gerechnet).

[37] Vgl. dazu Ernst *Neuffer*, Der Wettbewerb ..., S. 73 und die Angaben in der Tabelle 2 (1 000 t Steinkohle = 1 000 t Steinkohlenkoks gerechnet).

zogen und werden außerdem die Bestandesveränderungen der Zechen berücksichtigt, dann ergibt sich die im Inland abgesetzte Menge an Steinkohlenkoks[38]. Dieser Inlandsabsatz ist in einzelne Verbrauchergruppen aufgegliedert, die gesondert zu untersuchen sind:

a) Etwa die Hälfte des gesamten Inlandsabsatzes an Steinkohle und Steinkohlenkoks wird von der gesamten Industrie aufgenommen, wobei dieser Absatz wiederum je zur Hälfte auf die eisenschaffende Industrie und auf die übrige Industrie verteilt ist[39]. In der eisenschaffenden Industrie ist die Roheisenerzeugung aus technischen Gründen weitgehend an den Einsatz von Steinkohlenkoks gebunden[40]. Dieser Bedarf ist also weniger von Preisüberlegungen als von dem Beschäftigungsgrad der eisenschaffenden Industrie abhängig. Die Kohlennachfrage der eisenschaffenden Industrie ist somit zu wesentlichen Teilen konjunkturreagibel und weniger preiselastisch. Dagegen ist die Steinkohle im Bereich der übrigen Industrie insbesondere dem Substitutionswettbewerb des Heizöls ausgesetzt. Die Kohlennachfrage der übrigen Industrie ist also preiselastisch. Die Nachfrage wird auch von der Beschäftigungslage der übrigen Industrie abhängig sein. Doch tritt dieser Faktor sicherlich hinter dem Substitutionsvorgang zurück[41].

b) Auch in den Sektoren Verkehr, Hausbrand und Kleinverbrauch sowie Truppen und militärische Dienstellen unterliegt die Steinkohle einem starken Substitutionswettbewerb. Der Verkehrssektor nahm 1958 noch über 10 v. H., 1961 noch knapp 9 v. H. des inländischen Kohlenabsatzes auf, wobei das Schwergewicht auf dem Absatz bei den Bahnen lag. Gerade hier muß die Kohle nicht nur mit dem Substitutionswettbewerb des Heizöls, sondern insbesondere auch mit der Konkurrenz des Stroms und des Dieselkraftstoffs rechnen[42]. Die Nachfrage nach Kohle aus dem Verkehrssektor ist also sehr preiselastisch[43]. Für die Sektoren Haus-

---

[38] Dazu kommen noch kleine Korrekturposten, die hier aber unwesentlich sind.

[39] Vgl. dazu Ernst *Neuffer*, Der Wettbewerb ..., S. 88 und die Angaben in der Tabelle 2 (1 000 t Steinkohle = 1 000 t Steinkohlenkoks gerechnet).

[40] Vgl. Ernst *Neuffer*, Der Wetbewerb ..., S. 89.

[41] Vgl. Ernst *Neuffer*, Der Wettbewerb ..., S. 90.

[42] Vgl. Ernst *Neuffer*, Der Wettbewerb ..., S. 96 f.

[43] Diese Abhängigkeit von den Preisen der Kohle und ihrer Substitute ist sogar so stark, daß die Abhängigkeit der Nachfrage aus dem Verkehrssektor vom Beschäftigungsstand der Wirtschaft dahinter zurücktritt. Der Verbrauchsrückgang im Verkehrssektor wurde zwar in der Kohlenabsatzkrise auch auf den Beschäftigungsrückgang in der eisenschaffenden Industrie zurückgeführt (Vgl. Ernst *Neuffer*, Der Wettbewerb ..., S. 95 f.). Dieser

brand und Kleinverbrauch sowie Truppen und militärische Dienststellen dürften im wesentlichen dieselben Nachfragebedingungen gelten. In beiden Fällen wird die Kohle vorwiegend für Heizzwecke verwendet[44]. In beiden Fällen ist somit mit dem Substitutionswettbewerb des Heizöls und überdies mit saisonalen Schwankungen zu rechnen. Die Nachfrage dieser Sektoren, von denen der Sektor Hausbrand und Kleinverbrauch 1961 immerhin noch über 16 v. H. des Inlandsabsatzes aufnahm, ist also ziemlich preiselastisch und saisonabhängig.

c) In den Sektoren Elektrizitätswerke sowie Gas- und Wasserwerke sind die Verhältnisse weniger übersichtlich. Zwar müssen die Steinkohlenkraftwerke mit dem Wettbewerb der Wasser- und Braunkohlenkraftwerke rechnen, während der Heizölverbrauch in der Elektrizitätsversorgung bis jetzt noch sehr gering ist. Die Steinkohlenkraftwerke arbeiten aber weniger kostengünstig als die Wasser- und Braunkohlenkraftwerke. Preissenkungen der Kohle werden zunächst durch diesen Kostenvorsprung der Wasser- und Braunkohlenkraftwerke aufgefangen. Die Nachfrage der Steinkohlenkraftwerke wird somit weniger von Preisänderungen der Kohle als von Änderungen im Strombedarf der Wirtschaft berührt werden[45]. Die Steinkohlennachfrage der Elektrizitätswerke wird somit wenig preiselastisch und konjunkturabhängig sein. Auf dem Sektor der Ortsgaserzeugung nimmt die Kohle noch eine dominierende Rolle ein. Hier bieten sich aber sowohl für Erdgas als auch für Heizöl durchaus Wettbewerbschancen[46]. Die Kohlennachfrage der Gaswerke wird also, zumindest in naher Zukunft, ziemlich preiselastisch sein.

3. Schließlich muß noch gesondert auf die Nachfragebedingungen hingewiesen werden, denen die Kohlenexporte unterliegen. Der Anteil dieser Exporte an der Bruttoförderung der Bundesrepublik ist recht beachtlich. Er betrug 1961 rund 21 v. H. Diese Exportkohle steht der Substitutionskonkurrenz der ausländischen Kohle gegenüber. Die Nachfrage nach dieser Exportkohle wird somit ziemlich preis-

---

Rückgang hielt aber auch noch 1960 an, obwohl beispielsweise die Kohlennachfrage der eisenschaffenden Industrie, die ja gleichfalls sehr stark von deren Beschäftigungslage abhängt, inzwischen wieder angestiegen war.

44 Vgl. Ernst *Neuffer*, Der Wettbewerb ..., S. 91, S. 97.

45 Ernst *Neuffer*, Der Wettbewerb ..., S. 93 weist darauf hin, daß infolge eines verminderten Anstiegs des Strombedarfs der Wirtschaft die Steinkohlenkraftwerke gedrosselt werden mußten, während die kostengünstigeren Wasser- und Braunkohlenkraftwerke ihre Steigerungsrate beibehalten konnten.

46 Vgl. Ernst *Neuffer*, Der Wettbewerb ..., S. 94 f.

elastisch sein, weil die Nachfrage jederzeit auf ausländische Kohle ausweichen kann. Schließlich werden diese Exporte auch in sehr starkem Maße durch wirtschaftspolitische Eingriffe des Auslands bedroht. Die Exportnachfrage muß deshalb auch als einigermaßen instabil betrachtet werden.

Es zeigt sich, daß die Faktoren, die für die Nachfrage nach Kohle von entscheidender Bedeutung sind, in den einzelnen Verbrauchssektoren zu sehr unterschiedlichen Resultaten führen. Einzelne Verbrauchssektoren weisen eine sehr preiselastische Nachfrage auf. In anderen Sektoren ist die Preiselastizität der Nachfrage sehr stark eingeschränkt. Schließlich ist die Nachfrage in einigen Verbrauchssektoren ziemlich stabil, während sie in anderen Sektoren einen stetigen Verlauf nimmt oder aber Schwankungen unterworfen ist. Diese Ergebnisse müssen nun zu einer Aussage über den Charakter der Gesamtnachfrage nach Kohle zusammengefaßt werden. Dies geschieht, indem die Nachfrage der einzelnen Verbrauchssektoren zur Gesamtnachfrage nach Kohle zusammengezogen wird. Die Ergebnisse über den Charakter der Kohlennachfrage in den einzelnen Verbrauchssektoren müssen mit deren Absatzmengen gewichtet werden.

Dabei muß allerdings berücksichtigt werden, daß nicht alle Absatzmengen der einzelnen Verbrauchssektoren miteinander vergleichbar sind. In die Mengen, die im Rahmen des Zechenselbstverbrauchs, des Verbrauchs für an Dritte abgegebene Energie und der Deputate abgesetzt wurden, sowie in die Kohlenexporte, ist die Förderung sämtlicher Reviere der Bundesrepublik in gleicher Weise eingegangen. Die Absatzmengen dieser Verbrauchssektoren sind somit untereinander vergleichbar. Davon unterscheiden sich die Mengen, die im Rahmen des Inlandsabsatzes abgesetzt wurden. Beim Inlandsabsatz wurden aus der Förderung der Bundesrepublik gerade der Zechenselbstverbrauch, der Verbrauch für an Dritte abgegebene Energie, die Deputate und die Kohlenexporte ausgeklammert, während die Kohlenimporte miteinbezogen wurden. Die Mengen, die im Rahmen des Inlandsabsatzes abgesetzt wurden, können somit nicht mit den Absatzmengen der ersten Gruppe von Verbrauchssektoren verglichen werden. Diese Absatzmengen lassen sich nur unter sich von Verbrauchssektor zu Verbrauchssektor vergleichen.

In der ersten Gruppe von Verbrauchssektoren machen der Zechenselbstverbrauch, der Verbrauch für an Dritte abgegebene Energie und die Deputate zusammen etwa 13 v. H. der Bruttosteinkohlenförderung der Bundesrepublik aus. Dieser Teil der Kohlennachfrage ist wenig preiselastisch und einigermaßen stabil. Die Kohlenexporte machten dagegen 1961 rund 21 v. H. der Bruttoförderung der Bundesrepublik aus. Ihrer Nachfragestruktur kommt somit für die Gesamtnachfrage gegenüber den Entnahmen der Zechen das doppelte Gewicht zu. Dieser Teil der Nachfrage dürfte ziemlich preiselastisch und instabil sein. Die Gesamtnachfrage dieser ersten Gruppe von Verbrauchssektoren dürfte somit beschränkt elastisch und einigermaßen stabil sein.

Beim Inlandsabsatz kommt dem Steinkohlenabsatz in der Industrie, der sich auf etwa 50 v. H. des Inlandsabsatzes beläuft, eine besondere Bedeutung zu. Davon ist die Nachfrage der eisenschaffenden Industrie, die sich wiederum auf 50 v. H. des Absatzes in der Industrie beläuft, wenig preiselastisch und konjunkturreagibel. Die Nachfrage der übrigen Industrie ist sehr preiselastisch und beschränkt konjunkturreagibel. Auch die Nachfrage aus dem Verkehrssektor, die immerhin noch fast 10 v. H. des Inlandsabsatzes ausmacht, ist sehr preiselastisch und beschränkt konjunkturreagibel. Dagegen ist die Nachfrage aus dem Sektor Hausbrand und Kleinverbrauch mit etwa 16 v. H. des Inlandsabsatzes zwar gleichfalls sehr preiselastisch, sie unterliegt aber saisonalen Schwankungen. Die Kohlennachfrage der Elektrizitäts-, Gas- und Wasserwerke macht 1961 weitere 23 v. H. des Inlandsabsatzes aus. Diese Nachfrage ist zumindest gegenwärtig nur wenig preiselastisch, aber konjunkturreagibel. Die Nachfrage, die im Rahmen des Inlandsabsatzes zum Zuge kommt, ist somit etwa zur Hälfte preiselastisch und zur Hälfte wenig preiselastisch; sie ist außerdem größtenteils konjunkturreagibel und teilweise auch saisonalen Schwankungen unterworfen.

Dieses Ergebnis läßt auch ohne Vergleich des Inlandsabsatzes mit den Entnahmen der Zechen und den Exporten eine Schlußfolgerung in bezug auf die Nachfragebedingungen für Ruhrkohle zu. Die Nachfrage ist nur beschränkt preiselastisch und außerdem konjunkturellen und saisonalen Schwankungen unterworfen.

c) Folgerungen für die Organisation des Ruhrkohlenverkaufs

Auf dem Markt für Ruhrkohle treffen somit ein sehr stabiles und preisunelastisches Angebot und eine beschränkt preiselastische und labile Nachfrage aufeinander. Dies würde bei vollkommener Konkurrenz zu sehr starken Preisschwankungen auf dem Markt für Ruhrkohle führen. Der Preis für Ruhrkohle würde auf Veränderungen der Nachfrage (und auf Veränderungen des Angebots) sehr heftig reagieren. Die Preisschwankungen würden, da die Gruben ihren Kapazitätsausnutzungsgrad nicht entsprechend regulieren können, zu außerordentlich starken Ertragsschwankungen der Zechen im Ruhrkohlenbergbau führen[47]. Diese Situation wird noch durch das Arten- und Sorten-

[47] Vgl. Gottfried *Erb* u. Peter *Rogge*, Preispolitik im teilintegrierten Markt ..., S. 13.

problem im Kohlenbergbau verschärft. Der Anfall der abgebauten Kohle ist in seiner Zusammensetzung nach Kohlearten und Kohlesorten weitgehend durch die natürlichen Vorkommen und die Abbauvorrichtungen bestimmt. Das Verhältnis dieser Kohlearten und -sorten läßt sich also nicht immer der Marktlage entsprechend beeinflussen[48]. Es ist deshalb möglich, daß sich für einzelne Zechen, bei einer entsprechenden Wandlung in der Zusammensetzung der Kohlennachfrage, die Ertragsschwankungen noch weit stärker auswirken, als dies für den Kohlenbergbau insgesamt der Fall ist[49]. Es wird nun befürchtet, daß diese Verhältnisse eine starke Neigung zu einem ruinösen Wetbewerb der Ruhrzechen mit sich bringen, und es wird dabei als Beleg auf die Vorgeschichte des Rheinisch-Westfälischen Kohlensyndikats und auf die Geschichte des englischen Kohlenbergbaus vor Einführung des distriktweisen Verkaufs hingewiesen[50]. Auch die Prozeßteilnehmer scheinen grundsätzlich dieser Ansicht zu sein. Der Gerichtshof spricht, wie erwähnt, von den wirtschaftlichen und technischen Bedingungen, die zu immer größeren Wirtschaftseinheiten führen. Die Kläger in der Rechtssache 13/60 treten für einen einheitlichen Ruhrkohlenverkauf ein, während die Hohe Behörde zwar diesen Vorschlag ablehnt, aber doch eine Zusammenfassung der Ruhrzechen in zwei voneinander unabhängigen Verkaufsgesellschaften für erforderlich hält[51].

Durch einen solchen Zusammenschluß der Ruhrzechen wird der Wettbewerb zwischen diesen Unternehmen zumindest eingeschränkt. Die ohnehin vorhandene — wenn auch wohl sehr geringe — Preisbestimmungsmacht der Ruhrzechen wird verstärkt. Es besteht die Möglichkeit, daß sich deren Preisbildung in einer Weise von der Preisbildung bei vollkommener Konkurrenz unterscheidet, die durch die Verhältnisse im Ruhrkohlenbergbau nicht mehr gerechtfertigt ist. Es müßten deshalb die verschiedenen Möglichkeiten einer Organisation des Ruhrkohlenabsatzes dargestellt, deren Preisbildung untersucht und mit der Preisbildung bei vollkommener Konkurrenz verglichen werden.

---

48 Vgl. Paul *Wiel*, Untersuchungen zu den Kosten- und Marktproblemen der westdeutschen Kohlenwirtschaft, o. O. 1953, S. 73.

49 Paul *Wiel*, Untersuchungen ..., S. 78 weist z. B. darauf hin, daß die Nachfrage nach Fettkohle besonders konjunkturempfindlich ist. Gruben, die vor allem Fettkohle abbauen, werden also von Konjunkturschwankungen besonders stark getroffen.

50 Gerhard von *Beckerath*, Ordnungspolitik in der Montanunion. Erläutert am Beispiel der Kohlenwirtschaft, Köln-Opladen 1960, S. 38 weist darauf hin, daß die bei ruinösem Wettbewerb erzielte Auswahl qualitativ unbefriedigend ist, weil nicht der kostengünstigere, sondern der finanzkräftigste Anbieter überlebt.

51 Entscheidung Nr. 5/63 vom 20. 3. 1963, in: Altsblatt ..., 6. Jg. (1963) (Heft) Nr. 57 vom 10. 4. 1963, S. 1173 ff.; Entscheidung Nr. 6/63 vom 20. 3. 1963, in: Amtsblatt .., 6. Jg. (1963) (Heft) Nr. 57 vom 10. 4. 1963, S. 1191 ff.

Schließlich müßte entschieden werden, welche Organisation des Ruhrkohlenverkaufs den besonderen Verhältnissen im Ruhrkohlenbergbau gerecht wird und dennoch der Preisbildung bei vollkommener Konkurrenz möglichst nahe kommt. Auf diese Weise würde die gerade noch zulässige Abweichung von der Preisbildung bei vollkommener Konkurrenz ermittelt, an der dann die erwartete tatsächliche Preisbildung der einheitlichen Ruhrkohlenverkaufsgesellschaft zu messen wäre.

Eine solch umfassende Untersuchung ist aber im Rahmen dieser Arbeit nicht möglich. Es kann deshalb auch nicht gesagt werden, ob der Gerichtshof in seinem Urteil in der Rechtssache 13/60 den wirtschaftlichen und technischen Bedingungen im Ruhrkohlenbergbau in ausreichendem Maße Rechnung getragen hat. Es kann aber zumindest versucht werden, die voraussichtliche Preisbildung bei einheitlichem Ruhrkohlenverkauf zu beschreiben. Auf diese Weise läßt sich wohl wenigstens feststellen, ob der Gerichtshof die Vorschrift des Art. 65 § 2 Abs. c sehr weit oder sehr eng ausgelegt hat.

2. Die Stellung eines einheitlichen Ruhrkohlenverkaufs im Gemeinsamen Markt

Für diese Untersuchung können die Ausführungen in der Rechtssache 13/60 nur in sehr beschränktem Umfang herangezogen werden. Es muß auf Fragen eingegangen werden, die in der Rechtssache 13/60 nur am Rande aufgetaucht sind. So hat die Hohe Behörde die Untersuchung der Preisbestimmungsmacht ohne ausführliche Begründung auf die Bundesrepublik beschränkt und nur den Wettbewerb der Kohle der anderen Reviere der Gemeinschaft, der Kohle aus Drittländern und des Heizöls berücksichtigt. Die Beschreibung der Marktstruktur macht eine Überprüfung dieser räumlichen und sachlich-gütermäßigen Abgrenzung des Marktes sowie eine ausführlichere Beobachtung der Zahl und Größe der Marktteilnehmer und der Zugangsmöglichkeiten zum Markt notwendig. Außerdem muß noch die Beschreibung des Marktverhaltens vertieft werden. Allerdings würde dieses Vorhaben bei sorgfältiger Ausführung eine eigene Untersuchung erfordern, die den Rahmen dieser Arbeit sprengen würde. Die Darstellung wird deshalb bewußt grob und einigermaßen oberflächlich gehalten.

a) Die räumliche Abgrenzung des Marktes

Zwar ist die räumliche Entfernung zwischen Angebot und Nachfrage nur einer von mehreren Faktoren, die den Wetbewerb beeinflussen. Ihr kommt aber zumindest im Wettbewerb mit technisch nahezu gleichartiger Kohle der übrigen Reviere der Gemeinschaft und Importkohle aus Drittländern eine besondere Bedeutung zu. Sie wird selbst im Wettbewerb mit Heizöl als ein sehr bedeutendes, wenn nicht sogar entscheidendes Substitutionskriterium betrachtet[52]. Es kann deshalb in grober Vereinfachung davon ausgegangen werden, daß die Ruhr ihre Preisbestimmungsmacht nur dort ausüben kann, wo sie gegenüber ihren Substituten einen geographischen Schutz genießt. Die Untersuchung über die Stellung eines einheitlichen Ruhrkohlenverkaufs im Gemeinsamen Markt kann dann auf diesen Bereich beschränkt werden.

Wird unterstellt, daß die Ruhrkohle und ihre Substitute in der Wertschätzung der Käufer einander gleichwertig sind, dann hängt der Bereich des geographischen Schutzes der Ruhrkohle von den ab-Werk-Preisen der Ruhrzechen und ihrer Konkurrenten sowie von den jeweiligen Transportkosten zum Verbraucher ab. Bei Importkohle treten an die Stelle der ab-Werk-Preise die cif-Preise in den Einfuhrhäfen. Die für einen bestimmten Zeitpunkt geltenden ab-Werk-Preise und die cif-Preise in den Einfuhrhäfen unterliegen aber fortwährenden Schwankungen. Auch die Gütertarife können von den Mitgliedstaaten der Gemeinschaft oder den Transportunternehmen geändert werden. Die Grenze des geographischen Schutzbereiches der Ruhrkohle wird sich also ständig verändern. Jede Berechnung dieser Grenze würde somit, auf einen längeren Zeitraum bezogen, nur einen sehr groben Anhaltspunkt liefern, aber einen sehr großen Arbeitsaufwand mit sich bringen. Es wird deshalb auf eine eigene Untersuchung verzichtet und auf die Ergebnisse zweier derartiger Untersuchungen hingewiesen, die nur die Bedeutung der Transportkosten für den Absatzbereich der Ruhr berücksichtigen.

Eine dieser Untersuchungen[53] bestimmt die Frachtgrenzen für Kohletransporte zwischen den wichtigsten Revieren der Gemeinschaft. Diese Untersuchung stützt sich auf die am 1. 1. 1953 und am 1. 5. 1956 geltenden Tarife[54]. Aus dieser Arbeit kann entnommen werden, daß sich die

---

[52] Vgl. Berndt *Lehbert*, Beitrag zum Problem der ökonometrischen Bestimmung einer Substitutionselastizität, in: Weltwirtschaftliches Archiv, Zeitschrift des Instituts für Weltwirtschaft an der Universität Kiel, begründet von Bernhard *Harms*, hrsg. v. Fritz *Baade*, Bd. 83 (1959 II), S. 84 f.

[53] Eberhard *Fredeke*, Die Problematik der Kohlentarifentwicklung unter dem Einfluß der Montan-Union, Dissertation Freiburg i. Br., 1957, S. 204 ff.

[54] Der 1. 1. 1953 gibt die Tarife vor Errichtung des Gemeinsamen Marktes an. Der 1. 5. 1956 gibt den Stand der Tarife nach Einführung der direkten internationalen Tarife an. Die Ergebnisse dieser Untersuchung sind also nicht mehr aktuell. Die Untersuchung hat aber einen anderen Vorteil. Sie zeigt, in welchem Ausmaß sich die Frachtgrenzen der einzelnen Reviere infolge einer doch ziemlich weitreichenden Änderung der Tarife verschoben haben.

Frachtgrenze der Ruhr gegenüber den wichtigsten Revieren der Gemeinschaft im wesentlichen an die politischen Grenzen der Bundesrepublik anlehnt. Die Einführung der direkten internationalen Tarife hat zu einer leichten Verschiebung der Grenze in den niederländischen, belgischen und französischen Bereich geführt[55]. Im süddeutschen Raum hat sich, wenn nur die Bahnfrachten betrachtet werden, das Absatzgebiet der saarländischen und der lothringischen Kohle, das am 1. 1. 1953 von Trier über Mainz, Darmstadt, Heilbronn und Stuttgart hinausreichte, nach Norden verschoben. Es erreichte den Raum von Wiesbaden, Frankfurt, Bamberg, Nürnberg und München. Allerdings ist gerade im süddeutschen Raum eine Korrektur dieses Ergebnisses angebracht. Wenn bei den Tarifen vom 1. 1. 1953 die gebrochenen Frachten berücksichtigt werden, dann bleibt der größte Teil des süddeutschen Raumes im Einzugsbereich der Ruhrkohle. Auch mit der Einführung der direkten internationalen Frachten hat sich in Wirklichkeit keine Verlagerung der Absatzgebiete ergeben, weil die Preise für saarländische und lothringische Kohle, die zuvor subventioniert waren, mit der Einführung der niedrigeren Frachten entsprechend angehoben wurden[56].

In ähnlicher Weise wurde in einer anderen Untersuchung[57] ein Transportkostenvergleich zwischen der Ruhrkohle und der US-Kohle, der wichtigsten Importkohle im Gemeinsamen Markt, für den Stand von 1959 vorgenommen. Dieser Vergleich ist auf den Raum der Bundesrepublik beschränkt. Er zeigt, daß die Importkohle insbesondere in den Küstengebieten beträchtliche Transportkostenvorteile hat, die sich bis auf nahezu 14,— DM/t belaufen können. Die Preisbestimmungsmacht der Ruhrkohle scheint damit in diesen Gebieten stark gefährdet zu sein. Wird aber berücksichtigt, daß die Bundesrepublik seit 1959 die Kohleeinfuhr aus Drittländern mit einem Zoll von 20,- DM/t belegt, so ist dieses Ergebnis weniger gewiß. Es kann davon ausgegangen werden, daß die Ruhr im Bereich der Bundesrepublik gegen die Importkohle aus Drittländern durch das Zusammenwirken von Zoll und Transportkostendifferenz geschützt ist.

---

[55] Dies ist — wenigstens soweit es Belgien, Frankreich und insbesondere Luxemburg betrifft — allerdings schon in weniger ausgeprägter Form am 1. 1. 1953 der Fall gewesen. Siehe Karte 1 im Anhang.

[56] Vgl. Eberhard *Fredeke*, Die Problematik ..., S. 218 ff.

[57] *Untersuchung über die Entwicklung der gegenwärtigen und zukünftigen Struktur* von Angebot und Nachfrage in der Energiewirtschaft der Bundesrepublik unter besonderer Berücksichtigung des Steinkohlenbergbaus. Auf Beschluß des Deutschen Bundestages vom 12. Juni 1959 durchgeführt von der Arbeitsgemeinschaft deutscher wirtschaftswissenschaftlicher Forschungsinstitute e.V., Bonn, abgeschlossen und vorgelegt 1961, Berlin (1962) (nachstehend *Energiegutachten* genannt), S. 237 ff. Siehe Karte 2 im Anhang.

In bezug auf den Wettbewerb des Heizöls ist eine geographische Abgrenzung der Einflußbereiche der Ruhr und des Heizöls weniger sinnvoll. Bereits 1959 befanden sich 50 v. H. der Raffineriekapazität der Bundesrepublik im Rhein-Ruhrgebiet[58]. Die Ruhr muß somit im gesamten Bundesgebiet mit dem Wettbewerb des Heizöls rechnen.

Es kann demnach davon ausgegangen werden, daß die Preisbestimmungsmacht der Ruhr im wesentlichen mit den politischen Grenzen der Bundesrepublik zusammenfällt und durch den Wettbewerb des Heizöls beschränkt wird. Die Untersuchung des Marktes wird deshalb auf die Bundesrepublik beschränkt[59].

b) *Die sachlich-gütermäßige Abgrenzung des Marktes*

In die Untersuchung müssen sämtliche Produkte einbezogen werden, die mit der Ruhrkohle im Wettbewerb stehen und damit die Preisbestimmungsmacht der Ruhr beeinflussen. Die Kreuzpreiselastizität

$$\eta_{s/h} = \frac{dv_h}{v_h} : \frac{dp_s}{p_s}$$

ist ein Maßstab für den Wettbewerb zwischen zwei Produkten. Ruft die relative Preisänderung dPs/Ps des Produkt s eine merkliche und gleichgerichtete relative Änderung dV/Vh im Absatz des Produkts h hervor, so besteht zwischen diesen beiden Produkten ein Substitutionswettbewerb. Nähert sich dieser Ausdruck dem Wert null, so besteht praktisch kein Wettbewerb. Diese Kreuzpreiselastizität gilt allerdings nur unter der Voraussetzung eines konstanten Preises des Produkts h. Sie ist deshalb für empirische Untersuchungen denkbar ungeeignet. Sie wird deshalb bei derartigen Untersuchungen durch die Substitutionselastizität ersetzt, die die prozentuale Veränderung des Verbrauchsmengenverhältnisses beider Güter auf die prozentuale Veränderung des Preisverhältnisses beider Produkte bezieht. Die Substitutionselastizität ist

$$\eta_{s/h} = \frac{d\frac{v_h}{v_s}}{\frac{v_h}{v_s}} : \frac{d\frac{p_h}{p_s}}{\frac{p_h}{p_s}} \quad ^{60)}$$

[58] Vgl. Die Energiewirtschaft, Struktur, Organisation und Tendenzen, Eine Studie der Forschungsstelle der Friedrich-Ebert-Stiftung, Schriftenreihe der Forschungsstelle der Friedrich-Ebert-Stiftung, Bd. 1, Hannover 1960, S. 177.

[59] Dieser Entschluß fällt auch im Hinblick auf die Bearbeitung des statistischen Materials sehr leicht.

[60] Vgl. Berndt *Lehbert*, Beitrag zum Problem ..., S. 79.

Es liegt deshalb nahe, die Substitutionselastizitäten zwischen Ruhrkohle und ihren vermutlichen Substituten aus der Vergangenheit heraus zu errechnen. Eine solche Berechnung wurde im Auftrag der Hohen Behörde für die Wettbewerbsbeziehung zwischen Steinkohle und Heizöl in der Bundesrepublik durchgeführt[61]. Die Ergebnisse sind aber sehr umstritten. Die Kritik stützt sich vor allem darauf, daß das bisher zur Verfügung stehende statistische Material nicht ausreicht, um eine gesicherte Aussage zu rechtfertigen[62]. Im übrigen würde diese Methode, wenn sie vom Gerichtshof und den Parteien angewandt würde, einen Arbeits- und Zeitaufwand mit sich bringen, der in keinem Verhältnis zu der Bedeutung dieser Abgrenzung steht. Es ist deshalb notwendig, nach einem Hilfsmittel zu suchen, das auch für die Rechtsprechung einigermaßen brauchbar ist.

In der deutschen Rechtsprechung wird die Verkehrsauffassung als praktischer Maßstab für die sachlich-gütermäßige Abgrenzung eines Produkts herangezogen. „Man wird ... ein Erzeugnis als gleichartig ansehen müssen, das nach der Verkehrsauffassung geeignet ist, ein anderes Erzeugnis ohne weiteres zu ersetzen. Das ist der Fall, wenn die zu vergleichenden Erzeugnisse nach ihren Eigenschaften, ihrem wirtschaftlichen Verwendungszweck und ihrer Preislage sich so nahe stehen, daß der verständige Verbraucher sie ohne viel Überlegung als gegeneinander austauschbar ansieht[63]." Diese Entscheidung wird nicht immer leicht fallen. Jedenfalls können aber die Gemeinschaftskohle und die Importkohle aus Drittländern unbedenklich als in der Meinung der Verbraucher mit der Ruhrkohle vergleichbare Produkte betrachtet werden. Bei den anderen möglichen Substituten der Ruhrkohle, nämlich Heizöl, Braunkohle, Strom und Erdgas, fällt diese Entscheidung schwer. Immerhin hat das Kammergericht auch hier auf ein Hilfsmittel hingewiesen. Es hat seine Entscheidung auf die Beobachtung der Marktanteile gestützt. Dieses vom Kammergericht angewandte Hilfsmittel kann zwar theoretisch den Ansprüchen, die an ein solches Kriterium zu stellen sind, keineswegs genügen. Es erscheint aber immerhin möglich, daß es bei vorsichtiger Anwendung

---

[61] Berndt *Lehbert*, Beitrag zum Problem ..., S. 75, Anm. 2 verweist auf eine von ihm im Auftrag der Hohen Behörde erstellte Studie.

[62] Vgl. H. *Zimmermann*, Zur Frage der Substitutionselastizität zwischen Steinkohle und Heizöl, in: Mitteilungen des Rheinisch-Westfälischen Instituts für Wirtschaftsforschung, Essen, 11. Jg. (1960), S. 163 ff. Zimmermann kritisiert die Berechnungen, die von Lehbert angestellt wurden. In Energiegutachten S. 240 wird darauf hingewiesen, daß der theoretisch naheliegende Weg, aus der Vergangenheit heraus Substitutionselastizitäten zwischen Steinkohle und Heizöl zu berechnen, sich als nicht gangbar erwiesen habe.

[63] Vorliegen eines Preiswettbewerbs, Beschluß des Kammergerichts vom 20. März 1962, Kart. V 20/60 („Reifen"), in: Wirtschaft und Wettbewerb, 12. Jg. (1962), S. 691.

in der Praxis durchaus brauchbar ist. Dies gilt umso mehr, wenn die Beobachtung der Marktanteile durch eine Beschreibung der Preisentwicklung der mutmaßlichen Substitute unterstützt wird. Es wird deshalb versucht, die Entscheidung über die Einbeziehung der erwähnten Substitute auf die Beobachtung der Anteile dieser Energieträger am Energieendverbrauch der Bundesrepublik und auf die Beschreibung der Preisbewegungen dieser Produkte zu stützen[64].

Schon bei oberflächlicher Betrachtung zeigt sich, daß das Erdgas, zumindest vorläufig, nicht als ein beachtenswertes Substitut der Steinkohle zu betrachten ist. Zwar ist der Endverbrauch an Erdgas in den Jahren 1957—1959 sehr stark angestiegen, er ist aber, gemessen am Endverbrauch von Steinkohle, verschwindend gering (rd. 0,5 v. H.).

Der Endverbrauch an Braunkohle weist im Beobachtungszeitraum dieselben Schwankungen auf wie der Endverbrauch an Steinkohle. Der Endverbrauch an Steinkohle hat von 1950 bis 1956, absolut gesehen, zugenommen. Mit Beginn der Kohlenabsatzkrise im Jahre 1957 ging er dann sehr stark zurück. Dagegen hat die relative Bedeutung der Steinkohle im Beobachtungszeitraum von Anfang an abgenommen. Gemessen am gesamten Energieendverbrauch der Bundesrepublik war sein Anteil im Jahre 1950 mit rd. 62 v. H. am größten. Danach ging er über rd. 59,5 v. H. im Jahre 1953 und rd. 53 v. H. im Jahre 1957 auf rd. 44,5 v. H. im Jahre 1959 zurück. Ähnliches gilt für die Braunkohle. Ihr Verbrauch stieg zwar, absolut gesehen, von 1950 bis 1957, um erst dann abzusinken. Aber auch hier ist, gemessen am gesamten Energieendverbrauch der Bundesrepublik, von 1950 an ein ständiger Rückgang der Braunkohle festzustellen. 1950 betrug der Anteil der Braunkohle noch rd. 13 v. H. Er sank dann über rd. 12 v. H. im Jahre 1953 auf rd. 11 v. H. in den Jahren 1957 und 1959. Beide Produkte unterliegen demnach gleichzeitig demselben Substitutionsprozeß. Es ist, vielleicht abgesehen vom Sektor der chemischen Industrie, nicht mit Substitutionsvorgängen zwischen diesen beiden Produkten zu rechnen. Zumindest würden diese dann ganz im Schatten von anderen Substitutionsprozessen stehen.

Der Verbraucherrückgang der Steinkohle ist vor allem auf das sehr starke Vordringen des Heizöls zurückzuführen. 1953 betrug sein Anteil am gesamten Energieendverbrauch der Bundesrepublik noch rd. 1,5 v. H. 1957 war er auf rd. 6 v. H. und 1959 bereits auf 12 v. H. ange-

---

[64] Der Beobachtung der Anteile dieser Energieträger am Energieendverbrauch der Bundesrepublik werden die Zahlenangaben aus dem Anhang zu Energiegutachten (Energiebilanz der Bundesrepublik Deutschland 1951—1960, Aufkommen und Verwendung der Energieträger) zugrunde gelegt. Vgl. dazu Tabelle 3 im Anhang.

stiegen. Dieser Anstieg hat sich sämtlichen Verbrauchssektoren mitgeteilt. Es kann demnach davon ausgegangen werden, daß das Heizöl die Steinkohle, deren Anteil ja gleichfalls in allen Verbrauchssektoren zurückgegangen ist, auf breitester Basis verdrängt hat.

Auch der Anteil des Stroms am gesamten Energieendverbrauch der Bundesrepublik ist im Beobachtungszeitraum gestiegen. Sein Anstieg bleibt aber wesentlich hinter dem des Heizöls zurück. 1950 betrug der Anteil des Stroms am Energieendverbrauch der Bundesrepublik schon rd. 5 v. H. Dieser Anteil stieg dann über rd. 5,5 v. H im Jahre 1953 und rd. 6,5 v. H. im Jahre 1957 auf rd. 8 v. H im Jahre 1959. Der Rückgang des Verbrauchs an Steinkohle ist also auch auf das Vordringen des Stroms zurückzuführen. Steinkohle wurde durch Strom substituiert. Aber der Substitutionswettbewerb des Stroms ist wesentlich schwächer als derjenige des Heizöls.

Diese Feststellungen werden m. E. durch die Beobachtung der Preisentwicklung dieser Energieträger bestätigt[65]. Die Entwicklung der Preise für Heizöl weicht von der Preisentwicklung der übrigen Energieträger ab. Die Preise für Steinkohle, Braunkohle, Strom und Gas[66] sind von 1950 bis 1958 im wesentlichen im ungefähr gleichen

---

[65] Vgl. Statistisches Jahrbuch für die Bundesrepublik Deutschland, 1963, S. 469 f., aus dem folgende Angaben stammen:

Preisindex ausgewählter Grundstoffe (1958 = 100)

	1950	1954	1955	1956	1957	1958	1959	1960	1961	1962
Steinkohle (einschl. Briketts), inl.	52,0	82,8	83,5	87,8	94,8	100	99,6	99,0	99,0	100,7
Braunkohlenbriketts	55,6	76,7	85,6	87,1	92,8	100	100,0	100,0	100,0	103,4
Strom	67,3	94,5	93,8	94,2	97,0	100	100,4	100,3	99,9	99,3
Gas	69,7	94,3	94,3	95,0	97,4	100	100,7	101,5	102,3	101,3
Schweres Heizöl, inl.	.	.	127,4	138,2	147,5	100	100,3	95,3	97,4	102,1
Leichtes Heizöl ausl.	.	.	.	.	.	100	102,3	92,6	85.7	89,7

[66] Die Tabelle gibt keine Auskunft über die Preisentwicklung für Erdgas. Diese dürfte aber nicht wesentlich von der Preisentwicklung für Gas abweichen.

Tempo angestiegen. 1958 scheinen die Preise dieser Produkte einen vorläufigen Höhepunkt erreicht zu haben. Die Preise haben sich in etwa auf diesem Niveau eingespielt. Die Preisentwicklung für Heizöl verläuft dagegen umgekehrt. Die Preise für schweres Heizöl sind von 1955 bis 1958 um rd. 25 v. H. gefallen. Sie haben sich dann etwa auf diesem Niveau gehalten. Für leichtes Heizöl sind die Preisindizes erst ab 1958 angegeben. Die Preise für leichtes Heizöl sind von 1958 bis 1962 um etwa 10 v. H. zurückgegangen. Es liegt nahe, das Vordringen des Heizöls auf einen Substitutionsprozeß zurückzuführen, der zumindest teiweise von dieser unterschiedlichen Preisentwicklung ausgegangen ist.

Es kann demnach davon ausgegangen werden, daß zumindest Braunkohle und Erdgas in der Meinung der Verbraucher nicht geeignet waren, die Steinkohle zu ersetzen. Diese Produkte werden deshalb bei der Beschreibung der Marktstruktur nicht berücksichtigt. Umgekehrt ist das Heizöl mit Sicherheit als ein der Steinkohle in der Meinung der Verbraucher vergleichbares Produkt anzusehen. Das Heizöl muß bei der Beschreibung des Marktes berücksichtigt werden. Schwieriger wird die Entscheidung bei der Einordnung des Stroms. Es hat sich gezeigt, daß die Steinkohle zum Teil durch den Strom substituiert wurde. Es hat sich aber auch gezeigt, daß dieser Vorgang ganz erheblich hinter der Substitution durch das Heizöl zurückgeblieben ist. Hier könnte nur über eine Errechnung der Substitutionselastizität zwischen Steinkohle und Strom festgestellt werden, ob die Substitutionsbeziehung so stark ist, daß der Strom einen wesentlichen Einfluß auf die Preisbestimmungsmacht der Ruhr hat und damit in die Betrachtung einzubeziehen wäre. Das ist hier nicht möglich. Der Strom wird deshalb in die Marktbeschreibung mit aufgenommen. Er wird aber seiner mutmaßlichen Bedeutung entsprechend nur am Rande berücksichtigt.

c) Die Marktanteile der Anbieter und der Zugang zum Markt

Die Ermittlung der Zahl und der Größe der Anbieter auf dem Energiemarkt der Bundesrepublik ist nur in groben Umrissen notwendig. Sie dient lediglich der Feststellung, ob auf diesem Markt ein oligopolistischer oder ein monopolistischer Wettbewerb bestanden hat. Dementsprechend verlieren einige Fehlerquellen, die bei der Datenermittlung auftreten, an praktischer Bedeutung.

Der Marktumfang ist durch den Energieendverbrauch der konkurrierenden Energieträger gegeben. Er betrug 1959 für Steinkohle und Heizöl zusammen 72 056 000 t SKE. Dabei entfielen auf Steinkohle rd. 79 v. H. und auf Heizöl rd. 21 v. H. Wird der Stromendverbrauch mitberücksichtigt, so steigt der Marktumfang auf 82 004 000 t SKE.

Davon entfallen rd. 70 v. H. auf den Verbrauch von Steinkohle, rd. 18 v. H. auf den Verbrauch von Heizöl und rd. 12 v. H auf den Stromverbrauch. Diese Gegenüberstellung genügt aber noch nicht. Das Angebot dieser Energieträger ist nicht jeweils in einer Hand zusammengefaßt.

So setzt sich das Angebot an Steinkohle aus dem Angebot der Ruhr, dem Angebot der anderen Reviere der Gemeinschaft und dem Angebot der Importkohle zusammen. Ihr Anteil am Energieendverbrauch von Steinkohle ist nicht bekannt. Es muß deshalb auf den Primärenergieverbrauch der Bundesrepublik zurückgegriffen werden. Nach Angaben der Hohen Behörde betrug der Steinkohlenverbrauch der Bundesrepublik im Jahre 1959 120,9 Mill. t SKE[67] Davon entfielen 73,1 v. H. auf die Antragsteller[68]. Die Einfuhren aus den übrigen Ländern der Montanunion betrugen etwa 3 v. H., die Importe aus Drittländern, die 1959 sehr stark zurückgingen, betrugen etwa 5 v. H. des Steinkohlenverbrauchs. Die restlichen 19 v. H. dürften auf die Kohle der Reviere Saar, Aachen und Niedersachsen entfallen, was in etwa ihrem Anteil an der Steinkohlenförderung der Bundesrepublik entspricht. Diese Prozentsätze können auch auf den Endverbrauch an Steinkohle angewandt werden, wenn unterstellt wird, daß der Anteil der in andere Energieträger umgewandelten Steinkohle am Primärenergieverbrauch für jedes Revier und jedes Importangebot etwa gleich bleibt[69]. Der Ruhr würde somit auch ein Anteil von etwa 73 v. H. am Steinkohlenendverbrauch zuzurechnen sein.

Auch das Angebot an Heizöl ist in wenigen Händen konzentriert. Es lassen sich im wesentlichen vier Gruppen von Vertriebsgesellschaften unterscheiden. Das sind einmal drei deutsche Tochtergesellschaften ausländischer Mineralölgesellschaften, nämlich die ESSO AG, die Shell AG und die BP Aral AG. Daneben gibt es eine Gruppe von kohleeigenen Handelsgesellschaften, wie z. B. die Deutsche Erdöl AG (DEA)[70] und die Raab-Karcher-G.m.b.H., die dem Strukturwandel im Energieverbrauch durch die Ausdehnung ihrer Handelstätigkeit auf das Heizöl Rechnung getragen haben. Schließlich gibt es noch einige Außenseiter, die — vor allem solange die Listenpreise des Kohle-Öl-

---

67 Vgl. Amtsblatt ..., 3. Jg. (1960) (Heft) Nr. 47 vom 23. 7. 1960, S. 1023. Diese Angaben stimmen nicht ganz mit den Ergebnissen des Energiegutachtens überein. Die Abweichung ist aber unwesentlich.

68 In dieser Ziffer sind auch die im Verfahren umstrittenen Vorbehaltsmengen enthalten.

69 Diese Annahme ist sicherlich nur im Rahmen einer Untersuchung möglich, die sich mit einem groben Überblick begnügt.

70 Die DEA hat sich mit kohleeigenen Vertriebsgesellschaften zu einem Heizölkontor zusammengeschlossen (Vgl. Die Energiewirtschaft ..., S. 194).

Kartells[71] galten — über billigere Heizölimporte in den Markt einzudringen versuchten[72]. Die Aufteilung des Marktes zwischen diesen Konkurrenten ist umstritten. Immerhin zeigt sich die Bedeutung der Esso AG, Shell AG und BP Aral AG darin, daß sie 1965 zusammen über 54 v. H. der gesamten deutschen Raffineriekapazität verfügen werden[73]. Den kohleeigenen Handelsgesellschaften wird für leichtes Heizöl ein Anteil von 40 v. H. und für schweres Heizöl ein Anteil von 25 v. H. des Absatzes in der Bundesrepublik zugeschrieben[74].

Die Stromversorgung in der Bundesrepublik wird vor allem durch öffentliche Betriebe des Bundes, der Länder und der Gemeinden und durch gemischtwirtschaftliche Energieversorgungsunternehmen, an denen die öffentliche Hand und private Kapitalgeber beteiligt sind, wahrgenommen. 1957 haben die öffentlichen Betriebe einen Beitrag von 50,9 v. H. und die gemischtwirtschaftlichen Energieversorgungsunternehmen einen solchen von 44,7 v. H. zur unmittelbaren Stromabgabe in der Bundesrepublik geliefert. Auf private Energieversorgungsunternehmen entfiel lediglich ein Anteil von 4,4, v. H.[75]. Diese Energieversorgungsunternehmen haben sich jeweils durch „Konzessionsverträge" mit den Gebietskörperschaften ihres Versorgungsraums und durch „Demarkationsverträge" mit den angrenzenden Unternehmen der Energieversorgung ein „Territorialmonopol" gesichert. Sie haben das Recht zur ausschließlichen Belieferung eines bestimmten Gebietes[76]. Die Bedeutung dieser Territorialmonopole wird aber besser ersichtlich, wenn auf die Zusammensetzung dieser unterschiedlichen Energieversorgungsunternehmen eingegangen wird. Die öffentlichen Betriebe, die seit 1956 52,1 v. H. der gesamten unmittelbaren Stromversorgung übernommen hatten, zerfielen in 447 kommunale Werke der Orts- und Kreisstufe und in 29 Unternehmen von regionaler Bedeutung. Dazu kommen noch, im Rahmen der gemischtwirtschaftlichen Energieversorgungsunternehmen, ausgesprochene Großunternehmen. 1957 haben diese gemischtwirtschaftlichen Unternehmen, obwohl sie nur 8,7 v. H. der

---

[71] Diesem Kartell waren auf seiten der Mineralölgesellschaften die BP AG, die Shell AG, die Esso AG, die Mobiloil AG und die DEA beigetreten.

[72] Das war einer der Gründe für die Auflösung des Kohle-Öl-Kartells.

[73] Zwar betrugen 1958 die Heizölimporte bei einem Gesamtverbrauch von 7,52 Mill. Tonnen immerhin 4,38 Mill. Tonnen. Bis 1965 soll aber die Bedeutung des inländischen Heizöls gesteigert werden. Die Kapazität der inländischen Raffinerien soll mindestens so weit ausgedehnt werden, daß bei einem geschätzten Verbrauch von 17,5 Mill. Tonnen Heizöl im Jahre 1965 die notwendigen Heizölimporte den Stand von 1958 nicht überschreiten (Vgl. Die Energiewirtschaft ..., S. 185 ff.).

[74] Vgl. Die Energiewirtschaft ..., S. 190.

[75] Vgl. Die Energiewirtschaft ..., S. 105.

[76] Vgl. Die Energiewirtschaft ..., S. 96.

Energieversorgungsunternehmen der Bundesrepublik ausmachen, 44,7 v. H. der gesamten unmittelbaren Stromabgabe übernommen. In diesen Bereich fällt insbesondere die „Rheinisch-Westfälische Elektrizitätswerke AG.", die 1956 mit ihren Tochtergesellschaften allein 26,3 v. H. der gesamten unmittelbaren Stromversorgung übernommen hatte. Schließlich handelt es sich auch bei den privaten Elektrizitätsversorgungsunternehmen um Werke von ausgesprochen kommunaler Bedeutung. Diese Unternehmen erbrachten, obwohl sie 1957 19,1 v. H. der gesamten Energieversorgungsunternehmen darstellten, lediglich 4,4 v. H. der unmittelbaren Stromabgabe. Im Gebiet der Bundesrepublik stehen somit einer kleinen Gruppe von großen Unternehmen zahlreiche Betriebe der Orts- und Regionalstufe gegenüber, die teilweise oder vollständig in die Versorgungsräume der Großunternehmen eingebettet sind[77].

Es zeigt sich also, daß die einheitliche Ruhrkohlenverkaufsgesellschaft auf dem Energiemarkt der Bundesrepublik doch auf Konkurrenten von sehr beachtlicher Größe zu achten hat. Zwar würde sie, wenn die Substitutionskonkurrenz des Heizöls und der Elektrizität ausgeklammert wird, immerhin einen Marktanteil von 73 v. H. einnehmen, aber schon unter Berücksichtigung des Heizöls verringert sich dieser Marktanteil auf rd. 58 v. H.[78]. Jeweils weitere 21 v. H. entfallen auf das Heizöl und auf das restliche Angebot an Steinkohle, nämlich auf die Kohle der übrigen Reviere der Gemeinschaft und auf die Importkohle aus Drittländern. Die Ruhrkohle bleibt zwar weiterhin der bedeutendste Anbieter auf dem Markt, sie muß aber mit Konkurrenten von einiger Bedeutung rechnen, nämlich insbesondere mit der Esso AG, der Shell AG und der BP Aral AG. Der Energiemarkt der Bundesrepublik weist also einen heterogenen und oligopolistischen Charakter auf.

Schließlich muß noch auf zwei Zugangsbeschränkungen zum Markt hingewiesen werden. Die Bundesrepublik erhebt mit Wirkung vom 16. 2. 1959 einen Zoll von 20,- DM je Tonne Importkohle aus dritten Ländern, wobei ein zollfreies Kontingent von etwa 6 Mill. t pro Jahr gewährt wird. Der Erfolg dieser Maßnahme war offensichtlich. Die Kohleimporte aus den USA sanken von 13 Mill. t im Jahr 1958 auf nicht einmal 6 Mill. t im Jahr 1959. Eine ähnliche Wirkung hat die Heizölsteuer. Mit Wirkung vom März 1960 wird das schwere Heizöl mit einer Steuer von 25,— DM je Tonne und das leichte Heizöl mit

---

[77] Vgl. Die Energiewirtschaft ..., S. 103 ff., S. 108.

[78] Unter Einbeziehung des elektrischen Stroms verringert sich der Marktanteil der Ruhr sogar auf rd. 51 v. H.

einer Steuer von 10,— DM je Tonne belastet[79]. Dadurch soll der Zuwachs des Heizölverbrauchs verlangsamt und in Grenzen gehalten werden.

d) Das voraussichtliche Marktverhalten der einheitlichen Ruhrkohlenverkaufsgesellschaft

Die Struktur des Energiemarktes der Bundesrepublik schreibt den Marktteilnehmern kein eindeutiges, strukturbedingtes Verhalten vor[80]. Gerade die Preisbildung für Ruhrkohle wird deshalb in entscheidender Weise durch das Marktverhalten der Ruhr bestimmt. Die Möglichkeiten, das künftige Marktverhalten einer einheitlichen Ruhrkohlenverkaufsgesellschaft vorauszusagen, sind eng begrenzt. Immerhin bietet die bisherige Untersuchung der Marktstruktur einen gewissen Anhaltspunkt. Es hat sich nämlich gezeigt, daß die Marktanteile der wichtigsten Konkurrenten der Ruhr so groß sind, daß die Ruhr das voraussichtliche Verhalten dieser Konkurrenten berücksichtigen muß. Wenn dieses Verhalten der Konkurrenten der Ruhr bekannt ist, läßt sich auch mit einiger Sicherheit das voraussichtliche Verhalten der einheitlichen Ruhrkohlenverkaufsgesellschaft angeben. Auf diese Verhaltensweisen der Konkurrenten der Ruhr wurde auch schon in der Rechtssache 13/60 hingewiesen.

Die Klägerinnen haben behauptet, die Preise der Kohle aus Drittländern würden im Rahmen einer Eroberungsstrategie festgesetzt. Diese Behauptung ist zumindest mit der Erhebung eines Zolls von 20,- DM je Tonne auf die ein bestimmtes Kontingent übersteigende Menge an Importkohle[81] hinfällig geworden, wie sich aus der Entwicklung der Kohlenimporte aus Drittländern ablesen ließ. Es werden praktisch sämtliche Importe aus Drittländern unterbunden, die nicht im Rahmen des zollfreien Kontingents erfolgen. Eine Kampfstrategie der Importkohle wird somit sinnlos. Andererseits ist aber die Importkohle aus den USA, soweit sie im Rahmen des zollfreien Kontingents importiert wird, zumindest in den Küstengebieten der Ruhrkohle im Wettbewerb durchaus gleichwertig, so daß ein Verdrängungswettbewerb seitens der Ruhr wenig sinnvoll erscheint. Die Verkaufsorgani-

---

[79] Die Bundesregierung hat die Möglichkeit, die Steuer auf diese Produkte ohne die Mitwirkung des Parlaments heraufzusetzen.

[80] Vgl. zum Verhältnis von Marktstruktur und Marktverhalten: Karl *Brandt*, Preistheorie ..., S. 169 ff., Alfred E. *Ott*, Marktform und Verhaltensweise, Stuttgart 1959, S. 113 ff.

[81] Das zollfreie Kontingent wird so festgesetzt, daß es nicht unter 6 Mill. Tonnen liegt (vgl. Europäische Gemeinschaft für Kohle und Stahl, Hohe Behörde [Hrsg.], Zehnter Gesamtbericht über die Tätigkeit der Gemeinschaft [1. Februar 1961 bis 31. Januar 1962], Luxemburg 1962, S. 188).

sation wird vielmehr dieses Importkohlenangebot aus Drittländern als einigermaßen stabil ansehen und sich gegenüber dieser Kohle im Rahmen einer konjektural parametrischen Strategie reaktionsunabhängig verhalten.

Die Hohe Behörde hat behauptet, die Preise für Ruhrkohle würden einen mehr oder weniger starken Einfluß auf die Preisgestaltung der benachbarten Reviere der Gemeinschaft ausüben. Diese Behauptung läßt sich, wenn sie auf den Ausdruck „Preisführerschaft" gebracht wird, nicht aufrechterhalten. Zwar zeigt eine Beobachtung der Entwicklung der Kohlenpreise in der Gemeinschaft, die nach Revieren und einzelnen Kohlensorten aufgegliedert ist[82], daß die Preisänderungen der Reviere im allgemeinen nahezu gleichzeitig vorgenommen werden, nämlich zu Beginn jedes Kohlenwirtschaftsjahrs. Die Preisänderungen der Ruhr und der französischen Reviere erfolgen stets im selben Monat, und ihnen gehen nie Preisänderungen anderer Reviere voraus. Aber die Kohlenpreise halten nicht denselben Preisabstand ein. Die niedrigsten Listenpreise hat im allgemeinen die Ruhr. Ihr Abstand zu den Preisen der Reviere Aachen und Nord et Pas-de-Calais[83] verstärkt sich im Zeitablauf für jede untersuchte Kohlensorte. Ihr Abstand zu den Preisen in Belgien und den Niederlanden läßt keine einheitliche Entwicklung erkennen. Bemerkenswert ist aber, daß diesen Veränderungen in den Preisdifferenzen keine Bedeutung für den Wettbewerb zwischen den Revieren zukommt. Der Anteil der Importe an Steinkohle und Steinkohlenbriketts der Bundesrepublik aus der Gemeinschaft bewegt sich, gemessen am entsprechenden inländischen Primärverbrauch, von 1952 bis 1959 ziemlich konstant zwischen 3 u. 4 v. H. (3,9; 4,2; 3,8; 4,7; 3,3; 3,2; 2,5; 3,2)[84]. Auch der Anteil der Koksimporte verhält sich, gemessen am inländischen Endverbrauch an Koks, ziemlich konstant (1,6; 0,9; 0,9; 1,1; 1,2; 0,7; 0,3; 1,7)[85]. Die Ruhr kann demnach die Gefahr einer Kampfstrategie seitens der anderen Reviere der Gemeinschaft ausschalten. Dieser Fall ist nicht einmal während der Kohlenabsatzkrisen von 1954 und 1958 eingetreten. Die Ruhr muß vielmehr

[82] Vgl. Gottfried *Erb* u. Peter *Rogge*, Preispolitik im teilintegrierten Markt ..., S. 180 ff.

[83] Die Preise sämtlicher französischer Reviere werden in starkem Maße von den „Charbonnages de France" beeinflußt. Die Preise des Reviers Nord et Pas-de-Calais dürften somit typisch für die Preise der französischen Kohle sein.

[84] Der außergewöhnlich hohe Importanteil im Jahre 1955 geht vor allem auf die Kohlenabsatzkrise von 1954 zurück (vgl. Louis *Lister*, Europe's Coal and ..., S. 294). Er hat nichts mit einer grundlegenden Veränderung der Preisrelationen zugunsten belgischer oder holländischer Kohle zu tun.

[85] Die Zahlen wurden aus Angaben in *Energiegutachten* und den Gesamtberichten der Hohen Behörde errechnet.

im Rahmen einer konjektural parametrischen Aktion mit Reaktionen der anderen Reviere rechnen. Diese Reviere werden Preissenkungen der Ruhrkohle folgen; sie ziehen aber erfahrungsgemäß auch bei einer Preiserhöhung mit, ohne daß allerdings das Ausmaß vorhergesehen werden könnte. Die Ruhr wird sich gegenüber diesen Revieren reaktionsabhängig verhalten.

Schließlich behaupten die Vetreter der Ruhr, die Mineralölindustrie betreibe gegenüber der Kohle einen Verdrängungswettbewerb. Diese These wird durch die rasche Ausdehnung des Heizöls, die in den letzten Jahren ab 1958 noch beschleunigt wurde, gestützt. Der Marktanteil des Heizöls, d. h. der Heizölendverbrauch gemessen am Endverbrauch von Heizöl und Steinkohle ist von 10,6 v. H. im Jahre 1957 auf 17,5 v. H. im Jahre 1958 gestiegen, nachdem er zuvor jährlich höchstens um 2 v. H. gestiegen war. Mit der Einführung des Kohle-Öl-Kartells trat, zumindest theoretisch, an die Stelle des Verdrängungswettbewerbs eine Verhandlungsstrategie. Die bedeutendsten Mineralölgesellschaften verpflichteten sich, für zwei Jahre die Verbraucherpreise für schweres Heizöl den auf Weltmarkt-Notierungen basierenden cif-Preisen in deutschen Häfen, zuzüglich Umschlags-, Lager- und Binnenfrachtkosten, anzupassen. In Wirklichkeit hatte diese Vereinbarung nur geringe praktische Bedeutung. Einmal war das leichte Heizöl von jeder Vereinbarung ausgenommen. Zum anderen hatten die Ölgesellschaften vor Abschluß des Kartellvertrags noch langfristige Lieferverträge zu den alten und niedrigeren Preisen abgeschlossen. Schließlich hatten die Außenseiter das Abkommen nicht unterzeichnet. Sie dehnten ihren Marktanteil sehr rasch aus[86]. Die Mineralölgesellschaften kündigten deshalb mit Wirkung vom August 1959 das Kartell. Die Preise sanken infolge des wieder verstärkt einsetzenden Verdrängungswettbewerbs[87]. Der Preis für schweres Heizöl erreichte im April 1960 einen neuen Tiefpunkt.

Mit der Einführung der Heizölsteuer am 1. 5. 1960 haben sich neue Aspekte ergeben. Schweres und mittleres Heizöl wurde mit einem Steuersatz von 25 DM/t, leichtes Heizöl mit einem Satz von 10 DM/t

---

86 Bert *Kobusch*, Die Wettbewerbsstellung des Heizöls in der westdeutschen Energiewirtschaft, in: Forschungsberichte des Landes Nordrhein-Westfalen, Nr. 789, hrsg. durch das Kultusministerium, S. 151, Anm. 348. Kobusch meint, der Anteil der unabhängigen Außenseiter des deutschen Heizölangebots dürfte von rd. 10 bis 12 v. H. 1958 auf rd. 20 v. H. gestiegen sein.

87 Die Preise für schweres Heizöl cif Rotterdam und cif Neapel verzeichnen anscheinend keinen solchen Preiseinbruch (vgl. Europäische Gemeinschaft für Kohle und Stahl, Hohe Behörde, 10. Gesamtbericht über die Tätigkeit der Gemeinschaft Luxemburg 1967, S. 645), was den Verdacht eines Verdrängungswettbewerbs in der Bundesrepublik zumindest sehr verstärkt.

belegt. Die Bundesregierung hat sich darüber hinaus in Art. 3 des Gesetzes die Möglichkeit vorbehalten, diese Sätze ohne Mitwirkung des Bundestages auf 35,70 DM/t für schweres und mittleres Heizöl und auf 30 DM/t für leichtes Heizöl zu erhöhen. Die Gefahr einer Erhöhung der Heizölsteuer kann die Mineralölgesellschaften veranlassen, von der Verdrängungspolitik, die nach der Kündigung des Kohle-Öl-Kartells wieder eingesetzt hatte, abzugehen. Bei einer Beobachtung der Preise für leichtes und schweres Heizöl zeigt sich, daß der Preissturz, der im Gefolge der Kündigung des Kohle-Öl-Kartells aufgetreten ist, durch die Einführung der Heizölsteuer wieder aufgefangen wurde. Zwar sind auch nach Einführung der Heizölsteuer noch Preisschwankungen aufgetreten. Sie scheinen sich aber wieder auf einem etwas höheren Niveau zu bewegen[88]. Die Mineralölindustrie hat also zweifellos von einem scharfen Verdrängungskampf Abstand genommen. Sie scheint bemüht zu sein, den Marktanteil der Kohle nicht allzu scharf zu beschneiden. Allerdings kann daraus noch nicht gefolgert werden, daß sich die Ruhr gegenüber der Mineralölindustrie reaktionsunabhängig verhalten kann. Die Ruhr wird damit rechnen müssen, daß die Mineralölindustrie eine Preissenkung der Ruhrkohle mit einer Senkung der Heizölpreise beantwortet. Die Reaktion der Mineralölindustrie auf Preiserhöhungen der Ruhrkohle ist weniger sicher. Hier kann sich die Mineralölindustrie je nach der politischen Situation für eine Beibehaltung der Preise oder aber für eine Heraufsetzung der Preise für Heizöl entscheiden.

Die Preisbildung für Strom ist durch eine weitgehende staatliche Einflußnahme gekennzeichnet. Die Stromversorgungsunternehmen müssen drei Pflichttarife veröffentlichen[89]. Sie müssen einen Tarif mit einem festen Preisanteil (Grundpreis) zur Deckung der Fixkosten und einen Arbeitspreis zur Deckung der variablen Kosten einführen[90]. Der zweite Pflichttarif ist der sog. Kleinstabnehmertarif mit hohem Arbeitspreis und geringerem Grundpreis. Schließlich gibt es noch den sog. Zeittarif, der nur zu bestimmten Tages- und Nachtzeiten eingeräumt zu werden braucht[91]. Die Stromversorgungsunternehmen sind bei der Festsetzung dieser Tarife nicht frei. Gegenwärtig sind die Haushaltstarife noch vollständig und die Landwirtschafts- sowie Gewerbe-

---

88 Vgl. Tabelle 4 im Anhang.

89 Diese Tarife sind für das jeweilige Stromversorgungsunternehmen verbindlich. Es besteht aber in begrenztem Ausmaß die Möglichkeit, Tarife für Sonderabnehmer auszuhandeln.

90 Beim Grundpreistarif muß dabei zwischen den Haushaltungen, der Landwirtschaft und den gewerblichen Verbrauchern unterschieden werden, bei denen die Bezugsgröße auf unterschiedliche Art bestimmt wird.

91 Vgl. Die Energiewirtschaft ..., S. 112 f.

tarife in den Arbeitspreisen gebunden. Die Grundpreise für gewerbliche und landwirtschaftliche Abnehmer sind aus der Preisbindung entlassen. Veränderungen dieser Grundpreise müssen aber den Preisbildungsstellen der Länder mitgeteilt werden[92]. Geplante Preisänderungen für Strom werden deshalb bis zu ihrer Durchsetzung einige Zeit benötigen. Der Ruhr wird das voraussichtliche Verhalten der Stromversorgungsunternehmen bekannt sein. Sie kann sich gegenüber diesen Unternehmen reaktionsunabhängig verhalten.

Die Preisbildung einer einheitlichen Ruhrkohlenverkaufsgesellschaft wird somit von sehr vielen Faktoren abhängen. Die Ruhrhohle ist in ihrer Preisbildung gegenüber der Importkohle und der Kohle aus Ländern der Gemeinschaft wie auch gegenüber dem Wettbewerb des Stroms einigermaßen geschützt. Dieser Preisspielraum wird aber durch den Wettbewerb des Heizöls empfindlich beschnitten. Die Ruhr muß damit rechnen, daß die Mineralölgesellschaften jederzeit wieder zu einem Verdrängungswettbewerb übergehen können.

III. Die Beurteilung der Rechtsprechung in der Rechtssache 13/60

Bei der Untersuchung der wirtschaftlichen und technischen Bedingungen im Ruhrkohlenbergbau hat sich gezeigt, daß die Entscheidung, ob eine einheitliche Ruhrkohlenverkaufsgesellschaft noch mit den grundlegenden wirtschaftlichen Zielen des Montanvertrags vereinbart werden kann, sehr schwer fällt. Zwar sind die Argumente, die für einen zentralen Ruhrkohlenverkauf sprechen, einigermaßen plausibel. Es lassen sich aber auch, trotz dem Wettbewerb des Heizöls, die Gefahren eines einheitlichen Ruhrkohlenverkaufs nicht verkennen. Die Entscheidung über die einheitliche Ruhrkohlenverkaufsgesellschaft müßte beide Gesichtspunkte im Rahmen einer wohlfahrtsökonomischen Untersuchung berücksichtigen. Auf eine solche Untersuchung wurde hier aber verzichtet. Es wird deshalb im Rahmen einer Kritik am Urteil des Gerichtshofs lediglich herauszustellen versucht, in welchem Maße der Gerichtshof diese Gesichtspunkte bei seiner Entscheidung über die einheitliche Ruhrkohlenverkaufsgesellschaft berücksichtigt hat.

1. Die Stellungnahme zum Urteil des Gerichtshofs

Der Gerichtshof hat seine Entscheidung über die einheitliche Ruhrkohlenverkaufsgesellschaft über die Handhabung der Begriffe „Preis-

---

92 Vgl. Die Energiewirtschaft ..., S. 113.

bestimmungsmacht", „Absatzkontrolle" und „wesentlicher Teil der betreffenden Erzeugnisse auf dem gemeinsamen Markt" des Art. 65 § 2 Abs. c MV getroffen.

Seine Definition des Begriffs der Preisbestimmungsmacht machte es möglich, den einheitlichen Ruhrkohlenverkauf an der Zielsetzung der rationellsten Verteilung der Erzeugung auf dem höchsten Leistungsstand zu messen. Der Gerichtshof hat auch erkannt, daß dieser Maßstab nicht unbedenklich auf den einheitlichen Ruhrkohlenverkauf angewandt werden kann. Er hat auf die wirtschaftlichen und technischen Bedingungen im Ruhrkohlenbergbau hingewiesen, die eine Preisbildung, die der Zielsetzung der rationellsten Verteilung der Erzeugung auf dem höchsten Leistungsstand entspricht, unmöglich machen. Dennoch hat er diesen Faktoren bei der Entscheidung über die einheitliche Ruhrkohlenverkaufsgesellschaft m. E. zu geringe Beachtung geschenkt.

Die Ausführungen des Gerichtshofs zum Begriff der Absatzkontrolle bleiben qualitativ und quantitativ weit hinter seinen Ausführungen zum Begriff der Preisbestimmungsmacht zurück. Da aber in Art. 65 § 2 Abs. c MV beiden Begriffen die gleiche praktische Bedeutung eingeräumt wird, muß damit gerechnet werden, daß die Prozeßteilnehmer in ihrer Argumentation künftig in stärkerem Maße auf diesen Begriff der Absatzkontrolle abstellen. Der Gerichtshof wird deshalb diesen Begriff der Absatzkontrolle noch eingehender zu untersuchen haben.

Schließlich muß noch auf die Ausführungen des Gerichtshofs zu dem Begriff „wesentlicher Teil" eingegangen werden. Der Gerichtshof stellt fest, daß im Vertrag keine Kriterien für die Bestimmung dieses wesentlichen Teils angegeben sind. Er ist aber überzeugt, daß zwischen der „Größe" des Ruhrreviers und derjenigen der übrigen Reviere der Gemeinschaft ein ausgesprochenes Mißverhältnis besteht. Der Gerichtshof ist deshalb der Ansicht, daß ein einheitlicher Ruhrkohlenverkauf jedenfalls einen wesentlichen Teil der Brennstoffe auf dem Gemeinsamen Markt vertreiben würde. Daneben hatte der Gerichtshof zu entscheiden ob gewisse Vorbehaltsmengen (Werkselbstverbrauch) und ob die Verbundlieferungen zum Absatz der einheitlichen Verkaufsgesellschaft hinzugezählt werden müssen. Der Gerichtshof will diese Mengen zum Absatz der Verkaufsgesesellschaft hinzurechnen. Er verteidigt insbesondere die Einbeziehung der Verbundlieferungen mit dem Hinweis, daß für diese Mengen der Preis direkt oder indirekt durch die gemeinschaftliche Verkaufsorganisation festgesetzt werde. Der Generalanwalt scheint gerade dieses Argument nicht sehr stark einzuschätzen.

2. Die praktische Bedeutung des Urteils in der Rechtssache 13/60

Die praktische Bedeutung dieses Urteils darf nicht allzu hoch veranschlagt werden. Die Hohe Behörde hat wiederholt festgestellt, daß — auch bei einer Aufteilung des Ruhrkohlenverkaufs auf drei Verkaufsgesellschaften — diese in Wirklichkeit eine gemeinsame Verkaufspolitik betrieben haben. Lister hat dafür eine sehr einleuchtende Begründung gegeben: "While no mining firm is in more than one sales agency, some of the proprietary groups are represented in two, or even in all three, of them."[93] Er folgert daraus: "In view of the fact that the interests of the proprietary groups spill over into more than one sales organization, the prospects for independence among the three agencies are small[94]." Die Bergwerksgesellschaften der Ruhr sind somit durch das Urteil in der Rechtssache 13/60 wohl kaum wesentlich an einer einheitlichen Verkaufspolitik gehindert worden.

Fünftes Kapitel

Die Rechtsprechung zu den Handelsregelungen der Ruhrkohle-Verkaufsgesellschaften

Gleichzeitig mit den Vereinbarungen über einen gemeinsamen Verkauf haben sich die Bergwerksgesellschaften der Ruhr auch um Handelsregelungen für diese Verkaufsgesellschaften bemüht. So hat die Hohe Behörde in den Entscheidungen Nr. 5 bis 7/56 vom 5. 12. 1956 neben den drei Ruhrkohle-Verkaufsgesellschaften auch gleichlautende Vereinbarungen über die Handelsregelung dieser drei Verkaufsgesellschaften genehmigt.

Danach sind industrielle Verbraucher, die im vorausgegangenen Kohlenwirtschaftsjahr mehr als 30 000 t Steinkohle, Steinkohlenkoks und Steinkohlenbriketts verbraucht haben, zum Direktbezug zugelassen.

---

[93] Louis *Lister*, Europe's coal and ..., S. 260. Lister untersucht diese Verflechtungen und kommt für 1959 zum Ergebnis: "Sixty-six per cent of the production organized in Geitling, 41 per cent of that organized in Präsident and 85 per cent of that in Mausegatt has proprietary ties to mining firms in one of the other two agencies." (Louis *Lister*, Europe's coal and ..., S. 261).

[94] Louis *Lister*, Europe's coal and ..., S. 261 f. Diese Aussichten dürften sich auch durch die Aufteilung der Bergwerksgesellschaften der Ruhr in zwei Verkaufsgesellschaften nicht wesentlich geändert haben.

Der Kohleneinzelhandel ist vom Direktbezug ausgeschlossen. Er wird vom Kohlengroßhandel beliefert. Allerdings ist nicht jeder Kohlengroßhändler zum Direktbezug zugelassen; daran sind vielmehr mehrere Bedingungen geknüpft. Der Gemeinsame Markt wird in sieben Verkaufsbezirke eingeteilt. Die Zulassung zum Direktbezug erfolgt jeweils für einen Verkaufsbezirk[1]. Ein Kohlengroßhändler erster Hand muß 75 000 t Steinkohle, Steinkohlenkoks, Steinkohlenbriketts, Braunkohlenbriketts, Braunkohlenschwelkoks, Pechkohle oder Gaskoks der Gemeinschaft im Gemeinsamen Markt absetzen (Kriterium 1)[2]. Der Großhändler muß außerdem in seinem Verkaufsbezirk 40 000 t Steinkohle, Steinkohlenkoks oder Steinkohlenbriketts sowie Gaskoks der Gemeinschaft absetzen (Kriterium 2)[3]. Schließlich müssen in dieser Menge mindestens 12 500 t Brennstoffe der Verkaufsgesellschaft enthalten sein, bei der der Großhändler zum Direktbezug zugelassen ist (Kriterium 3)[4]. Referenzperiode ist jeweils das vorausgegangene Kohlenwirtschaftsjahr. Weitere Bedingungen sind die üblichen Anforderungen, die an Großhändler gestellt werden, wie z. B. Kreditwürdigkeit, ausreichende Lagerhaltung, Absatz in breitem Arten- und Sortenfächer. Für eine Üergangszeit, die zunächst bis zum Ablauf des Kohlenwirtschaftsjahres 1956/57 begrenzt war, werden die bisherigen Kohlengroßhändler erster Hand ausnahmslos weiter direkt beliefert. Sollten nach Ablauf dieser Übergangszeit in einem Verkaufsbezirk mehr als 10 v. H. der bisherigen Kohlengroßhändler erster Hand diese Eigenschaft verlieren, so werden die Anforderungen in diesem Verkaufsbezirk entsprechend gesenkt.

Diese Handelsregelungen enthalten eine Aufteilung der Abnehmer und des Marktes im Sinne der Art. 4 Abs. d und 65 § 1. Sie. können aber genehmigt werden, wenn sie die Bedingungen des Art. 65 § 2 erfüllen. Sie müssen zur Verbesserung der Verteilung beitragen (Art. 65 § 2 Buchst. a); sie müssen für die Erzielung dieser Wirkungen wesentlich sein, und sie dürfen keine weitergehenden Einschränkungen vorsehen, als dies ihr Zweck erfordert (Art. 65 § 2 Buchst. b); sie dürfen den

---

[1] Die Zulassung kann aber auf mehrere Verkaufsbezirke ausgedehnt werden, wenn die Zulassungsbedingungen auch für diese Verkaufsbezirke erfüllt sind.

[2] Dieses Kriterium wurde später auf 60 000 t herabgesetzt. Das Kriterium 1 wird deshalb gelegentlich auch durch den Hinweis auf die Forderung von 60 000 t verdeutlicht.

[3] Dieses Kriterium wurde später auf 30 000 t und 20 000 t herabgesetzt. Das Kriterium 2 wird deshalb gelegentlich auch durch den Hinweis auf diese beiden Tonnengrenzen verdeutlicht.

[4] Dieses Kriterium wurde später auf 9 000 t und 6 000 t herabgesetzt. Das Kriterium 3 wird deshalb gelegentlich auch durch den Hinweis auf diese beiden Tonnengrenzen verdeutlicht.

beteiligten Unternehmen nicht die Möglichkeit geben, für einen wesentlichen Teil der Brennstoffe den Absatz zu kontrollieren oder einzuschränken (Art. 65 § 2 Buchst. c). Schließlich dürfen diese Vereinbarungen auch nicht gegen das Diskriminierungsverbot des Art. 4 Abs. b verstoßen[5].

I. Die Rechtsprechung zu den Handelsregelungen der Verkaufgesellschaften

Die Anwendung dieser Bestimmungen auf die Handelsregelungen der Ruhrkohle-Verkaufsgesellschaften wurde in einer Reihe von Verfahren vor dem Gerichtshof der Europäischen Gemeinschaft für Kohle und Stahl überprüft.

1. In der Rechtssache 2/56 klagen die „Geitling" Ruhrkohle- Verkaufsgesellschaften m. b. H. und die in ihr zusammengeschlossenen Bergwerksgesellschaften gegen Art. 8 des zweiten Teils der Entscheidung der Hohen Behörde Nr. 5/56 vom 15. 2. 1956. In diesem Artikel 8 hat die Hohe Behörde den Antrag der Bergwerksgesellschaften der Ruhr[6] abgelehnt, die Zulassung eines Großhändlers zum Direktbezug von einer weiteren Bedingung abhängig zu machen. Es handelt sich dabei um die Forderung, daß die Großhändler in ihrem Verkaufsbezirk 25 000 t Brennstoffe der Ruhrkohlen- Verkaufsgesellschaften absetzen sollten. Die Klage berührt die übrigen Kriterien der Handelsregelung in keiner Weise. Sie richtet sich lediglich gegen das Kriterium 4[7]. Der Gerichtshof hat entschieden, daß die Hohe Behörde dieses Kriterium zu Recht abgelehnt hat. Er hat die Klage abgewiesen.

2. In den Entscheidungen der Hohen Behörde Nr. 16—18/57 vom 26. 7. 1957 setzte die Hohe Behörde u. a. die Kriterien der Handelsregelung auf 60 000 t, 30 000 t und 9 000 t herab[8]. Sie hat außerdem die

---

[5] Vgl. dazu Sammlung der Rechtsprechung ..., Bd. 3, S. 44 ff.

[6] Die ablehnende Entscheidung der Hohen Behörde erstreckt sich auch auf die beiden anderen Verkaufsgesellschaften der Ruhr.

[7] Die Prozeßteilnehmer haben deshalb in der Rechtssache 2/56 auch in keiner Weise die Rechtmäßigkeit der übrigen Kriterien angezweifelt.

[8] Entscheidung Nr. 16/57 vom 26. 7. 1957, in: Amtsblatt ..., 6. Jg. (1957) (Heft) Nr. 24 vom 10. 8. 1957, S. 319 ff.; Entscheidung Nr. 17/57 vom 26. 7. 1957, in: Amtsblatt ..., 6. Jg. (1957) (Heft) Nr. 24 vom 10. 8. 1957, S. 330 ff.; Entscheidung Nr. 18/57 vom 26. 7. 1957, in: Amtsblatt ..., 6. Jg. (1957) (Heft) Nr. 24 vom 10. 8. 1957, S. 341 ff.; Die Entscheidungen Nr. 5—7/56 wurden allerdings schon zuvor in den Entscheidungen Nr. 10—12/57 verlängert: Entscheidung Nr. 10/57 vom 1. 4. 1957, in: Amtsblatt ..., 6. Jg. (1957) (Heft) Nr. 14 vom 16. 4. 1957, S. 159 f.; Entscheidung Nr. 11/57 vom 1. 4. 1957, in:

Übergangsregelung des Art. 9 Nr. 3 der Entscheidungen Nr. 5—7/56, wonach Großhändler, die bislang als Großhändler erster Hand beliefert wurden, vorläufig weiterhin als solche gelten, nicht mehr in die neuen Entscheidungen übernommen. Die Übergangsregelung wurde also ausgesetzt. Dadurch wäre die J. Nold K. G. zur Großhändlerin zweiter Hand abgesunken. Sie hat deshalb gegen diese Entscheidungen Klage erhoben[9]. Der Gerichtshof hat in seinem Urteil in der Rechtssache 18/57 festgestellt, daß in den Entscheidungen Nr. 16 bis 18/57 die Wahl der Kriterien 1, 2 und 3 nicht ausreichend begründet ist und hat deshalb der Klage stattgegeben[10].

3. Noch vor dem Urteil in der Rechtssache 18/57 erließ die Hohe Behörde die Entscheidung Nr. 17/59[11]. In dieser Entscheidung verweigerte sie u. a. die Genehmigung für das Kriterium 1. Sie setzte außerdem die Kriterien 2 und 3 auf 20 000 t und 6 000 t herab. Gegen diese Entscheidung erhoben die drei Verkaufsgesellschaften und die in ihnen zusammengeschlossenen Bergwerksgesellschaften in den verbundenen Rechtssachen 16 bis 18/59 Nichtigkeitsklage. Das Urteil des Gerichtshofs in der Rechtssache 18/57 machte aber ohnehin eine neue Entscheidung der Hohen Behörde notwendig, in der die Begründung für die Kriterien der Handelsregelung verbessert werden mußte. Dies geschah in der Entscheidung Nr. 36/59. Die Parteien kamen daraufhin überein, die Klage, soweit sie die Handelsregelungen betraf, zurückzunehmen[12].

4. In dieser Entscheidung Nr. 36/59 hat die Hohe Behörde die Ablehnung des Kriteriums 1 und die Wahl der Kriterien 2 und 3 neu zu begründen versucht. Gegen diese Entscheidung erhoben die drei Verkaufsgesellschaften der Ruhr und die J. Nold K. G. in den verbundenen Rechtssachen 36—38 und 40/59 Nichtigkeitsklage. Der Gerichtshof hat die Verweigerung der Genehmigung für das Kriterium 1 bestätigt. Er hat außerdem festgestellt, daß das Kriterium 2 der Art und somit auch der Höhe nach nicht ausreichend begründet

---

Amtsblatt ..., 6. Jg. (1957) (Heft) Nr. 14 vom 16. 4. 1957, S. 160 f.; Entscheidung Nr. 12/57 vom 1. 4. 1957, in: Amtsblatt ..., 6. Jg. (1957) (Heft) Nr. 14 vom 16. 4. 1957, S. 161 f.

9 Die Klage richtete sich auch gegen die Entscheidung Nr. 19/57 vom 26. 7. 1957, in: Amtsblatt ..., 6. Jg. (1957) (Heft) Nr. 24 vom 10. 8. 1957, S. 352 ff., die auf den Entscheidungen Nr. 16 — 18/57 aufbaut.

10 Der Gerichtshof hat aus denselben Gründen auch der Klage gegen die Entscheidung Nr. 19/57 stattgegeben. Vgl. Sammlung der Rechtsprechung ..., Bd. 5, S. 115 f.

11 Entscheidung Nr. 17/59 vom 18. 2. 1959, in: Amtsblatt ..., 2. Jg. (1959) (Heft) Nr. 14 vom 7. 3. 1959, S. 279 ff.

12 In Wirklichkeit hat der Gerichtshof ihr Verhalten als Klagerücknahme gedeutet.

ist. Auch das Kriterium 3 ist nach Ansicht des Gerichtshofs der Höhe nach nicht ausreichend begründet. Der Gerichtshof hat deshalb den Klageanträgen stattgegeben, soweit sie sich gegen die Kriterien zwei und drei richten. Soweit sie sich gegen die Verweigerung der Genehmigung für das Kriterium 1 richten, hat er die Klage abgewiesen.

Es ist nicht notwendig, diese Verfahren hier ausführlich darzustellen. Es wird vielmehr versucht, die Ausführungen der Prozeßteilnehmer so zusammenzufassen, daß deutlich wird, welche Fragen bei der Anwendung der Bestimmungen der Art. 4 Abs. b und 65 § 2 auf die Kriterien der Handelsregelung aufgetaucht sind. Dabei ist es zweckmäßig, zwischen den Bestimmungen des Art. 65 § 2 Buchst. a und b sowie des Art. 4 Abs. b einerseits und den Bestimmungen des Art. 65 § 2 Buchstabe c andererseits zu unterscheiden. Nach Art. 65 § 2 Buchst. a müssen die Kriterien der Handelsregelung zu einer merklichen Verbesserung der Verteilung der Produkte der jeweiligen Verkaufsgesellschaft beitragen. Nach Art. 65 § 2 Buchst. b dürfen diese Kriterien keine weitergehenden Einschränkungen enthalten als für die Verbesserung der Verteilung wesentlich ist. Bei der Anwendung dieser beiden Vorschriften auf die Kriterien der Handelsregelung tritt dasselbe Problem auf. Es muß die Frage geklärt werden, wie die Handelsregelung der Verkaufsgesellschaften der Ruhr aussehen muß, damit diese Handelsregelung tatsächlich zur Verbesserung der Verteilung der Produkte der jeweiligen Verkaufsgesellschaft beiträgt. Diese Frage steht auch bei der Anwendung des Diskriminierungsverbots im Mittelpunkt. Enthält die Handelsregelung Bestimmungen, die gegen Art. 65 § 2 Buchst. a oder b verstoßen, so werden offenbar bestimmte Großhändler ohne rechtlichen Grund vom Direktbezug ausgeschlossen. Diese unterschiedliche Behandlung muß im Hinblick auf das Diskriminierungsverbot überprüft werden. Dagegen soll über Art. 65 § 2 Buchst. c verhindert werden, daß die Verkaufsgesellschaften über die Handelsregelung in die Lage versetzt werden, ihren Absatz zu kontrollieren. Hier taucht ein Problem auf, das schon bei der Untersuchung der Rechtsprechung zur Frage eines einheitlichen Ruhrkohlenverkaufs angeklungen ist.

1. Die Anwendung der Artikel 4 Abs. b und 65 § 2 Buchst. a und b auf die Kriterien der Handelsregelung

Die Argumente der Prozeßteilnehmer, die zu diesen Bestimmungen vorgebracht wurden, können nicht vollständig dargestellt werden. So haben in der Rechtssache 2/56 die „Geitling" Ruhrkohlen-Verkaufsgesellschaft m. b. H. und die in ihr zusammengeschlossenen Bergwerksgesellschaften die Frage aufgeworfen, ob Art. 4 Abs. b neben Art. 65

§ 2 im Genehmigungsverfahren überhaupt eine selbständige Bedeutung besitzt. Diese Frage interessiert hier wenig. Es genügt der Hinweis auf die Entscheidung des Gerichtshofs. Art. 4 Abs. b kann gleichzeitig mit den Bestimmungen des Art. 65 angewandt werden. Für Kartelle des Art. 65 gilt auch das allgemeine Diskriminierungsverbot des Art. 4 Abs. b[13]. Hier interessieren viel mehr die wirtschaftlichen Überlegungen, die bei der Anwendung dieser Bestimmungen angestellt wurden. Es wird festzustellen versucht, was die Prozeßteilnehmer unter einer Verbesserung der Verteilung der Produkte einer Verkaufsgesellschaft verstehen. Es muß außerdem gezeigt werden, worin sie den Beitrag der Kriterien der Handelsregelung zu dieser Verbesserung der Verteilung sehen[14].

a) *Die Argumente der Parteien und des Generalanwalts*

In den Entscheidungen Nr. 5 bis 7/56 hat die Hohe Behörde die Wahl der Kriterien 1, 2 und 3 nur in sehr allgemeiner Form begründet. Diese Kriterien entsprechen nach Ansicht der Hohen Behörde den Bedingungen des Art. 65 § 2, weil sie „... zu einer den Eigenarten des Kohlenhandels entsprechenden Abgrenzung der Tätigkeitsgebiete der verschiedenen Kategorien von Großhändlern (Großhändler erster Hand, Großhändler zweiter Hand) und damit zu einer merklichen Verbesserung des Vertriebs der Brennstoffe beitragen ...“[15]. Die Hohe Behörde hat diese Begründung — nachdem sie allerdings schon zuvor in der Entscheidung Nr. 17/59 die Genehmigung für das Kriterium 1 verweigert hatte —, im Anschluß an das Urteil in der Rechtssache 18/57 in der Entscheidung Nr. 36/59 vertieft. „Solche Mengenkriterien führen zu einer den Eigenarten des Kohlenhandels entsprechenden Abgrenzung der Tätigkeitsgebiete der verschiedenen Kategorien von Händlern. Eine Abgrenzung der Tätigkeitsbereiche der verschiedenen Handelsstufen entspricht der herkömmlichen Übung im Kohlenabsatz; sie ist im Interesse eines wirksamen und rationellen Vertriebes auch erforderlich, denn eine unterschiedslose Zulassung aller Händler zum Direktbezug würde einer sachgerechten Funktionsteilung entgegenstehen, den Vertriebsaufwand unangemessen erhöhen und einen wirksamen Absatz beeinträchtigen[16].“

Diese Ausführungen der Hohen Behörde gelten zunächst gemeinsam für alle in den Entscheidungen Nr. 5—7/56 und 36/59 jeweils genehmig-

---

[13] Vgl. Sammlung der Rechtsprechung ..., Bd. 3, S. 44 f.; Erich *Zimmermann*, Die Preisdiskriminierung ..., S. 60.

[14] Auch dabei können wiederum nur die wichtigsten Argumente berücksichtigt werden.

[15] Amtsblatt ..., 5. Jg. (1956) (Heft) Nr. 6 vom 13. 3. 1956, S. 34.

[16] Amtsblatt ..., 2. Jg. (1959) (Heft) Nr. 40 vom 8. 7. 1959, S. 737.

ten Kriterien. Die Hohe Behörde betrachtet hier die einzelnen Kriterien als Teil einer umfassenden Handelsregelung und ist der Überzeugung, daß diese Handelsregelung zu einer merklichen Verbesserung der Verteilung der Produkte einer Verkaufsgesellschaft beiträgt. Die J. Nold K.G. hat dieses Argument der Hohen Behörde schon in der Rechtssache 18/57 angegriffen und unter dem Vorwurf einer Verletzung des Diskriminierungsverbots behauptet, die Handelsregelung trage keinesfalls zu einer merklichen Verbesserung der Verteilung bei, sie sei auch für die Erzielung dieser Wirkung nicht wesentlich[17]. Die Klägerin macht ihre Bedenken in den verbundenen Rechtssachen 36—38 und 40/59 deutlich. Sie behauptet, die Hohe Behörde habe die Auswahl der Kriterien nicht ausreichend begründet. Sie meint, die Hohe Behörde hätte in der Entscheidung Nr. 36/59 schlüssig nachweisen müssen, daß die genehmigten Kriterien zu einer wirklichen und merklichen Verbesserung der Verteilung führen. Die Hohe Behörde habe aber nicht einmal deutlich gemacht, was unter einer „Verbesserung der Verteilung" zu verstehen sei. Die J. Nold K. G. sieht eine Verbesserung der Verteilung der Produkte einer Verkaufsgesellschaft dann für gegeben an, wenn der Absatz erhöht und (oder) die Kosten des Absatzes verringert werden[18]. Im übrigen behauptet die Klägerin, das Ziel der von den Handelsgesellschaften vorgeschlagenen Handelsregelung sei nicht die Verbesserung der Verteilung ihrer Produkte. Die Verkaufsgesellschaften beabsichtigten vielmehr, über diese Handelsregelung die zechenunabhängigen Großhändler praktisch vom Direktbezug auszuschalten[19].

Die bisherigen Ausführungen galten jeweils in gleicher Weise für alle genehmigten Kriterien. Die einzelnen Kriterien wurden stets nur insoweit angesprochen, als sie Teil der Handelsregelung waren. In diesen Ausführungen wurde also nicht versucht, getrennt für jedes einzelne Kriterium den Nachweis zu führen, daß es zur Verbesserung

---

[17] Vgl. Sammlung der Rechtsprechung ..., Bd. 5, S. 104. Die Klägerin folgert weiter, wenn diese Handelsregelung den Bedingungen des Art. 65 § 2 nicht genüge, und wenn sie geeignet sei, auch nur einem Käufer oder Händler finanzielle oder wirtschaftliche Nachteile zuzufügen, so müsse auch das Vorliegen einer Diskriminierung nach Art. 4 Abs. b bejaht werden.

[18] Vgl. Sammlung der Rechtsprechung ..., Bd. 6, S. 908 ff. Die Klägerin meint, die Hohe Behörde hätte dieses Ergebnis durch Zahlenangaben belegen müssen, anstatt lediglich allgemeine Erwägungen anzustellen.

[19] Vgl. Sammlung der Rechtsprechung ..., Bd. 6, S. 911. In der Rechtssache 18/57 hält der Generalanwalt Roemer diese Diskussion allerdings für überflüssig. Er geht davon aus, daß die Handelsregelung ein unentbehrlicher Bestandteil der Vereinbarungen über einen gemeinsamen Verkauf der Bergwerksgesellschaften der Ruhr ist und folgert weiter: „Erkennt man also die notwendige enge Verflechtung von gemeinsamem Verkauf und der Einführung einer Handelsregelung, dann wird ersichtlich, daß es genügt, wenn die Genehmigung des gemeinsamen Verkaufs dem Ziele des Artikels 65 entspricht." (Sammlung der Rechtsprechung ..., Bd. 5, S. 150).

der Verteilung der Produkte der jeweiligen Verkaufsgesellschaft beiträgt und folglich zur Qualifizierung eines Großhändlers erster Hand notwendig ist. Auch die Argumente gegen die Handelsregelung waren jeweils auf sämtliche genehmigten Kriterien bezogen. In der Rechtsprechung zu den Handelsregelungen finden sich aber durchaus auch Argumente, die jeweils nur auf einzelne Kriterien bezogen sind:

1. In den Entscheidungen Nr. 5—7/56 hat die Hohe Behörde die Genehmigung für das Kriterium 4 verweigert. Dieses Kriterium führt nach Ansicht der Hohen Behörde dazu, „... daß der Händler — um sich den Vorzug des unmittelbaren Bezugs zu sichern — bis zu dieser Menge von jährlich 25 000 Tonnen vorzugsweise Brennstoffe der anderen beiden Ruhrkohlen-Verkaufsgesellschaften beziehen und damit den Bezug von Brennstoffen bei den Produzenten anderer Reviere zurückstellen wird“[20]. Dieses Kriterium enthält nach Ansicht der Hohen Behörde weitergehende Einschränkungen, als es der Zweck dieser Abgrenzung erfordert. Es führt außerdem zu einer Diskriminierung, insbesondere gegenüber den Produzenten der anderen Reviere der Gemeinschaft[21].

   Die Klägerinnen in der Rechtssache 2/56 greifen diese ablehnende Entscheidung an. Sie behaupten, die Klausel sei nach Art. 65 § 2 genehmigungsfähig. Der geforderte Ruhrbezug von 25 000 Tonnen sei sachlich gerechtfertigt, da von den Großhändlern gleicher Frachtweg, gleiche Versicherung und Lagerung von austauschbaren Beständen verlangt werden müsse[22]. Die Klägerinnen behaupten weiter, diese Klausel verstoße auch nicht gegen das Diskriminierungsverbot. Sie hätten ein berechtigtes Interesse daran, daß ein Großhändler nicht nur über laufende Erfahrung in der Frachtabwicklung, Versicherung und Lagerhaltung verfüge. Ein Großhändler müsse auch über ein genügend großes Handelsvolumen von Kohle gleicher Herkunft verfügen, um bei vorübergehender Verknappung der Bestände einer der Verkaufsgesellschaften mit Lieferungen aus den Beständen einer anderen Verkaufsgesellschaft einspringen zu können. Die Klägerinnen sehen diese Bedingungen erst bei einem Absatz von 25 000 t Ruhrkohle für gegeben an[23].

   Die Hohe Behörde wendet dagegen ein, die — gegenüber dem Kriterium 3 — zusätzliche Forderung von 12 500 t Bezug von Ruhrkohle sei weder durch das Interesse der „Geitling“ an einer besseren Verteilung der durch sie vertriebenen Erzeugnisse gerechtfertigt,

[20] Amtsblatt ..., 5. Jg. (1956) (Heft) Nr. 4 vom 13. 3. 1956, S. 34.
[21] Vgl. Amtsblatt ..., 5. Jg. (1956) (Heft) Nr. 6 vom 13. 3. 1956, S. 34.
[22] Vgl. Sammlung der Rechtsprechung ..., Bd. 3, S. 30.
[23] Vgl. Sammlung der Rechtsprechung ..., Bd. 3, S. 33.

noch könne sie überhaupt irgendeinen Einfluß auf die Verbesserung des Absatzes von Kohle haben[24]. Die Hohe Behörde behauptet weiter, diese zusätzliche Forderung habe keinerlei Beziehung zur Qualifikation eines Großhändlers. Sie verstoße damit gegen Art. 65 Buchstabe b und gegen Art. 4 Abs. b[25].

Der Generalanwalt stellt zunächst die wettbewerbsbeschränkenden Wirkungen des Kriteriums 4 heraus. Er weist insbesondere darauf hin, welche Auswirkungen diese Klausel auf den Wettbewerb zwischen den Verkaufsgesellschaften der Ruhr hat. Die „Geitling" verzichtet teilweise auf ihr Interesse am Absatz ihrer eigenen Produkte und gibt sich mit dem Absatz an Ruhrkohle zufrieden. Der Generalanwalt sieht darin einen teilweisen Verzicht auf eine selbständige Absatzpolitik der „Geitling" und eine Wettbewerbsbeschränkung gegenüber den beiden anderen Verkaufsgesellschaften der Ruhr[26]. Anschließend prüft er, ob diese Wettbewerbsbeschränkung für den Zweck der Handelsregelung wesentlich ist und keine weitergehende Einschränkung darstellt, als sie dieser Zweck erfordert. Er kommt zum Ergebnis, „... daß alle Argumente der Kläger, die sie für die Anrechnung des Bezuges von den beiden anderen Verkaufgesellschaften anführen, nicht zu einer merklichen Verbesserung der Verteilung ihrer eigenen Kohle beitragen können, sondern allenfalls zur Verteilung von Ruhrkohle insgesamt"[27].

2. In der Entscheidung Nr. 36/59 hat die Hohe Behörde die Genehmigung für das Kriterium 1 (60 000 t Kohle der Gemeinschaft) verweigert. Die Hohe Behörde hat sich dabei im wesentlichen auf die gleichen Überlegungen wie bei der Ablehnung des Kriteriums 4 gestützt[28]. Auch das Kriterium 1 hat nach Ansicht der Hohen Behörde zur Folge, „... daß in denjenigen Absatzgebieten, in denen die Ruhrkohle wegen der Preis- und Transportverhältnisse einen erheblichen Anteil an der Versorgung stellt — mit wenigen Ausnahmen

---

[24] Vgl. Sammlung der Rechtsprechung ..., Bd. 3, S. 31.

[25] Vgl. Sammlung der Rechtsprechung ..., Bd. 3, S. 34.

[26] Vgl. Sammlung der Rechtsprechung ..., Bd. 3, S. 69 ff., S. 71.

[27] Sammlung der Rechtsprechung ..., Bd. 3, S. 72 f. Im Original teilweise hervorgehoben.

[28] Das geht auch aus einer Äußerung der Hohen Behörde in den verbundenen Rechtssachen 36—38 und 40/59 hervor. Dort hat die Hohe Behörde behauptet, es bestehe zwischen dem Sachverhalt in der Rechtssache 2/56 (Kriterium 4) und dem Sachverhalt in den verbundenen Rechtssachen 36—38 und 40/59 (Kriterium 1) lediglich der Unterschied, daß das Kriterium 4 den Bezug von Ruhrkohle ausdrücklich zur Voraussetzung für die Zulassung zum Direktbezug bei einer Verkaufsgesellschaft gemacht habe, während sich dies in der Entscheidung Nr. 36/59 aus der Art und Weise ergebe, in der die bisherigen Mengenkriterien gestaffelt seien (vgl. Sammlung der Rechtsprechung ..., Bd. 6, S. 903).

das gesamte Gebiet der Bundesrepublik Deutschland —, die freien mittleren Großhändler von dem unmittelbaren Zugang zu den Verkaufsgesellschaften ausgeschlossen werden, wenn sie nicht den überwiegenden Teil der Menge von 60 000 Tonnen in Ruhrkohle absetzen"[29]. Daraus folgert die Hohe Behörde insbesondere[30], daß durch dieses Kriterium die Unabhängigkeit der Verkaufsgesellschaften beeinträchtigt werde[31]. Das Kriterium 1 enthält somit nach Ansicht der Hohen Behörde weitergehende Einschränkungen als zur Verbesserung der Verteilung der Produkte einer Verkaufsgesellschaft erforderlich sind.

Die Klägerinnen versuchen, dieses Argument abzuschwächen. Sie behaupten, der von der Hohen Behörde hervorgehobene Effekt des Kriteriums 1 beruhe nicht auf einer einschränkenden Wirkung dieses Kriteriums, sondern lediglich auf dem Umstand, daß der Kohlengroßhandel erster Hand seinen Bedarf hauptsächlich mit Ruhrkohle decke. Dies beruhe aber einzig und allein auf natürlichen Gegebenheiten wie Preismechanismus und Transportverhältnisse und nicht etwa auf einer wettbewerbsbeschränkenden Wirkung des Kriteriums 1[32].

Der Generalanwalt stimmt der Feststellung der Hohen Behörde zu: „Es liegt ... auf der Hand, daß eine Regelung, die zur Folge hat, daß die Mehrzahl der Großhändler erster Hand allen drei Verkaufsgesellschaften angeschlossen sind, ja sogar angeschlossen sein müssen, von vornherein die Möglichkeit zunichte macht, daß die Verkaufsgesellschaften eine voneinander unabhängige Politik entwickeln[33]."

3. In der Entscheidung Nr. 36/59 hat die Hohe Behörde das Kriterium 2 (30 000 t Kohle der Gemeinschaft in einem Verkaufsbezirk) genehmigt[34]. Die Hohe Behörde war der Meinung, daß diesem Kriterium

---

29 Amtsblatt ..., 2. Jg. (1959) (Heft) Nr. 40 vom 8. 7. 1959, S. 738.

30 Eine weitere Schlußfolgerung der Hohen Behörde interessiert hier weniger.

31 Vgl. Amtsblatt ..., 2. Jg. (1959) (Heft) Nr. 40 vom 8. 7. 1959, S. 738. Die Klägerinnen versuchen im wesentlichen, dieses Argument der Hohen Behörde zu widerlegen. Sie weisen deshalb nur am Rande darauf hin, daß infolge der Aufhebung des Kriteriums 1 nunmehr Großhändler zum Direktbezug zugelassen würden, deren wirtschaftliche Bedeutung nicht ausreiche, um eine Verbesserung der Verteilung der Produkte einer Verkaufsgesellschaft zu gewährleisten. Sie scheinen demnach davon auszugehen, daß das Kriterium 1 einen Anhaltspunkt für die wirtschaftliche Bedeutung eines Großhändlers abgibt.

32 Vgl. Sammlung der Rechtsprechung ..., Bd. 6, S. 898 f.

33 Sammlung der Rechtsprechung ..., Bd. 6, S. 950.

34 Die Hohe Behörde hat allerdings das Kriterium von 30 000 t auf 20 000 t herabgesetzt.

die Berechtigung nicht grundsätzlich abgesprochen werden könne, weil es dazu diene, den Umfang der Geschäftstätigkeit eines Großhändlers erster Hand zu bestimmen. Sie fährt fort: „Die Verkaufsgesellschaften können von einem Großhändler erster Hand verlangen, daß sein Absatz sich auf einen breiten Arten- und Sortenfächer erstreckt. Voraussetzung dafür ist, daß der Absatz des Großhändlers an Kohle insgesamt einen bestimmten Umfang erreicht. Dieses Kriterium kann außerdem dazu dienen, die Großhändler erster Hand von den größeren Einzelhändlern — die in der Verteilung eine andere Funktion erfüllen — abzugrenzen[35]."

Die J. Nold K.G. greift die Berechtigung dieses Kriteriums an. „Sie führt aus, es lasse sich vielleicht rechtfertigen, daß eine Verkaufsgesellschaft von einem Händler die Abnahme einer Mindestmenge aus ihrer eigenen Förderung verlange, doch lasse sich keine Rechtfertigung dafür finden, daß sie zusätzlich die Bedingung stelle, der Händler müsse erhebliche Mengen aus anderen Bezugsquellen abgesetzt haben[36]."

Der Generalanwalt unterstützt die J. Nold K. G. Er bestreitet, daß die von der Hohen Behörde geforderte Unterscheidung zwischen Großhändlern erster und zweiter Hand einen wirtschaftlichen Sinn hat. Er verweist dabei auf eine Äußerung der Hohen Behörde in den verbundenen Rechtssachen 36—38 und 40/59, wonach innerhalb des Großhandels, nämlich des Großhandels erster und zweiter Hand, hinsichtlich des Kundenkreises keine Abgrenzung besteht[37]. Unter diesen Umständen hat das Kriterium 2 nach Ansicht des Generalanwalts lediglich den Zweck, die Zahl der bei den Verkaufsgesellschaften zugelassenen Großhändler zu beschränken. Er lehnt deshalb das Kriterium 2 im Hinblick auf die Vorschrift des Art. 65 § 2 Buchst. b ab[38].

4. In bezug auf das Kriterium 3 fügt die Hohe Behörde in der Entscheidung Nr. 36/59 lediglich hinzu: „Das dritte Kriterium (Absatz von 9 000 Tonnen Kohle der Verkaufsgesellschaft im Verkaufsbezirk) ist hinsichtlich der Bezugsgrundlage — Kohle der Verkaufsgesell-

---

[35] Amtsblatt ..., 2. Jg. (1959) (Heft) Nr. 40 vom 8. 7. 1959, S. 738.

[36] Zitiert nach Sammlung der Rechtsprechung ..., Bd. 6, S. 913.

[37] Vgl. Sammlung der Rechtsprechung ..., Bd. 6, S. 953.

[38] Vgl. Sammlung der Rechtsprechung ..., Bd. 6, S. 953 ff. Der Generalanwalt weist im übrigen darauf hin, daß auch dieses Kriterium — wenn auch in weniger starkem Maße als das Kriterium 1 —, geeignet sei, die Unabhängigkeit der Absatzpolitik der Verkaufsgesellschaften zu beeinträchtigen. Er räumt allerdings sogleich ein, daß dieses Argument in praktischer Hinsicht nicht allzu schwer wiegen könne, weil von einer Unabhängigkeit in der Absatzpolitik der Verkaufsgesellschaften ohnehin keine Rede sein könne (vgl. Sammlung der Rechtsprechung ..., Bd. 6, S. 957).

schaft — grundsätzlich nicht zu beanstanden[39]." Die Klägerinnen und der Generalanwalt greifen die grundsätzliche Berechtigung dieses Kriteriums nicht an[40].

b) Die Entscheidung des Gerichtshofes

Der Gerichtshof hat nicht zu allen Argumenten der Parteien und des Generalanwalts Stellung genommen. So hat er sich insbesondere nicht um diejenigen Argumente gekümmert, die auf die einzelnen Kriterien nur insoweit Bezug nehmen, als sie Bestandteil einer umfassenden Handelsregelung sind. Er hat aber in der Rechtssache 2/56 und in den verbundenen Rechtssachen 36—38 und 40/59 zu den einzelnen Kriterien der Handelsregelung Stellung genommen.

1. In der Rechtssache 2/56 prüft er das Kriterium 4 (Absatz von 25 000 Tonnen Ruhrkohle). Er stellt zunächst die wettbewerbsbeschränkende Wirkung dieser Klausel heraus. „Die streitige Klausel und die durch sie bedingte gegenseitige Anrechnung der Ruhrkohlenbezüge verbessern die Wettbewerbslage aller Ruhrkohlen-Verkaufsgesellschaften insgesamt gegenüber den übrigen Produzenten der Gemeinschaft und verfälschen somit den Wettbewerb zwischen jeder dieser Gesellschaften und ihren Mitbewerbern im Gemeinsamen Markt. Hauptsächlich ergibt sich aber der den Wettbewerb verfälschende und beschränkende Charakter der streitigen Klausel aus der damit verbundenen Einschränkung des Wettbewerbs für den Absatz eigener Produkte zugunsten der beiden anderen Verkaufsgesellschaften für Ruhrkohle[41]." Anschließend untersucht er, ob diese Klausel zu einer Verbesserung der Verteilung der Produkte der klagenden „Geitling" Ruhrkohlen-Verkaufsgesellschaft führt. Er greift dabei auf das Argument der Klägerin zurück, wonach diese Klausel zur Qualifikation eines Großhändlers mit dem Recht zum Direktbezug notwendig und eine solche sachgemäße Auswahl der Händler für die Verbesserung der Verteilung der Produkte der Klägerinnen wesentlich sei. Der Gerichtshof stellt aber fest, „... daß es sich nach den Inhalt der Klausel und insbesondere angesichts der darin vorgesehenen gegenseitigen Anrechnung von Bezügen bei anderen Ruhrkohlen-Verkaufsgesellschaften allenfalls um eine Verbesserung der Verteilung der gesamten Ruhrkohle handeln kann"[42]. Der Gerichtshof lehnt das Kriterium 4 ab.

---

[39] Amtsblatt ..., 2. Jg. (1959) (Heft) Nr. 40 vom 8. 7. 1959, S. 738.

[40] Vgl. Sammlung der Rechtsprechung ..., Bd. 6, S. 913 u. S. 962 f. Bedenken werden lediglich gegen die Höhe dieses Kriteriums vorgebracht.

[41] Sammlung der Rechtsprechung ..., Bd. 3, S. 40 f.

[42] Sammlung der Rechtsprechung ..., Bd. 3, S. 43.

2. Die Ausführungen des Gerichtshofs zum Kriterium 1 (60 000 t Kohle der Gemeinschaft) sind sehr knapp: „Es liegt auf der Hand, daß das Zusammenwirken der 60 000-Tonnen-Kriterien, welche in allen drei in Frage stehenden Vereinbarungen enthalten sind, im Ergebnis in sehr weitem Umfang zu einer ‚gegenseitigen Anrechnung des Bezugs von den beiden anderen Verkaufsgesellschaften'... führen würde; infolgedessen wohnt diesen Kriterien insgesamt die Tendenz inne, den normalen Wettbewerb zwischen den Verkaufsgesellschaften zu verhindern, einzuschränken oder zu verfälschen, womit sie weitergehende Einschränkungen zur Folge hätten, als es der Zweck einer Regelung, welche auf der gegenseitigen Unabhängigkeit der drei Verkaufsgesellschaften beruht, erfordert und gestattet[43]." Der Gerichtshof hält dieses Kriterium deshalb für vertragswidrig.

3. Der Gerichtshof hat die Begründung der Hohen Behörde für die Wahl des Kriteriums 2 (Absatz von 30 000 t Kohle der Gemeinschaft in einem Verkaufsbezirk) besonders sorgfältig untersucht. Dabei unterscheidet der Gerichtshof zwischen zwei verschiedenen Sachverhalten, die von der Hohen Behörde zur Begründung für die Wahl dieses Kriteriums herangezogen wurden.

   Die Hohe Behörde hat die Beibehaltung des Kriteriums 2 einmal mit dem Hinweis auf die Funktionsteilung zwischen den Kohlegroßhändlern erster und zweiter Hand zu rechtfertigen versucht. Die Hohe Behörde hat behauptet, dieses Kriterium führe zu einer den Eigenarten des Kohlenhandels entsprechenden Abgrenzung der Tätigkeitsbereiche der Großhändler erster und zweiter Hand[44]. Sie meint, eine derartige Abgrenzung sei im Interesse einer sachgerechten Funktionsteilung der Handelsbetriebe erforderlich. Der Gerichtshof greift diese Behauptung an, und er stützt sich dabei auf Auskünfte der Hohen Behörde, die diese im Verlauf des Verfahrens auf Befragung durch den Gerichtshof erteilt hat. Danach besteht innerhalb des Großhandels — nämlich des Großhandels erster und zweiter Hand — hinsichtlich des Kundenkreises keine Abgrenzung[45]. Der Gerichtshof folgert daraus, „... daß die Unterscheidung zwischen dem Großhandel erster und zweiter Hand nicht objektiven Erfordernissen technischer oder wirtschaftlicher Art, sondern lediglich einer

---

[43] Sammlung der Rechtsprechung ..., Bd. 6, S. 922.

[44] Die Hohe Behörde bezieht in Wirklichkeit in dieses Argument auch das Kriterium 3 ein. Der Gerichtshof weist aber darauf hin, daß die Hohe Behörde gerade bei diesem Argument in besonderem Maße an das Kriterium 2 gedacht hat (vgl. Sammlung der Rechtsprechung ..., Bd. 6, S. 925).

[45] Vgl. Sammlung der Rechtsprechung ..., Bd. 6, S. 926.

hergebrachten Übung entspricht[46]." Zwar weist die Hohe Behörde bei dieser Gelegenheit darauf hin, daß diese Unterscheidung zwischen den Großhändlern erster und zweiter Hand durchaus zu einer Verbesserung des Vertriebs der Verkaufsgesellschaften führen kann: „Die Unterscheidung zwischen diesen beiden Gruppen verfolgt den Zweck, eine Rationalisierung des Absatzes herbeizuführen, indem die Zahl der Großhändler erster Hand, mit denen die Verkaufsgesellschaften direkt verkehren, beschränkt wird[47]." Der Gerichtshof hält aber diesen Effekt nicht für wünschenswert: „Die Vorteile, welche für die Verkaufsgesellschaften daraus erwachsen, daß sie mit der geringstmöglichen Zahl von Großhändlern in Verkehr treten, vermögen die dem Handel auf diese Weise aufgezwungene Einschränkung nicht zu rechtfertigen[48]." Der Gerichtshof wird in dieser Auffassung dadurch bestärkt, daß seiner Ansicht nach auch diesem Kriterium die Tendenz innewohnt. „... auf dem Umweg über die 20 000 Tonnen-Klausel allgemein oder zumindest tatsächlich den Absatz von Ruhrkohle zu begünstigen"[49]. Auch diese Klausel verfälscht demnach den Wettbewerb zwischen den drei Verkaufsgesellschaften der Ruhr.

Die Hohe Behörde hat in der Entscheidung Nr. 36/59 weiter darauf hingewiesen, daß dem Kriterium 2 die Berechtigung nicht abgesprochen werden könne, weil es dazu diene, den Umfang der Geschäftstätigkeit eines Großhändlers erster Hand zu bestimmen. Die Hohe Behörde mißt diesen Umfang der Geschäftstätigkeit eines Großhändlers offenbar an der Breite seines Arten- und Sortenfächers, und sie ist offenbar weiter überzeugt, daß die Breite dieses Arten- und Sortenfächers von dem Kriterium 2 abhängig ist. Der Gerichtshof spricht den Verkaufsgesellschaften nicht das Recht ab, nur solche Großhändler zum Direktbezug zuzulassen, bei denen sie mit Bestellungen von entsprechendem Umfang rechnen können. Eine solche Beschränkung ist nach Ansicht des Gerichtshofs selbstverständlich geeignet, die Rationalisierung des Vertriebs in sachdienlicher Weise zu fördern. Der Gerichtshof bezweifelt aber, daß gerade die Breite des Arten- und Sortenfächers eines Großhändlers für eine solche Abgrenzung heranzuziehen ist. Er bezweifelt weiterhin, daß gerade das Kriterium 2 einen Maßstab für die Breite des Arten- und Sortenfächers abgibt. Der Gerichts-

---

[46] Sammlung der Rechtsprechung ..., Bd. 6, S. 926.

[47] Zitiert nach Sammlung der Rechtsprechung ..., Bd. 6, S. 926.

[48] Sammlung der Rechtsprechung ..., Bd. 6, S. 926.

[49] Sammlung der Rechtsprechung ..., Bd. 6, S. 927.

hof erklärt deshalb die Begründung für die Wahl des Kriteriums 2 als unzulänglich[50].

4. Der Gerichtshof zweifelt die grundsätzliche Berechtigung des Kriteriums 3 (Absatz von 9 000 t Kohle einer Verkaufsgesellschaft) nicht an. Er hält lediglich die Begründung für die Festsetzung der Höhe dieses Kriteriums für unzureichend[51].

2. Die Anwendung des Art. 65 § 2 Buchst. c auf die Kriterien der Handelsregelung

Die Prozeßteilnehmer haben die Vorschriften des Art. 65 § 2 Buchst. c nur sehr zögernd auf die Kriterien der Handelsregelung angewandt. Erst in den verbundenen Rechtssachen 36—38 und 40/59 behauptet die J. Nold K.G. unter dem Vorwurf einer Verletzung wesentlicher Formvorschriften, die Hohe Behörde habe in der Entscheidung Nr. 36/59 u. a. nicht schlüssig nachgewiesen, daß die Handelsregelung mit den Vorschriften des Art. 65 § 2 Buchst. c vereinbar sei. Dieser Vorwurf wird wiederum nur vom Generalanwalt ausführlich untersucht[52]. Nach Ansicht des Generalanwalts ist es unbedingt erforderlich, „... daß die Handelstätigkeit von Händlern wahrgenommen wird, die zumindest in weitem Umfang von den Verkaufsgesellschaften unabhängig sind. Andernfalls würden die Unternehmen, die auf Grund des Absatz kartells die Möglichkeit haben, die Erzeugung zu gestalten und einen Druck auf die Preise auszuüben (wenn nicht gar sie zu ‚bestimmen', was untersagt ist), außerdem über die Händler den Absatz zu kontrollieren"[53]. Der Generalanwalt stellt deshalb die zechenabhängigen Großhändler erster Hand den zechenunabhängigen, also freien, Großhändlern, die zum Direktbezug zugelassen sind, gegenüber. Dabei stützt er sich auf Zahlenangaben der Hohen Behörde. Danach stehen zwar 204 freien Händlern nur 175 zechenverbundene Großhändler gegenüber. Aber die zechenabhängigen Großhändler nehmen 57 v. H., die freien Großhändler dagegen nur 43 v. H. der Lieferungen der Verkaufsgesellschaften ab. Die freien *nichtdeutschen* Händler setzen sogar

---

[50] Vgl. Sammlung der Rechtsprechung ..., Bd. 6, S. 928.

[51] Vgl. Sammlung der Rechtsprechung ..., Bd. 6, S. 929.

[52] Vgl. Sammlung der Rechtsprechung ..., Bd. 6, S. 908 u. S. 957 ff. Gelegentliche Hinweise auf die Vorschriften des Art. 65 § 2 Buchst. c finden sich auch in der Rechtssache 2/56 (vgl. Sammlung der Rechtsprechung ..., Bd. 3, S. 24 u. S. 27) und in der Rechtssache 18/57 (vgl. Sammlung der Rechtsprechung ..., Bd. 5, S. 160 f.). Schließlich stellt der Gerichtshof in seinem Urteil in den verbundenen Rechtssachen 36—38 und 40/59 fest, daß das Kriterium 1 (Absatz von 60 000 t Kohle der Gemeinschaft) u. a. auch im Widerspruch zu den Vorschriften des Art. 65 § 2 Buchst. c steht (vgl. Sammlung der Rechtsprechung ..., Bd. 6, S. 930).

[53] Sammlung der Rechtsprechung ..., Bd. 6, S. 958.

nur 375 000 t Ruhrkohle ab, während die zechenverbundenen nichtdeutschen Händler etwa 1 160 000 t Ruhrkohle absetzen[54]. Der Generalanwalt folgert daraus: „Berücksichtigt man außerdem noch ..., daß der Teil der Ruhrkohlenförderung, welcher über den Handel abgesetzt wird, beträchtlich geringer ist als derjenige Teil, an dessen Absatz der Handel nicht beteiligt ist, so läßt sich, ohne daß der Umstand in Betracht gezogen zu werden brauchte, daß die Grubenindustrie zum großen Teil von der Hüttenindustrie kontrolliert wird und daß gleichzeitig umfangreiche Querverbindungen zwischen den Bergwerksgesellschaften selbst bestehen, zweifelsfrei erkennen, daß im Widerspruch zu den in der angefochtenen Entscheidung [Entscheidung der Hohen Behörde Nr. 36/59] enthaltenen Ausführungen die Bergwerksgesellschaften in der Lage sind, den Absatz eines bedeutenden Teils der von ihnen geförderten Brennstoffe zu kontrollieren und einzuschränken: Demgemäß ist die Entscheidung im Hinblick auf Art. 65 § 2 nicht gerechtfertigt[55]."

II. Die Problematik der Leistungsmessung von Handelsbetrieben

In den Verfahren zu den Handelsregelungen der Ruhrkohle-Verkaufsgesellschaften ist von der J. Nold KG. die Frage aufgeworfen worden, was eigentlich unter einer „Verbesserung der Verteilung" im Sinne des Art. 65 § 2 Buchst. a zu verstehen ist. Der Gerichtshof hat diese Frage nicht aufgegriffen. Er hat lediglich in seinem Urteil in den verbundenen Rechtssachen 36—38 und 40/59 festgestellt, es lasse sich nicht bestreiten. „daß gewisse mengenmäßige Beschränkungen zu einer ‚merklichen Verbesserung der Verteilung' insoweit beitragen können, als sie einen wirksamen und rationellen Vertrieb erleichtern ..."[56]. Der Gerichtshof ist also davon überzeugt, daß die Rationalisierung des Vertriebs zu einer Verbesserung der Verteilung beiträgt. Die Ausführungen der J. Nold K.G. zeigen aber, daß der Gerichtshof mit dieser Feststellung nur einen Teilaspekt des Begriffs „Verbesserung der Verteilung" erfaßt hat. Die Rationalisierung des Absatzes wirkt sich in erster Linie auf die Kosten des Vertriebs aus. Die J. Nold K.G. weist aber darauf hin, daß sich diese Verbesserung der Verteilung auch in einer Erhöhung des Absatzes (oder in einer Verminderung der Kosten des Absatzes oder im Zusammenwirken beider Erscheinungen)

[54] Vgl. Sammlung der Rechtsprechung ..., Bd. 6, S. 960.

[55] Sammlung der Rechtsprechung ..., Bd. 6, S. 961.

[56] Sammlung der Rechtsprechung ..., Bd. 6, S. 924. Die Hohe Behörde hat sich, wie erwähnt, dieser Erwägung angepaßt.

äußern kann[57]. Der Gerichtshof hat also nicht berücksichtigt, daß sich die Verbesserung der Verteilung auch in einer Erhöhung der Verkaufserlöse niederschlagen kann. Die Verbesserung der Verteilung wird nicht in der Ermittlung eines kostengünstigeren, sondern in der Ermittlung eines gewinngünstigeren[58] Absatzweges zu sehen sein[59].

Diese Deutung des Begriffs der „Verbesserung der Verteilung der Produkte einer Verkaufsgesellschaft" bietet die Möglichkeit, auch die Handelskriterien der Ruhrkohle-Verkaufsgesellschaften an der Zielsetzung der rationellsten Verteilung der Erzeugung auf dem höchsten Leistungsstand zu messen. Die Bestimmungen der Art. 65 § 2 Buchst. b und 4 Abs. b MV sollen in diesem Fall offenbar sicherstellen, daß nur diejenigen Großhändler zum Direktbezug bei einer Verkaufsgesellschaft zugelassen werden, die für diese Verkaufsgesellschaft eine Mindestleistung erbringen[60]. Die Großhändler erhalten dafür einen Rabatt. Die Handelsregelungen scheinen demnach das Leistungsprinzip zu verfolgen und somit der Zielsetzung der rationellsten Verteilung der Erzeugung auf dem höchsten Leistungsstand Geltung zu verschaffen.

---

[57] Vgl. Sammlung der Rechtsprechung ..., Bd. 6, S. 908.

[58] Dabei muß allerdings unterstellt werden, daß die Wahl des gewinngünstigeren Absatzweges nicht durch mögliche Veränderungen des Monopolisierungsgrades beeinflußt wird.

[59] Es dürfte allerdings sehr schwer sein, den Nachweis zu führen, daß ein bestimmter Absatzweg zu einer solchen Verbesserung der Verteilung i. S. des Art. 65 § 2 Buchst. a führt. Den Unternehmen steht die Wahl zwischen mehreren Absatzwegen offen, die sich in unterschiedlicher Weise auf die einzelnen Kostenstellen und auf die Absatzmöglichkeiten der Unternehmen auswirken. Diese Auswirkungen müssen in einem Verfahrensvergleich ermittelt werden. Derartige Berechnungen beruhen aber zwangsläufig weitgehend auf Schätzungen. Es kann deshalb wohl lediglich unterstellt werden, daß sich die Unternehmen von selbst für den gewinngünstigsten Absatzweg entscheiden (vgl. Erich *Gutenberg*, Grundlagen der Betriebswirtschaftslehre, Bd. 2, 6. Aufl., Berlin, Göttingen, Heidelberg 1963, S. 165 ff.). Es muß also davon ausgegangen werden, daß die Handelsgesellschaften durch die Wahl ihres Absatzes über den Großhandel der Bedingung des Art. 65 § 2 Buchst. a von selbst entsprochen haben.

[60] In der Rechtssache 2/56 weist der Generalanwalt, der sich dabei auf Äußerungen der Bergwerksgesellschaften der Ruhr stützt, darauf hin, „..., daß die Zulassung als Großhändler erster Hand und der damit verbundene Rabatt das Entgelt für die Leistungen des Händlers darstellen ..." (Sammlung der Rechtsprechung ..., Bd. 3, S. 80). Der Gerichtshof fügt — gleichfalls in der Rechtssache 2/56 — hinzu, die Handelsregelung sei nur genehmigungsfähig, soweit sie zur Verbesserung der Produkte der jeweiligen Verkaufsgesellschaft beitrage. Das Kriterium 4 ist seiner Ansicht nach nicht zur Verbesserung der Verteilung der Produkte der jeweiligen Verkaufsgesellschaft erforderlich. Es enthält deshalb weitergehende Einschränkungen als für den Zweck der Vereinbarung erforderlich ist. Die Klausel führt, wie der Gerichtshof weiter ausführt, auch zu einer Diskriminierung, weil Händler, welche für die „Geitling" die gleiche Leistung erbringen, dennoch ohne zureichenden rechtlichen Grund ungleich behandelt werden, je nachdem ob sie die Bedingungen des Kriteriums 4 erfüllen oder nicht (vgl. Sammlung der Rechtsprechung ..., Bd. 3, S. 43 ff.).

Allerdings tritt auch hier wieder die Schwierigkeit auf, die Zielsetzung des Art. 2 Abs. 2 MV in Wirklichkeit durchzusetzen. Die Schwierigkeit besteht darin, einen brauchbaren Maßstab zur Beurteilung der Leistung eines Großhändlers zu finden. Solange diese Mindestleistung der Großhändler — wie dies in der Entscheidung Nr. 3/61 der Fall ist —, lediglich in einem Beitrag zur Rationalisierung des Vertriebs gesehen wird, erscheint die Beschränkung auf die Klausel 3 einigermaßen plausibel. Wenn aber statt dessen nach dem Beitrag eines Großhändlers zur Verbesserung der Verteilung gefragt wird, d. h. wenn die Distributionsleistung eines Großhändlers gemessen wird, ergeben sich Schwierigkeiten. Mit diesem Problem hat sich Buddeberg eingehend beschäftigt[61]. Er stellt fest, daß die Aufgabe einer Messung der Dienstleistung der Handelsbetriebe nur schwer zu lösen ist. Er weist insbesondere darauf hin, daß der mengen- und wertmäßige Absatz kein ideales Leistungsmaß darstellt, weil das Ausmaß der Dienstleistungen des Handels bei den einzelnen Umsatzeinheiten stark differiert[62]. Die Beschränkung auf das Kriterium 3 erscheint somit einigermaßen problematisch. Diese Frage muß in einer gesonderten Untersuchung behandelt werden, die die Problematik der Leistungsmessung im Handelsbetrieb zum Gegenstand hat.

1. Die Eigenart der Leistung eines Handelsbetriebes

Buddeberg weist darauf hin, daß bei der Messung der Leistung eines Handelsbetriebes zwischen der quantitativen und der qualitativen Seite des Problems zu unterscheiden ist. Er kennzeichnet diese beiden Teilbereiche der Leistungsmessung als die Ermittlung der Leistungsbreite und der Leistungstiefe eines Handelsbetriebs[63].

Die Leistungsbreite bezieht sich auf die quantitative Seite der Leistung. Sie gibt nur die geleistete Quantität in ihrer Gesamtheit an und läßt nicht erkennen, in welchem Maße Vorleistungen anderer Betriebe und Leistungen des eigenen Betriebs am Zustandekommen der Leistung mitgewirkt haben[64].

---

[61] Vgl. Hans *Buddeberg*, Über die Vergleichbarkeit der Handelsbetriebe, in: Schriften zur Handelsforschung, N. F. der Schriftenreihe des Instituts für Handelsforschung an der Universität zu Köln, hrsg. von Rudolf *Seyffert*, Nr. 5, Köln, Opladen 1955. Hans *Buddeberg*, Der Betriebsvergleich als Instrument der Handelsforschung, in: Betriebsökonomisierung durch Kostenanalyse, Absatzrationalisierung und Nachwuchserziehung, Festschrift für Rudolf *Seyffert*, zu seinem 65. Geburtstag, dargebracht von Erich *Kosiol* u. a., hrsg. von Erich *Kosiol* u. Friedrich *Schlieper*, Köln, Opladen 1958, S. 83 ff.

[62] Vgl. Hans *Buddeberg*, Der Betriebsvergleich ..., S. 87 f.

[63] Vgl. Hans *Buddeberg*, Der Betriebsvergleich ..., S. 87.

[64] Vgl. Hans *Buddeberg*, Der Betriebsvergleich ..., S. 87 f. Buddeberg weist darauf hin, daß die Leistungsmessung im quantitativen Sinne keine großen Schwierigkeiten bereitet.

„Die Leistungstiefe hingegen soll die Qualität der Leistung zum Ausdruck bringen. Hier ergeben sich im Vergleich zur Messung der Leistungsbreite größere Schwierigkeiten, denn es gilt, Merkmale und Maßstäbe für das qualitative Niveau der Eigenleistung der Handelsbetriebe zu finden[65].“ Buddeberg weist darauf hin, daß es ganz zweifellos an einer solchen Distributionsleistungseinheit fehlt. Er meint, die qualitative Seite der Leistung müsse mit Hilfe von Merkmalen sichtbar gemacht werden, die dem Funktionsgefüge der Handelsbetriebe Rechnung tragen[66].

a) Die quantitative Leistung eines Handelsbetriebs

Buddeberg stellt fest, daß über die Messung der quantitativen Leistung eines Handelsbetriebs keine wesentlichen Meinungsunterschiede bestehen[67]. Die betriebliche Leistungserfüllung eines Handelsbetriebs vollzieht sich mit dem Warenumschlag. „Erst wenn der Umsatzprozeß voll — d. h. bis zum Warenabsatz — getätigt ist, kann man die gesamte Betriebsaufgabe als durchgeführt betrachten[68].“ Zwar läßt sich dieser Umsatzprozeß — entsprechend der Reihenfolge, in der die Ware den Betrieb durchläuft — in mehrere Teilprozesse zerlegen, nämlich in Beschaffung, Lagerung, Manipulation und Absatz der Ware. „Beschaffung, Lagerung und Manipulation können [aber] bei einer Untersuchung der Gesamtleistung nicht isoliert betrachtet werden; sie stellen nur die Vorstufen des Absatzes dar, mit dessen Vollzug die gesamte Umsatzleistung erst als erfüllt angesehen werden kann[69].“ Maßgröße der Leistungsbreite ist also der Absatz[70].

„Allerdings stellt der mengen- und wertmäßige Absatz kein ideales Leistungsmerkmal dar, weil das Ausmaß der Dienstleistungen des

---

65 Hans *Buddeberg*, Der Betriebsvergleich ..., S. 87.

66 Vgl. Hans *Buddeberg*, Der Betriebsvergleich ..., S. 88 f. Zwar meint Buddeberg an anderer Stelle (Hans *Buddeberg*, Über die Vergleichbarkeit ..., S. 180 ff.), die nachkalkulierte Betriebsspanne biete sich als Generalnenner für die Leistungstiefe an. Dieser Maßstab — auf dessen Fragwürdigkeit Buddeberg im übrigen selbst hinweist —, kann aber für die Handelsregelungen nicht nutzbar gemacht werden, weil den Verkaufsgesellschaften dieser Maßstab, wenigstens soweit es die zechenabhängigen Großhändler betrifft, sicherlich nicht bekannt ist. Der Hinweis auf diese nachkalkulierte Betriebsspanne wird deshalb im folgenden nicht beachtet.

67 Vgl. Hans *Buddeberg*, Der Betriebsvergleich ..., S. 87.

68 Hans *Buddeberg*, Über die Vergleichbarkeit ..., S. 15.

69 Hans *Buddeberg*, Über die Vergleichbarkeit ..., S. 74.

70 Vgl. Hans *Buddeberg*, Über die Vergleichbarkeit ..., S. 174. Hans *Buddeberg*, Der Betriebsvergleich ..., S. 87 weist noch darauf hin, daß auch der wertmäßige Absatz als Maßgröße quantitativer Art angesehen werden kann, da er bei uneinheitlichen Mengenmaßstäben allein das Umsatzvolumen in seiner Gesamtheit zu kennzeichnen vermag.

Handels bei den einzelnen Umsatzeinheiten stark differiert[71]." Der mengen- oder wertmäßige Absatz hat für sich betrachtet keine besondere Aussagekraft im Sinne der Messung der Eigenleistung der Handelsbetriebe, „... da die Vorleistungen einen stark differierenden Anteil an der gesamten Absatzleistung haben können"[72]. Buddeberg macht dies an einem Beispiel deutlich. „Bei gleich großem Einsatz von persönlichen und sachlichen Betriebsmitteln — gemessen am leistungserstellenden Güter- und Diensteverzehr, also an den Handlungskosten — kann beispielsweise eine Getreidegroßhandlung im Streckengeschäft im Vergleich zu einer Nahrungsmittelgroßhandlung wertmäßig mindestens das Zehnfache umsetzen, ohne jedoch im qualitativen Sinne, d. h. im Sinne der Distributionsleistungstiefe, ebenfalls das Zehnfache geleistet zu haben[73]."

b) *Die qualitative Leistung eines Handelsbetriebs*

Buddeberg versucht deshalb, die qualitative Leistung eines Handelsbetriebs, also die Leistungstiefe, durch den Hinweis auf die Funktionen, die ein Handelsbetrieb zu erfüllen hat, sichtbar zu machen. „Es muß ... herausgestellt werden, daß die Handelsbetriebe nicht nur im linearen Sinne tätig sind, wenn sie ihre Distributionsleistung vollziehen. D. h. es ist nicht allein ihre Aufgabe, den Zu- und Abfluß des Warenstromes zu ermöglichen, sondern sie sammeln die Waren aus den verschiedensten Zuflußkanälen, um sie in einer anderen Stückelung und Zusammenstellung in zumeist noch zahlreichere Abflußkanäle weiterzuleiten. Hier vollzieht sich somit ein Umschaltungsvorgang im Distributionsweg der Waren, der in erster Linie die funktionelle Berechtigung der Handelsbetriebe ausmacht. Darin liegt ein sehr wesentlicher Ansatzpunkt für die Beurteilung der Vergleichbarkeit der Handelsbetriebe in bezug auf die Leistungserfüllung[74]."

Es muß deshalb zunächst in der gebotenen Kürze dargestellt werden, worin Buddeberg die Funktionen des Handelsbetriebes sieht. Buddeberg unterscheidet sechs Funktionen der Handelsbetriebe: Die Raumüberbrückungsfunktion, die Zeitüberbrückungsfunktion, die Warenfunktionen, die Preisbildungs- und Preisausgleichsfunktion, die Markterschließungsfunktion sowie die Funktion der Interessenwahrung und Beratung[75]. „Durch Raumüberbrückung und Zeitüberbrückung wird

---

71 Hans *Buddeberg*, Der Betriebsvergleich ..., S. 87.

72 Hans *Buddeberg*, Der Betriebsvergleich ..., S. 88.

73 Hans *Buddeberg*, Der Betriebsvergleich ..., S. 88.

74 Hans *Buddeberg*, Über die Vergleichbarkeit ..., S. 176 f.

75 Hans *Buddeberg*, Über die Vergleichbarkeit ..., S. 16 lehnt sich bei dieser Funktionsgliederung an die Gliederungsversuche von Oberparleiter

die Spannung zwischen Erzeugung und Verbrauch bzw. Verwendung ausgeglichen ...[76]" Zur Charakterisierung der Warenfunktion greift Buddeberg auf eine Äußerung von Sundhoff zurück. „Das Wesen der Warenfunktion liegt darin, daß die Inkongruenzen zwischen Erzeugung und Verbrauch, soweit sie sich mengenmäßig, gütemäßig und in bezug auf die Warenzusammenstellung zeigen, durch sie beseitigt werden. Die in dieser Hinsicht einseitige Nachfrage und das einseitige Angebot werden durch sie an einer Stelle konzentriert und vielseitig gemacht[77]." Die Preisbildungs- und Preisausgleichsfunktion gibt den Einfluß des Handelsbetriebs auf den Verkaufspreis wieder. „Welchen Bestimmungsfaktoren auch immer die Kalkulation der Handelsbetriebe unterliegt, jeder Betrieb muß sich im einzelnen Fall für einen bestimmten Verkaufpreis entscheiden[78]. Dies gilt auch, wenn der Verkaufspreis durch den Markt gegeben ist. Dann muß der Betrieb diesen Marktpreis immerhin anerkennen und als Grundlage seiner Kalkulation wählen. Buddeberg sieht deshalb die Preisbildung selbst als Funktionsbestandteil an[79]. Die Preisausgleichsfunktion ist eine — volkswirtschaftliche — Folge der betrieblichen Preisbildung. „Das Überbrücken von Wertschätzungsdifferenzen — wie Seyffert [Rudolf *Seyffert*, Wirtschaftslehre des Handels, a.a.O., S. 9] die Preisausgleichsfunktion charakterisiert — ist eine volkswirtschaftliche Auswirkung der betrieblichen Preisbildung[80]." Buddeberg verdeutlicht diese Auswirkung, indem er auf die richtungweisende Bedeutung der Preiskalkulation der Großbetriebe des Einzelhandels für die Preisbildung hinweist[81]. Die Markterschließung dient schließlich „... der Anbahnung der Beschaffung und des Absatzes. Zur Markterschließung gehören vor allem die Maßnahmen der Betriebe auf dem Gebiete der Werbung"[82]. Buddeberg weist aber darauf hin, daß sich das Schwergewicht der Markterschließung in Zeiten der Warenknappheit auf die Beschaffungsseite verlagern kann[83]. Die Interessenwahrung und Beratung wird durch die Gegenüberstellung mit der Markterschließungsfunktion deutlich. „Dient

---

(Karl *Oberparleiter*, Funktionen- und Risikenlehre des Warenhandels, Berlin, Wien 1930, S. 5) und insbesondere von *Seyffert* (Rudolf *Seyffert*, Wirtschaftslehre des Handels, Köln, Opladen 1951, S. 13) an. Eine Stellungnahme zu dieser Funktionsgliederung ist im Rahmen dieser Arbeit nicht erforderlich.

[76] Hans *Buddeberg*, Über die Vergleichbarkeit ..., S. 17.

[77] Emil *Sundhoff*, Die Funktionen der Großhandlung, Dissertation Köln 1944, S. 41. Zitiert nach Hans *Buddeberg*, Über die Vergleichbarkeit ..., S. 159.

[78] Hans *Buddeberg*, Über die Vergleichbarkeit ..., S. 160.

[79] Vgl. Hans *Buddeberg*, Über die Vergleichbarkeit ..., S. 160.

[80] Hans *Buddeberg*, Über die Vergleichbarkeit ..., S. 160.

[81] Vgl. Hans *Buddeberg*, Über die Vergleichbarkeit ..., S. 160 f.

[82] Hans *Buddeberg*, Über die Vergleichbarkeit ..., S. 161.

[83] Vgl. Hans *Buddeberg*, Über die Vergleichbarkeit ..., S. 161.

die ... Funktion der Markterschließung der Anbahnung von Beschaffung und Absatz, so liegt in der Interessenwahrung und Beratung vor allem die Tendenz, die dauerhafte Verbindung zu den Geschäftsfreunden zu erhalten, d. h. ihre Interessen zu wahren und sie zu beraten[84]."

2. Buddebergs Versuch, die qualitative Leistung eines Handelsbetriebes zu messen

Die ersten drei Handelsfunktionen, die Raumüberbrückungsfunktion, die Zeitüberbrückungsfunktion und die Warenfunktionen, sind unmittelbar mit dem Warenumschlag selbst verknüpft. Für diese Funktionen lassen sich deshalb verhältnismäßig leicht quantifizierbare Maßstäbe finden[85]. Buddeberg hat die wichtigsten Maßstäbe zur Messung dieser Funktionen systematisch zusammengestellt[86]:

Funktionen	Maßstab
1. Raumüberbrückung	
a) Beschaffungsreichweite	km (ø Radius)
b) Absatzreichweite (beim Einzelhandel einschließl. Kundenwohngebiet)	km (ø Radius)
c) insgesamt	
2. Zeitüberbrückung	
a) Lagerdauer	Tage (ø)
b) Kreditdauer gegenüber Kunden ·/· Kreditdauer gegenüber Lieferanten	Tage (ø) evtl. negat.
c) Vordisposition (= Differenz zwischen Auftragserteilung und Lieferung)	Tage (ø)
d) insgesamt	
3. Warenfunktion	
a) quantitativ	ø Betrag je Einkaufsrechnung zu ø Betrag je Verkaufsrechnung ø Zahl der Artikel je Lieferant zu ø Zahl der Artikel je Kunde
b) qualitativ	Manipulation
c) Breite	Artikelzahl
d) insgesamt	

Die restlichen drei Funktionen lassen dagegen die über die „reine Verteilertätigkeit" hinausgehenden Aufgaben des Handelsbetriebes er-

---

[84] Hans *Buddeberg*, Über die Vergleichbarkeit ..., S. 162.

[85] Vgl. Hans Buddeberg, Über die Vergleichbarkeit ..., S. 17.

[86] Vgl. Hans *Buddeberg*, Über die Vergleichbarkeit ..., S. 186.

kennen. Diese Funktionen lassen sich nur schwer exakt messen. Sie unterliegen mehr einer qualitativen Beurteilung, also der Wertung oder Schätzung[87]. Buddeberg gibt für diese Schätzung nur wenig Anhaltspunkte. In bezug auf die Preisbildungsfunktion verweist er auf die Bestimmungsgründe der betrieblichen Preisbildung, wie Kosten, Gewinn, Branchenüblichkeit, Marktregelungsorganisationen u. a., an denen er die Ausübung dieser Funktionen ablesen will[88]. Bei der Preisausgleichsfunktion stellt er eine „gewisse Abhängigkeit von der Betriebsgröße" fest[89]. Den Umfang der Markterschließung liest er an den hierzu eingesetzten betrieblichen Organen und deren Aufwendungen ab[90]. Schließlich stellt Buddeberg fest, daß sich von diesen drei Funktionen die Interessenwahrung und Beratung am schwersten abschätzen lasse[91].

Buddeberg stellt fest, daß sich auf diese Weise zwar einige brauchbare Maßstäbe finden lassen, „... jedoch in keinem Falle ein exakter zahlenmäßiger Ausdruck, mit dem die Wahrnehmung jeder einzelnen Funktion insgesamt dargestellt werden kann"[92]. Er folgert daraus: „Für eine Beurteilung der Funktionsausübung muß mangels einer objektiven Quantifizierbarkeit ein qualitatives Wertungsschema verwendet werden[93]." Er schlägt deshalb eine Punktwertung vor. Die Erfüllung der einzelnen Funktionen soll je nach dem Maße der Funktionserfüllung (keine, schwache, mittlere, starke, sehr starke Funktionserfüllung) mit den Punktzahlen 0—4 bewertet werden[94]. Soweit sich die Funktionsmessung innerhalb einer Funktion auf Teilmaßstäbe stützt, soll die Funktionserfüllung anhand dieser Maßstäbe getrennt bewertet und anschließend das arithmetische Mittel errechnet werden[95]. Buddeberg weist allerdings darauf hin, daß auf diese Weise die Beurteilung naturgemäß in eine gewisse Abhängigkeit von der subjektiven Meinung dessen gerät, der diese Wertung durchzuführen hat[96]. Er stellt

---

[87] Vgl. Hans *Buddeberg*, Über die Vergleichbarkeit ..., S. 17.

[88] Vgl. Hans *Buddeberg*, Über die Vergleichbarkeit ..., S. 160.

[89] Vgl. Hans *Buddeberg*, Über die Vergleichbarkeit ..., S. 161.

[90] Vgl. Hans *Buddeberg*, Über die Vergleichbarkeit ..., S. 161.

[91] Vgl. Hans *Buddeberg*, Über die Vergleichbarkeit ..., S. 162.

[92] Hans *Buddeberg*, Über die Vergleichbarkeit ..., S. 154.

[93] Hans *Buddeberg*, Über die Vergleichbarkeit ..., S. 154.

[94] Vgl. Hans *Buddeberg*, Über die Vergleichbarkeit ..., S. 155.

[95] Vgl. Hans *Buddeberg*, Über die Vergleichbarkeit ..., S. 187. Buddeberg schlägt darüber hinaus vor, aus den Punktzahlen für die Ausübung der einzelnen Handelsfunktionen wiederum das arithmetische Mittel zu bilden und auf diese Weise einen Ausdruck für die Gesamtbewertung der Leistungserfüllung zu errechnen. Dieser Vorschlag läßt sich allerdings kaum für die Handelsregelung nutzbar machen, er wird deshalb nicht weiter berücksichtigt.

[96] Vgl. Hans *Buddeberg*, Über die Vergleichbarkeit ..., S. 154.

an anderer Stelle sogar fest: „Praktische Versuche auf diesem Gebiet haben jedoch ergeben, daß es außerordentlich schwierig, wenn nicht gänzlich unmöglich ist, Art und Intensität der Funktionsausübung zu messen. Die subjektive Einstellung des Beurteilers zu der Messung derartiger qualitativer Tatbestände wird sich nicht ausschalten lassen, beispielsweise bei Anwendung einer Punktwertungsmethode[97]."

III. Die Beurteilung der Rechtsprechung zu den Handelsregelungen der Ruhrkohle-Verkaufsgesellschaften

Der Gerichtshof hat sich bei der Beurteilung der einzelnen Kriterien der Handelsregelungen der Ruhrkohle-Verkaufsgesellschaften an einem Maßstab orientiert, der als nicht völlig zureichend bezeichnet wurde. Es wird deshalb lediglich festzustellen versucht, inwieweit die Ergebnisse des Gerichtshofs mit dem in dieser Arbeit zugrunde gelegten Maßstab der rationellsten Verteilung der Erzeugung auf dem höchsten Leistungsstand vereinbart werden können.

1. Die Beurteilung der Entscheidung des Gerichtshofs

Der Gerichtshof hat es in den Verfahren zu den Handelsregelungen der Ruhrkohle-Verkaufsgesellschaften vermieden, ein Kriterium ausdrücklich als vertragsgemäß zu bezeichnen. Er hat aber wenigstens das Kriterium 3 nicht grundsätzlich als vertragswidrig bezeichnet, während er die Kriterien 1 und 4 entschieden abgelehnt und die Berechtigung des Kriteriums 2 doch sehr stark angezweifelt hat. Da auch die anderen Prozeßteilnehmer die Berechtigung des Kriteriums 3 nicht angezweifelt haben, ist es nicht verwunderlich, daß die Hohe Behörde in der Entscheidung Nr. 3/61 schließlich allein dieses Kriterium genehmigt hat[98]. Die Verfahren zu den Handelsregelungen der Ruhrkohle-Verkaufsgesellschaften haben also unter dem Einfluß der Rechtsprechung des Gerichtshofs schließlich dazu geführt, daß nur das Kriterium 3 zur Abgrenzung der Großhändler mit dem Recht zum Direktbezug herangezogen wurde. Ein Großhändler muß 6 000 t Kohle einer Verkaufsgesellschaft absetzen, wenn er bei dieser Verkaufsgesellschaft zum Direktbezug zugelassen werden will.

Es wurde schon darauf hingewiesen, daß dieses Kriterium die Leistung eines Handelsbetriebs nur in unvollkommener Weise angibt, weil es nur die quantitative Seite der Leistung des Handelsbetriebs er-

---

[97] Hans *Buddeberg*, Der Betriebsvergleich ..., S.89.

[98] Entscheidung Nr. 3/61 vom 8. 2. 1961, in: Amtsblatt ..., 4. Jg. (1961) (Heft) Nr. 14 vom 18. 2. 1961, S. 413 ff.

faßt. Allerdings liegt diese Beschränkung auf die quantitative Seite der Leistung eines Handelsbetriebs nahe, weil die Messung der Leistungstiefe eines Handelsbetriebs mit Schwierigkeiten verbunden ist. Die Vernachlässigung der qualitativen Leistung der Handelsbetriebe kann unter diesem Aspekt als unvermeidliche Folge dieser Schwierigkeiten hingenommen werden. Der Gerichtshof scheint sich zumindest im Ergebnis für diesen Weg entschlossen zu haben, indem er alle Kriterien, die nicht die Leistungsbreite eines Großhändlers zum Ausdruck bringen, insbesondere mit dem Hinweis darauf abgelehnt hat, daß ihre Begründung fehlerhaft sei[99].

Obwohl somit die Entscheidungen des Gerichtshofs zweifellos unangreifbar sind, haben die Ausführungen Buddebergs doch einen Weg gezeigt, wie die qualitative Seite der Leistung eines Handelsbetriebs sichtbar und in Grenzen meßbar gemacht werden kann. Die Leistungstiefe eines Handelsbetriebs kommt in seiner Funktionserfüllung zum Ausdruck, und Buddeberg hat auf die Möglichkeit hingewiesen, daß diese Funktionserfüllung durch ein System von Bewertungen erfaßt werden kann. Es erscheint somit denkbar, daß auch die qualitative Leistung eines Großhändlers mit dem Recht zum Direktbezug durch die Aufstellung zusätzlicher Kriterien gesichert werden kann[100]. Auch dann würde zwar keine exakte Erfassung einer Mindestleistung der Großhändler mit dem Recht zum Direktbezug möglich sein. Die qualitative Seite der Leistung der Handelsbetriebe wäre aber stärker berücksichtigt. Der Nachteil einer solchen Regelung wäre einmal in einem erhöhten Verwaltungsaufwand zu sehen. Zum andern würde eine solche Regelung wegen der notwendigen subjektiven Wertungen in verstärktem Maße Ansatzpunkte zur Kritik bieten.

Schließlich muß noch darauf hingewiesen werden, daß auch die Anwendung des Art. 65 § 2 Buchst. c noch keineswegs zufriedenstellend geklärt ist. Mit dieser Frage hat sich nur der Generalanwalt eingehend beschäftigt. Er hat zwar deutlich gemacht, daß die Verkaufsgesellschaf-

---

99 Der Gerichtshof hat also im Ergebnis den Verkaufsgesellschaften die Aufgabe überlassen, die qualitative Seite der Leistung eines Handelsbetriebs sichtbar und meßbar zu machen.

100 Buddeberg weist zwar darauf hin, daß solche Maßstäbe auf subjektiven Wertungen beruhen. Gerade dieser Nachteil könnte bei den Handelsregelungen zwar nicht ausgeräumt, aber doch abgeschwächt werden. Es wäre nämlich möglich, diese subjektiven Wertungen auf eine möglichst breite Basis zu stellen. Die Festlegung dieser Kriterien könnte nämlich einem bereits bestehenden beratenden Ausschuß der Verkaufsgesellschaften der Ruhr übertragen werden, dem 9 Vertreter der Verkaufsgesellschaften, 9 Vertreter der Arbeitnehmer und 9 Vertreter aus den Kreisen der Kohleverbraucher und des Kohlenhandels aus den verschiedenen Ländern der Gemeinschaft angehören (vgl. Amtsblatt ..., 5. Jg. (1956) (Heft) Nr. 6 vom 13. 3. 1956, S. 80).

ten der Ruhr den Absatz ihrer Produkte in überwiegendem Maße in der Hand haben. Er hat aber nicht angegeben, an welchen Maßstäben die Absatzkontrolle zu messen ist.

2. Die praktische Bedeutung der Entscheidungen des Gerichtshofs

Die Hohe Behörde hat in den Entscheidungen Nr. 5—7/56 vom 15. 2. 56 die Zulassung der Großhändler zum Direktbezug bei einer Verkaufsgesellschaft von den Kriterien 1, 2 und 3 abhängig gemacht. Diese Kriterien wurden vom Gerichtshof in den Rechtssachen 2/56, 18/57 und in den verbundenen Rechtssachen 16—18/59 sowie in den verbundenen Rechtssachen 36—38 und 40/59 untersucht. Die Entscheidungen des Gerichtshofs haben schließlich dazu geführt, daß die Hohe Behörde 5 Jahre später in der Entscheidung Nr. 3/61 vom 8. 2. 1961 nur noch das Kriterium 3 genehmigt hat. Die praktische Bedeutung dieses Ergebnisses läßt sich insoweit schlecht abschätzen, weil es eben keinen Maßstab gibt, der die Leistung eines Großhändlers exakt wiedergibt. Es kann deshalb auch nicht ohne weiteres gesagt werden, ob die Rechtsprechung dazu geführt hat, daß die Ziele des Art. 2 Abs. 2 MV in stärkerem oder schwächerem Maße erreicht werden. Immerhin haben sich aber im Verlauf der Rechtsprechung einige Anhaltspunkte für die Beurteilung dieser Entwicklung ergeben.

Der Gerichtshof hat wiederholt darauf hingewiesen, daß durch einige dieser Kriterien die Unabhängigkeit der Verkaufspolitik der Verkaufsgesellschaften beeinträchtigt wird. Er stellt in der Rechtssache 2/56 fest: „Hauptsächlich ergibt sich aber der den Wettbewerb verfälschende und beschränkende Charakter der streitigen Klausel aus der damit verbundenen Einschränkung des Wettbewerbs für den Absatz eigener Produkte zugunsten der beiden anderen Verkaufsgesellschaften für Ruhrkohle[101].“

Der Gerichtshof wendet dieses Argument auch auf die Kriterien 1 und 2 an[102]. Die Aufhebung dieser Kriterien hätte also zu einer stärkeren Unabhängigkeit in der Verkaufspolitik der Verkaufsgesellschaften führen müssen. Der Generalanwalt hat aber darauf hingewiesen, daß diese Erwägungen in tatsächlicher Hinsicht jede Wirklichkeitsnähe verloren haben, weil es tatsächlich eine „unabhängige“ Verkaufspolitik einer Verkaufsgesellschaft nie gegeben hat[103]. Dieser Aspekt der Entwicklung scheint also nicht sehr bedeutsam zu sein.

---

[101] Sammlung der Rechtsprechung ..., Bd. 3, S. 41.

[102] Vgl. Sammlung der Rechtsprechung ..., Bd. 6, S. 922 u. S. 926 f.

[103] Vgl. Sammlung der Rechtsprechung ..., Bd. 6, S. 957.

Von größerer praktischer Bedeutung scheint eine zweite Auswirkung der Kriterien 1 und 2 zu sein, auf die erst in den verbundenen Rechtssachen 36—38 und 40/59 hingewiesen wurde. Die J. Nold K. G. behauptet dort, die Verkaufsgesellschaften würden darauf abzielen, die von den Zechen unabhängigen Großhändler vom Direktbezug auszuschließen[104]. Diese Zielsetzung läßt sich aus den Ausführungen des Generalanwalts und der Parteien auch mit einiger Wahrscheinlichkeit nachweisen. Vor der Entscheidung Nr. 36/59 waren nach Angaben der Hohen Behörde 340 Händler zum Direktbezug zugelassen; danach waren es 379[105]. Die Hohe Behörde behauptet weiter, vor dieser Entscheidung seien etwas mehr als die Hälfte davon zechenverbundene Großhändler gewesen; danach seien die freien Großhändler in der Überzahl gewesen[106]. Diese Gruppen sind in unterschiedlichem Ausmaß am Absatz von Ruhrkohle beteiligt. Die J. Nold K. G. behauptet, 80 v. H. der Kohle der Verkaufsgesellschaften würden über zechenverbundene Großhändler abgesetzt[107]. Die Hohe Behörde erklärt, die zechenverbundenen Großhändler würden zwei Drittel der Ruhrkohle absetzen[108]. Der Generalanwalt gibt, unter Berufung auf von der Hohen Behörde durchgeführte Ermittlungen und vom Gerichtshof zusammengestelltes Material, weiteren Aufschluß[109]. Vor Aussetzung des Kriteriums 1 seien 39 v. H. der Kohle der Verkaufsgesellschaften von den freien Großhändlern und 61 v. H. von den zechenverbundenen Großhändlern abgesetzt worden. Danach wurden 43 v. H. von den freien Großhändlern und 57 v. H. von den zechenverbundenen Großhändlern abgesetzt. Aus diesen Zahlen ergibt sich, daß die zechenverbundenen Großhandelsunternehmen durchschnittlich einen größeren Absatz an Ruhrkohle aufweisen als die freien Großhändler[110]. Die Verkaufsgesellschaften konnten die freien Großhändler tendenziell zum Ausscheiden vom Direktbezug zwingen, indem sie die Anforderungen an den Bezug von Ruhrkohle möglichst hochsetzten. Infolge der tatsächlichen Gegebenheiten brauchten sie sich nicht unbedingt an das Kriterium Ruhrkohle zu halten, sie konnten es durch das Kriterium Gemeinschaftskohle ersetzen. Umgekehrt wird den freien Großhändlern bei einer Senkung dieser Anforderungen die Möglichkeit gegeben, sich in stärkerem Maße für den Direktbezug zu qualifizieren. Von den 39 Großhändlern, die sich

---

[104] Vgl. Sammlung der Rechtsprechung ..., Bd. 6, S. 911.

[105] Vgl. Sammlung der Rechtsprechung ..., Bd. 6, S. 916. Die Hohe Behörde gibt auch davon leicht abweichende Zahlen an.

[106] Vgl. Sammlung der Rechtsprechung ..., Bd. 6, S. 916.

[107] Vgl. Sammlung der Rechtsprechung ..., Bd. 6, S. 911.

[108] Vgl. Sammlung der Rechtsprechung ..., Bd. 6, S. 916.

[109] Vgl. Sammlung der Rechtsprechung ..., Bd. 6, S. 959 f.

[110] Vgl. Sammlung der Rechtsprechung ..., Bd. 6, S. 961.

infolge der Entscheidung Nr. 36/59 für den Direktbezug neu qualifizieren konnten, waren 32 freie Großhändler[111]. Der Gerichtshof hat somit wesentlich dazu beigetragen, diesen verstärkten Zugang der freien Großhändler zum Direktbezug zu fördern. Den Verkaufsgesellschaften wurde so zumindest die Möglichkeit beschnitten, über die Handelsregelungen Zielsetzungen zu verfolgen, die nicht mit den Zielen des Artikels 2 Abs. 2 MV übereinstimmen.

[111] Vgl. Sammlung der Rechtsprechung ..., Bd. 6, S. 916.

Schlußwort

In dieser Arbeit wurde am Beispiel der Rechtsprechung zum Montanvertrag festzustellen versucht, inwieweit der Jurist bei essentiell wirtschaftlich orientierten Verträgen in der Lage ist, die wirtschaftlichen Elemente in den Vertragsnormen zu erkennen, zu deuten und im Einzelfall anzuwenden. Dieses Untersuchungsziel legte das teleologische Verfahren der Vertragsauslegung nahe. Es wurde deshalb zunächst versucht, die Ziele des Montanvertrags zu beschreiben. Anschließend wurde dann im Einzelfall geprüft, ob die Rechtsprechung über die an diesen Zielen ausgerichtete Auslegung und Anwendung der Vertragsnormen ihren Beitrag zur Erreichung dieser Ziele geleistet hat.

Dieses Untersuchungsprogramm konnte allerdings nur mit Einschränkungen durchgeführt werden. Schon bei der Beschreibung der Vertragsziele ergaben sich große Schwierigkeiten. Der Katalog dieser Ziele, die in den Art. 2—5 MV enthalten sind, ist sehr umfangreich. Er enthält vor allem wirtschaftliche und soziale, aber auch politische Zielsetzungen. Da sich diese Zielsetzungen, wie sich zeigen ließ, im Einzelfall widersprechen können, mußte ein Maßstab gesucht werden, an dem diese Ziele auszurichten waren. Es gelang, die in Art. 2 Abs. 2 MV enthaltene Zielsetzung der rationellsten Verteilung der Erzeugung auf dem höchsten Leistungsstand als einen solchen Maßstab zu deuten, der allerdings nur auf die wirtschaftlichen und sozialen Ziele der Art. 2 bis 5 MV Anwendung finden kann[1]. Der utopische Charakter dieses Ziels steht seiner Verwendung als Maßstab und Urteilskriterium jedoch entgegen[2]. Da es auch nicht möglich war, eine praktikable zweitbeste Lösung zu finden, die sich dieser utopischen Zielsetzung bestmöglichst annähert, wurde nach pragmatischen Lösungen gesucht. Es wurde geprüft, ob die Zielsetzung der rationellsten Verteilung der Erzeugung auf dem höchsten Leistungsstand in indirekter Weise verfolgt werden

---

[1] Die Ausklammerung der politischen Ziele ist im Rahmen einer Untersuchung, die sich mit der wirtschaftlichen Deutung der Rechtsprechung zum Montanvertrag befaßt, kein schwerwiegender Mangel, zumal sich im ersten Teil der Arbeit zeigen läßt, in welcher Weise diese politischen Ziele indirekt einen Einfluß auf die Erreichung der wirtschaftlichen Ziele des Vertrags ausüben.

[2] Darauf wurde bei der Behandlung der Theorie des Zweitbesten besonders hingewiesen.

kann, indem die im Montanvertrag erkennbare wettbewerbsfreundliche Konzeption der Wirtschaftspolitik im Einzelfall über eine Abschwächung der den Wettbewerb störenden Faktoren durchgesetzt wird.

Die ausgewählten Verfahren wurden so gruppiert, daß die wichtigsten Faktoren, die der Realisierung des Modells der vollkommenen Konkurrenz bzw. der Theorie der komparativen Kosten entgegenstanden, schwerpunktartig erfaßt sind. Im ersten Teil der Arbeit bestand das Problem darin, die Eingriffsmöglichkeiten der Mitgliedstaaten der Gemeinschaft über die Auslegung und Anwendung des Subventionsverbots und des Diskriminierungsverbots so einzuengen, daß die wirtschaftspolitische Konzeption des Montanvertrags möglichst gewahrt wurde. In einem besonderen Kapitel wurde versucht, diese Untersuchung auf die Eingriffsmöglichkeiten der Hohen Behörde auszudehnen, die ja gegenüber den Mitgliedstaaten der Gemeinschaft eine Sonderstellung einnimmt. Im zweiten Teil der Arbeit wurde am Beispiel der Ruhrkohle-Verkaufsgesellschaften zu zeigen versucht, welche Schwierigkeiten auftreten, wenn es gilt, die wirtschaftspolitische Konzeption des Montanvertrags gegenüber den Unternehmen des Vertrags durchzusetzen. Dabei stand die Anwendung des Art. 65 § 2 MV im Vordergrund.

Die wichtigsten Ergebnisse der Untersuchung lassen sich wie folgt darstellen:

Die Eingriffsmöglichkeiten der Mitgliedstaaten der Gemeinschaft werden im wesentlichen durch Art. 4 Abs. b u. c MV sowie durch Art. 67 MV bestimmt. Art. 4 Abs. b MV verbietet Maßnahmen oder Praktiken, die eine Diskriminierung zwischen Erzeugern oder Verbrauchern herbeiführen sowie Maßnahmen oder Praktiken, die den Käufer an der freien Wahl seines Lieferanten hindern. Art. 4 Abs. c MV verbietet von den Staaten bewilligte Subventionen oder Beihilfen oder von ihnen auferlegte Sonderlasten. Der Gerichtshof hat darauf hingewiesen, daß beide Bestimmungen aus der Zielsetzung des Art. 2 Abs. 2 MV heraus zu verstehen sind. Soweit sich das Subventionsverbot und das Diskriminierungsverbot gegen die Mitgliedstaaten der Gemeinschaft richten, sollen diese Bestimmungen verhindern, daß die Zielsetzung des Art. 2 Abs. 2 MV durch staatliche Eingriffe gefährdet wird. Aus Art. 67 MV läßt sich aber entnehmen, daß in der Montanunion trotz dieser generellen Verbotsbestimmungen weiterhin mit staatlichen Eingriffen zu rechnen ist. Der Gerichtshof hat diesen scheinbaren Widerspruch aufgehellt, indem er auf die Kompetenzenregelung des Vertrags zurückgegriffen hat. „Artikel 4 stellt ab auf Eingriffe, die ‚innerhalb der Gemeinschaft' — d. h. im Rahmen des sachlichen Geltungsbereichs des Vertrages, durch den die Gemeinschaft errichtet wurde —

vorgenommen werden[3]." Innerhalb dieses Bereichs ist den Organen der Gemeinschaft eine ausschließliche Zuständigkeit verliehen worden. Der Anwendungsbereich des Art. 67 ergibt sich dagegen aus dem Teilcharakter der Montanunion. „Nach dem Vertrag gehören bestimmte Sachgebiete der Wirtschaft der Mitgliedstaaten nicht zum Bereich der Gemeinschaft und sind daher auch nicht der Hoheitsgewalt der Hohen Behörde unterstellt[4]." Die Mitgliedstaaten können von diesen ihnen verbliebenen Hoheitsrechten weiterhin Gebrauch machen und es besteht die Gefahr, daß sie über diese Eingriffsmöglichkeiten auf die Wettbewerbsbedingungen in der Gemeinschaft einwirken können. Diese Gefahr soll über Art. 67 abgewendet werden. Die Hohe Behörde wird in Art. 67 ermächtigt, diese Auswirkungen zu neutralisieren oder abzuschwächen.

Die Problematik dieser Regelung, auf die sich der Gerichtshof im wesentlichen gestützt hat, ist leicht erkennbar. Schon eine flüchtige Untersuchung der Auswirkungen einiger Maßnahmen, die nach der Kompetenzenregelung des Vertrags weiterhin im Hoheitsbereich der Mitgliedstaaten verbleiben, zeigt, daß es nicht möglich ist, diese Auswirkungen mit hinreichender Exaktheit zu bestimmen. Es kann also, wenn nur auf die Kompetenzenregelung des Vertrags abgestellt wird, nicht damit gerechnet werden, daß die Hohe Behörde den Auswirkungen der staatlichen Eingriffe über Art. 67 wirksam begegnen kann. Die Mitgliedstaaten werden dann trotz des Diskriminierungs- und des Subventionsverbots auf den Wettbewerb in der Gemeinschaft Einfluß nehmen können. Es besteht die Gefahr, daß die beiden Verbotsbestimmungen über Art. 67 ausgehöhlt werden. Die wirtschaftliche Zielsetzung des Art. 2 Abs. 2 kann durch die politische Zielsetzung des Art. 2, die Souveränität der Mitgliedstaaten in weiten Bereichen aufrecht zu erhalten, beschränkt und sogar ausgeschaltet werden.

Es wurde deshalb versucht, die Bedeutung dieses Störungsfaktors soweit wie möglich herabzusetzen. Dies war nur über eine Beschränkung der Eingriffsmöglichkeiten der Mitgliedstaaten möglich, ohne daß dabei allerdings die Kompetenzenregelung des Vertrags angetastet werden durfte. Die Rechtsprechung zur Bergmannsprämie in Deutschland enthielt Ansatzpunkte zu einer solchen Lösung. In diesem Prozeß wurde von den Prozeßteilnehmern auf die Unterscheidung zwischen allgemeinen und speziellen staatlichen Eingriffen hingewiesen. Allgemeine staatliche Eingriffe sollten erlaubt sein und unter Art. 67 fallen. Spezielle staatliche Eingriffe sollten nach Art. 4 Abs. b u. c verboten sein. Werden unter allgemeinen staatlichen Eingriffen nur solche Maßnahmen

---

[3] Sammlung der Rechtsprechung ..., Bd. 7, S. 47.

[4] Sammlung der Rechtsprechung ..., Bd. 7, S. 48.

verstanden, die sich auf alle Sektoren einer Volkswirtschaft erstrecken, während die speziellen staatlichen Eingriffe nur einen Teilbereich der Wirtschaft treffen, dann läßt sich zwischen diesen beiden Kategorien von staatlichen Maßnahmen ein wesentlicher Unterschied nachweisen. Über allgemeine staatliche Eingriffe kann in der Regel nicht gezielt auf die Wettbewerbsposition eines Wirtschaftszweigs eingegriffen werden. Über spezielle staatliche Eingriffe ist dies dagegen in der Regel möglich. Zur Abgrenzung der Art. 4 Abs. b u. c von Art. 67 MV wurde deshalb, neben der Kompetenzenregelung des Vertrags, auf diese Unterscheidung zwischen allgemeinen und speziellen staatlichen Maßnahmen zurückgegriffen. Die Mitgliedstaaten können innerhalb ihres Kompetenzbereichs nur allgemeine staatliche Maßnahmen ergreifen. Spezielle staatliche Eingriffe unterliegen dagegen den Verbotsbestimmungen der Art. 4 Abs. b u. c. Es konnte weiter gezeigt werden, daß die Auswirkungen spezieller staatlicher Eingriffe, die den Wettbewerb in der Gemeinschaft nicht unmittelbar berühren, ebenfalls nicht mit der für einen gezielten Eingriff notwendigen Exaktheit bestimmt werden können. Das Verbot spezieller staatlicher Eingriffe gilt deshalb nur für diejenigen Maßnahmen, die den Wettbewerb in der Gemeinschaft unmittelbar berühren[5].

Bei dieser Abgrenzung der Art. 4 Abs. b u. c von Art. 67 MV werden zwar Auswirkungen der staatlichen Eingriffe auf den Wettbewerb in der Gemeinschaft nicht ausgeschlossen. Die Auswirkungen dieser Eingriffe sind aber so unbestimmt, daß sie wenigstens nicht mehr zur Umgehung des Subventions- und Diskriminierungsverbots herangezogen werden können. Auf diese Weise wurde ein Kompromiß zwischen der wirtschaftlichen und der politischen Zielsetzung des Art. 2 MV herbeigeführt, der m. E. beiden Zielsetzungen Rechnung trägt.

Der Gerichtshof hat sich nicht für diese Lösung entschieden. In der Rechtssache 13/60 hat sich der Gerichtshof lediglich auf die Kompetenzenregelung des Vertrags gestützt und festgestellt, daß die Bergmannsprämie unter Art. 4 Abs. c MV fällt. In den verbundenen Rechtssachen 7 und 9/54 hat der Gerichtshof zwar in bezug auf das Verbot von Sonderlasten das Begriffspaar „allgemeine" und „besondere" Lasten auf die Ausgleichskasse für Hausbrandkohle in Luxemburg anzuwenden versucht. Er ist aber dabei m. E. zu einem falschen Ergebnis gekommen. Bei der Anwendung des Diskriminierungsverbots auf diese Ausgleichskasse hat er sich dann wieder sehr stark auf die Kompetenzenregelung des Vertrags gestützt.

---

[5] Dabei reicht der Anwendungsbereich des Diskriminierungsverbots über denjenigen des Subventionsverbots hinaus, weil das Diskriminierungsverbot nicht wie das Verbot der Subventionen nur für eine ganz bestimmte Art staatlicher Ausgaben gilt.

Die Überlegungen zum Diskriminierungs- und Subventionsverbot, das sich gegen die Mitgliedstaaten der Gemeinschaft richtet, können nicht ohne weiteres auf die Eingriffsmöglichkeiten der Hohen Behörde übertragen werden. Die Kompetenzen der Hohen Behörde sind auf den Sektor der Kohle- und Stahlindustrie beschränkt. Die Hohe Behörde wird somit überhaupt nur spezielle Maßnahmen ergreifen können, die den Wettbewerb in der Gemeinschaft unmittelbar berühren. Die Hohe Behörde wird also in der Regel in der Lage sein, über ihre Eingriffe gezielt auf den Wettbewerb in der Gemeinschaft einzuwirken. Es mußte deshalb nach anderen Möglichkeiten, die Eingriffe der Hohen Behörde mit der Zielsetzung des Art. 2 Abs. 2 MV abzustimmen, gesucht werden. Dieses Problem wurde am Beispiel der Rechtsprechung zu den Ausgleichsregelungen für Schrott untersucht.

Die Hohe Behörde hat sich bei der Einführung dieser Ausgleichsregelungen auf Art. 53 Buchst. b gestützt. Dieser Artikel 53 Buchst. b verleiht ihr die Befugnis, mit einstimmiger Zustimmung des Ministerrats jede Art von finanziellen Einrichtungen zwischen mehreren Unternehmen zu schaffen, die sie zur Durchführung der Aufgaben nach Art. 3 für erforderlich und mit den Vorschriften des Vertrags für vereinbar hält. Am Beispiel des Art. 53 Buchst. b wird somit deutlich, daß der Vertrag den Eingriffen der Hohen Behörde weit positiver gegenübersteht als den Eingriffen der Mitgliedstaaten der Gemeinschaft: Eingriffe der Mitgliedstaaten können wegen der politischen Zielsetzung des Art. 2 MV nicht vollkommen verhindert werden. Ihre Auswirkungen sollen aber nach Möglichkeit über Art. 67 kontrolliert werden. Die Eingriffe der Hohen Behörde im Rahmen des Art. 53 Buchst. b sollen dagegen zur Erreichung der Ziele des Art. 3 MV beitragen. Art. 53 Buchst. b verzichtet allerdings keineswegs auf eine Kontrolle der Eingriffe der Hohen Behörde. Die Eingriffe müssen mit den Vorschriften des Vertrags vereinbar sein, und eine dieser Vorschriften ist das Diskriminierungsverbot des Art. 4 Abs. b MV.

Der Bericht der französischen Delegation über die Gründung des Montanvertrags macht deutlich, weshalb in Art. 53 Buchst. b Eingriffe der Hohen Behörde vorgesehen sind. „Obwohl es dem Sinn und Zweck des Vertrages entspricht, sich für geordnete Marktverhältnisse soweit wie möglich auf den Preismechanismus zu verlassen, zeigt die Erfahrung, daß allzu große Verschiedenheiten, zum Beispiel zwischen den Bedingungen, unter denen der Bedarf aus verschiedenen Quellen gedeckt wird, oder zwischen den Absatzmöglichkeiten auf verschiedenen Märkten oder schließlich zwischen den Produktionsbedingungen der verschiedenen Unternehmungen in den verschiedenen Gebieten selbst, allein durch den Preismechanismus nicht schnell und reibungslos genug beseitigt werden können; in diesen Fällen kann die Gewährung gewisser Kompensationsleistungen unbedingt erforderlich werden[6]."

Die Eingriffe der Hohen Behörde über Art. 53 Buchst. b sollen demnach das Versagen des Preismechanismus ausgleichen und auf diese Weise zum Erreichen der Ziele des Art. 2 Abs. 2 MV beitragen. Der Sinn des Diskriminierungsverbots des Art. 4 Abs. b MV kann somit, soweit es sich gegen die Hohe Behörde richtet, nicht in dem Versuch bestehen, gerade diese Kompensationsleistungen zu verhindern. Der Sinn des Diskriminierungsverbots wurde vielmehr darin gesehen, im Einzelfalle zu verhindern, daß die Hohe Behörde über die Kompensationsleistungen des Art. 53 Buchst. b der Zielsetzung des Art. 2 Abs. 2 MV zuwiderhandelt.

Der Gerichtshof hat diese den Art. 53 Buchst. b und 4 Abs. b MV gemeinsame Aufgabenstellung nicht erkannt. Er hätte sonst die für die Anwendung des Diskriminierungsverbots grundlegenden Begriffe der Vergleichbarkeit der Lage und der Gleichbehandlung stärker an der Zielsetzung des Art. 2 Abs. 2 MV auszurichten versucht. Statt dessen hat sich der Gerichtshof bei der Anwendung dieser Begriffe an Kriterien ausgerichtet, denen im Hinblick auf die Zielsetzung des Art. 2 Abs. 2 MV keine besondere Bedeutung zukam. Es fällt deshalb auch sehr schwer, die Urteile des Gerichtshofs zu den Ausgleichsregelungen für Schrott in einen sinnvollen Zusammenhang zu bringen.

In der Rechtsprechung zur Regelung des Ruhrkohlenverkaufs stand die Anwendung des Art. 65 § 2 MV im Vordergrund. Während Art. 65 § 1 MV grundsätzlich „... alle Vereinbarungen zwischen Unternehmen, alle Beschlüsse von Unternehmen und alle verabredeten Praktiken, die darauf abzielen würden, auf dem gemeinsamen Markt direkt oder indirekt den normalen Wettbewerb zu verhindern, einzuschränken oder zu verfälschen" verbietet, sieht Art. 65 § 2 MV Ausnahmen von dieser Regel vor. „Die Hohe Behörde genehmigt ... für bestimmte Erzeugnisse Vereinbarungen über Spezialisierung oder über gemeinsamen Ein- oder Verkauf, wenn sie feststellt,

a) daß diese Spezialisierung oder diese gemeinsamen Ein- oder Verkäufe zu einer merklichen Verbesserung der Produktion oder der Verteilung der genannten Erzeugnisse beitragen;

---

[6] Republique, Française, Ministère des Affaires étrangères, (Hrsg.), Rapport de la Delégation. Française sur le Traité instituant la Communauté Européenne du Charbon et de l'acier et la Convention relative aux dispositions transitoires signés à Paris le 18 Avril 1951, Paris 1951, S. 162, zitiert nach Sammlung der Rechtsprechung ..., Bd. 4, S. 343.

b) daß die betreffende Vereinbarung für die Erzielung dieser Wirkungen wesentlich ist, ohne daß sie weitergehende Einschränkungen vorsieht, als dies ihr Zweck erfordert, und

c) daß sie nicht geeignet ist, den beteiligten Unternehmen die Möglichkeit zu geben, für einen wesentlichen Teil der betreffenden Erzeugnisse auf dem gemeinsamen Markt die Preise zu bestimmen, die Erzeugung oder den Absatz zu kontrollieren oder einzuschränken, noch diese Erzeugnisse dem tatsächlichen Wettbewerb anderer Unternehmen auf dem gemeinsamen Markt zu entziehen."

Von diesen Bestimmungen hat im Ergebnis Art. 65 § 2 Buchst. c MV die größte Bedeutung erlangt. Die Hohe Behörde hat diese Vorschrift auf den Zusammenschluß der Verkaufsgesellschaften der Ruhr in einer einheitlichen „Ruhrkohle-Verkaufsgesellschaft m.b.H." angewandt und diese Vereinbarung insbesondere im Hinblick darauf abgelehnt, daß die Ruhr über diesen Zusammenschluß die Möglichkeit erhalten hätte, für einen wesentlichen Teil ihrer Erzeugung auf dem Gemeinsamen Markt die Preise zu bestimmen. Im daran anschließenden Prozeß hat der Gerichtshof diese Preisbestimmungsmacht wie folgt definiert: „Die Preisbestimmungsmacht besteht ... in der Fähigkeit, die Preise in einer Höhe festzusetzen, die sich merklich von der Höhe unterscheidet, auf der sie sich eingependelt hätten, wenn sie ausschließlich vom Wettbewerb bestimmt worden wären[7]."

In dieser Definition tritt die Bezugnahme auf die Zielsetzung des Art. 2 Abs. 2 MV deutlich hervor. Vereinbarungen des Art. 65 § 2 MV, die zu einer merklichen Abweichung der tatsächlichen Preisbildung von der hypothetischen Preisbildung bei vollkommener Konkurrenz führen, werden als wettbewerbsfeindlich erkannt und verlieren die Genehmigungsfähigkeit. Damit scheint der Hohen Behörde ein sehr feinfühliges Instrument zur Bekämpfung der von seiten der Wirtschaftsunternehmen ausgehenden wettbewerbsstörenden Faktoren zur Verfügung zu stehen.

Die Anwendung dieses Grundsatzes auf die Wirtschaftsunternehmen stößt aber auf sehr große Schwierigkeiten. Wegen der in Wirklichkeit stets bestehenden Unvollkommenheiten des Marktes verfügt im Grunde jedes Wirtschafsunternehmen über eine so definierte Preisbestimmungsmacht. Es ist deshalb nahezu unmöglich, die sehr anspruchsvolle Formulierung des Art. 65 § 2 Abs. c MV in befriedigender Weise auf die Praxis zu übertragen.

Das hat wohl auch der Gerichtshof erkannt. Er hat darauf hingewiesen, daß der Markt für Kohle und Stahl wegen der bestehenden

---

[7] Sammlung der Rechtsprechung ..., Bd. VIII, S. 215.

wirtschaftlichen und technischen Bedingungen einen oligopolistischen Charakter trage. Er hat aber im übrigen auf die Richtigkeit der Entscheidung der Hohen Behörde vertraut und den Zusammenschluß der Verkaufsgesellschaften der Ruhr in einer einzigen Verkaufsgesellschaft abgelehnt. Der Gerichtshof hat also zunächst darauf verzichtet, eigene Vorstellungen über die Anwendung dieses Begriffs der Preisbestimmungsmacht zu entwickeln. Es wurde im Rahmen der Arbeit nicht versucht, diese Lücke durch eine eigenständige Untersuchung zu schließen. Es wurden lediglich die wesentlichen wirtschaftlichen und technischen Bedingungen, die eine Zentralisierung des Rukrkohlenverkaufs rechtfertigen könnten, und die mutmaßlichen Auswirkungen dieses zentralisierten Ruhrkohlenverkaufs auf die Preisbildung für Ruhrkohle dargestellt. Dadurch wird zwar die Entscheidung über einen einheitlichen Ruhrkohlenverkauf, die auf der Grundlage wohlfahrtsökonomischer Untersuchungen fallen müßte, nicht erleichtert. Es wurde aber wenigstens das Für und Wider des einheitlichen Ruhrkohlenverkaufs aufgezeigt.

Ähnliche Schwierigkeiten traten bei der Anwendung der Bestimmungen des Art. 65 MV auf die Handelsregelungen der drei Ruhrkohlenverkaufsgesellschaften auf. Die Verkaufsgesellschaften bestimmten über diese Vereinbarungen insbesondere den Kreis der bei ihnen zum Direktbezug zugelassenen Großhändler und behaupteten, diese Vereinbarungen führten zu einer Verbesserung der Verteilung ihrer Produkte. In den auf diese Handelsregelungen bezugnehmenden Prozessen wurde deutlich, in welcher Weise die Art. 65 § 2 Abs. a u. b MV einen Beitrag zur Erreichung der Zielsetzung des Art. 2 Abs. 2 MV leisten können. Diese Bestimmungen sollen die Verkaufsgesellschaften zur Beachtung des Leistungsprinzips anhalten. Jede Verkaufsgesellschaft soll nur diejenigen Großhändler mit dem Recht zum Direktbezug ausstatten, die einen bestimmten Beitrag zur Verbesserung der Verteilung der Produkte dieser Verkaufsgesellschaft leisten.

Die Verwirklichung dieses Prinzips bereitet aber wiederum Schwierigkeiten. Es konnte relativ leicht nachgewiesen werden, daß die diskutierten Kriterien nicht genügen, um die Leistung eines Händlers zuverlässig zu beschreiben. Es hat sich aber überdies gezeigt, daß wegen der Eigenart der von den Handelsbetrieben erbrachten Leistungen eine befriedigende Ermittlung der erbrachten Handelsleistung unmöglich ist.

Der Gerichtshof hat sich wiederum kaum an diesen Schwierigkeiten aufgehalten. Er hat sich vielmehr in sehr starkem Maße für ein Kriterium eingesetzt, das nur Aufschluß über die quantitative Seite der Leistung eines Handelsbetriebes geben kann.

Wird versucht, die Rechtsprechung des Gerichtshofs der Europäischen Gemeinschaft für Kohle und Stahl abschließend daran zu messen, welchen Beitrag sie zur Errichtung der im Montanvertrag enthaltenen wirtschaftlichen und sozialen Ziele geleistet hat, so muß nochmals deutlich darauf hingewiesen werden, daß die realitätsbezogene Deutung dieser Ziele mit einem sehr großen Ermessensspielraum behaftet ist. Es ist letztlich eine Frage der poltischen Willensbildung, welche der den Wettbewerb in der Montanunion störenden Faktoren als mit den Zielen des Art. 2 Abs. 2 MV vereinbar akzeptiert werden[8]. Die in dieser Arbeit gezogene Grenze zwischen vertragswidrigen und gerade eben noch zulässigen Wettbewerbsverzerrungen ist deshalb einigermaßen willkürlich. Dasselbe gilt auch für die an dieser Grenzziehung ausgerichtete Beurteilung der Rechtsprechung des Gerichtshofs. Mit dieser Einschränkung lassen sich aber doch einige Schlußfolgerungen ziehen.

Zunächst muß anerkannt werden, daß der Gerchtshof die überragende Bedeutung der Zielsetzung des Art. 2 Abs. 2 MV erkannt hat. Der Gerichtshof hat diese Bestimmung überdies mit großem Geschick zur Auslegung und Anwendung der übrigen Vertragsnormen herangezogen. Die möglichst weitgehende Durchsetzung der wirtschaftlichen und sozialen Ziele des Montanvertrags ist allerdings mit so vielen Schwierigkeiten verbunden, daß diese Aufgabe wohl nie völlig zufriedenstellend gelöst werden kann. Es bedeutet deshalb keine Schmälerung der Verdienste des Gerichtshofs, wenn seine Entscheidungen in

---

[8] Es muß in diesem Zusammenhang auf die Bemühungen der Hohen Behörde hingewiesen werden, eine Revision einzelner Bestimmungen des Vertrags zu erreichen oder doch die Anwendung dieser Bestimmungen weitgehend einzuschränken. Einmal reichte die Hohe Behörde zusammen mit dem Besonderen Ministerrat der Europäischen Gemeinschaft für Kohle und Stahl am 20. 7. 1962 beim Gerichtshof der Europäischen Gemeinschaft für Kohle und Stahl einen Antrag auf Stellungnahme zu einer Revision des Art. 65 MV ein. (Sammlung der Rechtsprechung ..., Bd. 7, S. 525 ff.). Der Gerichtshof hat eine negative Stellungnahme abgegeben und damit die Möglichkeit einer „kleinen Revision" des Vertrages gemäß Art. 95 verbaut. Die Hohe Behörde will aber jetzt die Änderung der Bestimmung des Art. 65 auf dem Wege einer „großen Revision" des Vertrags gem. Art. 96 durchsetzen (vgl. Piero *Malvestiti*, Die Revision der Verträge der Europäischen Gemeinschaften, in: Bulletin der Europäischen Gemeinschaft für Kohle und Stahl, Luxemburg, 7. Jg. (1962), Nr. 3, S. 10). Zum anderen tritt die Hohe Behörde für eine weitgehende Lockerung des Verbots von Subventionen und Beihilfen des Art. 4 Abs. c ein. In beiden Fällen beruft sich die Hohe Behörde auf die seit dem Zeitpunkt des Vertragsabschlusses eingetretenen wirtschaftlichen Veränderungen. [Vgl. dazu Fritz *Hellwig*, Strukturelle Marktveränderung in der EGKS, in: Bulletin der Europäischen Gemeinschaft für Kohle und Stahl, Luxemburg, 7. Jg. (1962), Nr. 2, S. 5 ff. und: Europäische Gemeinschaft für Kohle und Stahl, Hohe Behörde, Entscheidung Nr. 3/65 v. 17. 2. 1965, in: Amtsblatt der Europäischen Gemeinschaften vom 25. 2. 1965, 8. Jg., Nr. 31, S. 48.ff.].

einzelnen Punkten kritisiert werden: In den Urteilen zu den Ausgleichsregelungen für Schrott hat der Gerichtshof bei der Anwendung der Begriffe der Gleichbehandlung und der Vergleichbarkeit der Lage die Zielsetzung des Art. 2 Abs. 2 MV offenbar aus den Augen verloren. In den Rechtssachen 30/59 und 7 und 9/54 hat der Gerichtshof zwar die Bedeutung der Zielsetzung des Art. 2 Abs. 2 MV durchaus erkannt. Er hat aber in diesen Prozessen den Mitgliedsstaaten der Gemeinschaft m. E. einen zu großen Spielraum offen gelassen. Bei seiner Abstimmung der politischen Zielsetzungen des Vertrags (Art. 2 MV) mit den wirtschaftlichen und sozialen Zielen des Art. 2 Abs. 2 MV räumt er diesen politischen Zielen ein zu großes Gewicht ein, wobei sich dies allerdings nur in den verbundenen Rechtssachen 7 und 9/54 unmittelbar auf sein Urteil ausgewirkt hat. In den Urteilen über die Organisation des Ruhrkohlenverkaufs betont er dagegen die Zielsetzung des Art. 2 Abs. 2 MV sehr stark. Seine Entscheidungen sind in diesen beiden Fällen anfechtbar, weil die Beziehung zur Realität nahezu verloren geht. Der Gerichtshof sollte seine Stellung in diesen Punkten von eingehenden wirtschaftspolitischen Untersuchungen abhängig machen.

Die praktische Bedeutung der Rechtsprechung des Gerichtshofs zeigt allerdings ein weniger erfreuliches Bild. Der Gerichtshof hat in der Rechtssache 30/59 die Zahlung der Bergmannsprämie untersagt. In Wirklichkeit wurde diese Prämie aber über 8 Jahre hinweg beibehalten. In den verbundenen Rechtssachen 7 und 9/54 hat der Gerichtshof die Ausgleichskasse für Hausbrandkohle in Luxemburg m. E. zu Unrecht als vertragsgemäß anerkannt. Zwar wurde diese Ausgleichskasse schon vor diesem Urteil abgeschafft. Es besteht aber der Verdacht, daß die Ausgleichskasse nur durch eine ebenso vertragswidrige neuartige Regelung ersetzt wurde. Ähnliche Feststellungen gelten für die Anwendung des Art. 65 § 2 MV. Der Gerichtshof hat in der Rechtssache 13/60 zwar die Schaffung einer einheitlichen Ruhrkohlenverkaufsorganisation untersagt. Es wurde aber nachgewiesen, daß der Ruhrkohlenverkauf trotz dieser Entscheidung weiterhin zentral gesteuert wird. Die einzige Ausnahme stellt die Rechtsprechung zu den Handelsregelungen der Ruhrkohle-Verkaufsgesellschaften dar. Es zeigte sich, daß über diese Urteile der Konzentration des Kohleabsatzes über zechenabhängige Kohlengroßhändler entgegengewirkt wurde. Diese Verzögerungen können aber dem Gerichtshof nur in sehr begrenztem Umfang angelastet werden. Der Gerichtshof ist nur eine der Institutionen, die zur Wahrung der Ziele des Montanvertrags aufgerufen sind.

Anhang

Karte 1: **Transportkostenvergleich Ruhrkohle — US-Kohle (Transportkosten in DM/t)**

Ruhrkohle: ab Zeche in den Verbraucherbezirk US-Kohle: cif ARA-Häfen in den Verbraucherbezirk

Bezirk	1959		
	Ruhrkohle	US-Kohle	Differenz
1	14,60	2,00	+ 12,60
2	17,60	9,00	+ 8,00
3	14,60	0,90	+ 13,70
4	18,50	5,90	+ 12,60
5	11,10	0,90	+ 10,20
6	10,80	6,40	+ 4,40
7	18,80	14,30	+ 4,50
8	17,50	19,00	— 1,50
9	12,40	16,30	— 3,90
10	17,00	23,00	— 6,00
11	10,00	9,60	+ 0,40
12	10,00	8,70	+ 1,30
13	9,20	15,00	— 5,80
14	8,40	0,90	+ 7,50
15	10,80	5,40	+ 5,40
16	8,20	8,20	0
17	8,00	8,80	— 0,80
18	9,10	17,90	— 8,80
19	4,40	13,30	— 8.90
20	3,60	11,80	— 8,20

24	7,80	10,90	— 3,10
25	12,70	15,50	— 2,80
25a)	4,00	15,50	— 11,50
26	9,70	5,90	+ 3,80
27	18,80	22,60	— 3,80
28	12,10	17,60	— 5,50
29	15,60	16,20	— 0,60
30	15,40	19,30	— 3,90
31	16,80	13,40	+ 3,40
32	12,00	7,20	+ 4,80
33	25,00	21,50	+ 3,50
34	26,70	24,60	+ 2,10
35	17,00	11,30	+ 5,70
36	25,90	22,40	+ 3,30
37	12,10	7,60	+ 4,50
38	19,40	20,00	— 0,60
39	14,80	10,70	+ 4,10
40	26,00	30,40	— 4,40
41	20,70	24,90	+ 4,20
42	27.10	32,30	— 5,20
43	28,30	33,90	— 5,60
44	27,40	32,90	— 5,50
45b)	4,40	22,70	— 18,30
46	17,10	12,10	+ 5,00

a) Aachener Kohle. — b) Saarkohle.
Quelle: Energiegutachten, a.a.O., S. 238 f.

KIEL
1
2
STADE
3
HAMBURG
LÜNEBURG
4
5
BREMEN
6
NIENBURG
7
CELLE
8
KREIENSEN
9
HERFORD
11
SALZGITTER
12
HANNOVER
13
OSNABRÜCK
14
EMDEN
15
OLDENBURG
16
MEPPEN
17
MÜNSTER
18
LIPPSTADT
20
GELSENKIRCHEN
21
REES
HAGEN
KASSEL
M. GLADBACH
46
WEST BERLIN

30
WETZLAR
MONTABAUR
29
KOBLENZ
26
38 FULDA
27
TRIER
37 FRANKFURT
DARMSTADT
31
39
WÜRZBURG
40
BAYREUTH
MANNHEIM
45
SAARBRÜCKEN
32
NÜRNBERG
41
42 REGENSBURG
35
STUTTGART
36
SCHWÄB. GMÜND
AUGSBURG
44
BALINGEN
34
33
FREIBURG
43 MÜNCHEN

*Karte 2:** **Verlauf der Frachtgrenzen für einige wichtige Steinkohlenreviere in der EGK**

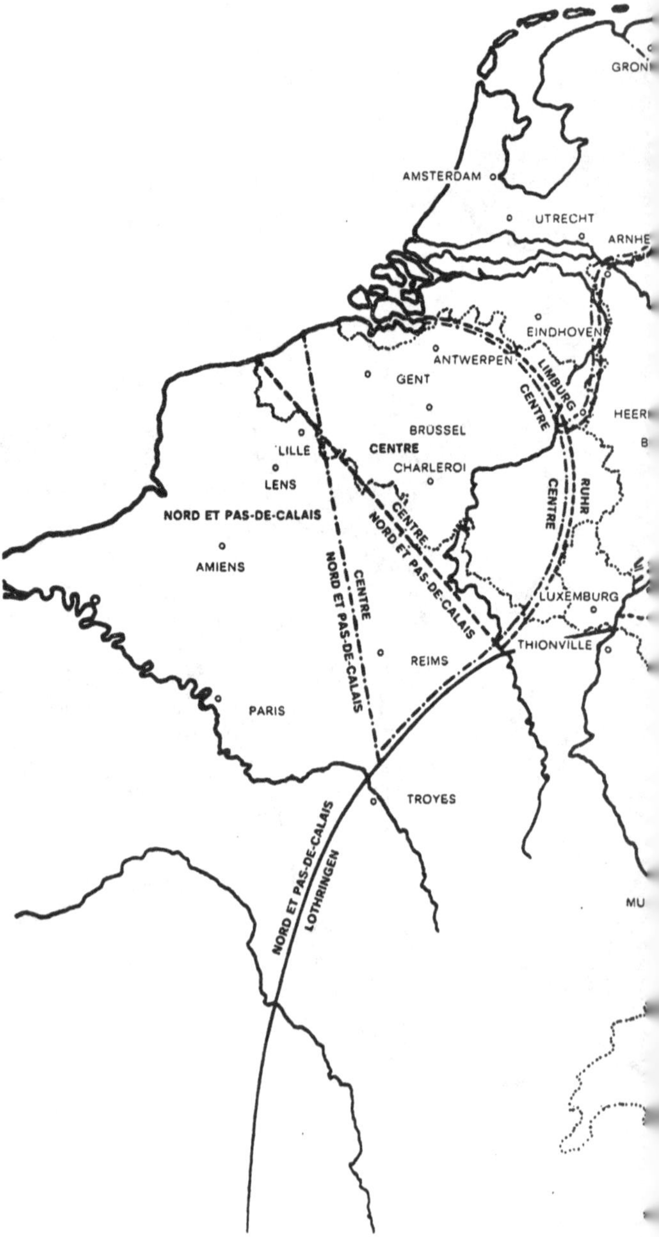

* Eberhard *Fredeke,* Die Problematik der Kohlentarifentwicklun

rund der Kohlenregeltarife nach dem Stand vom 1. 1. 1953 und 1. 5. 1956

em Einfluß der Montan-Union, Abbildung II.

Energieendverbrauch der Bundesrepublik Deutschland[a] in den Jahren 1950, 1953, 1957 und 1959

	Steinkohle (Kohle, Koks, Briketts)[b] in 1000 t				Braunkohle (Kohle, Briketts, Koks, Staubkohle, Hartbraunkohle)[b] in 1000 t				Heizöl in 1000 t			
	1950	1953	1957	1959	1950	1953	1957	1959	1950	1953	1957	1959
I. Industrie												
1. Eisen und Stahl	6 087	7 230	98 93	9 489	813	778	746	686	25	103	606	865
2. Chemische Industrie	3 623	3 689	4 717	4 191	1 985	2 130	2 686	3 399	30	709	391	715
3. Steine und Erden	4 670	5 754	6 126	6 055	749	935	1 063	965	40	809	400	693
4. Eisen-, Stahl- und Tempergießereien	893	951	1 106	998	159	162	150	106	—	—	35	49
5. Glasindustrie	109	118	91	51	894	1 022	851	675	20	40[g]	317	496
6. Holz, Zellstoff, Papier, Pappe	1 193	1 271	1 304	1 034	509	580	586	554	30	25[g]	95	281
7. Textilindustrie	1 545	1 791	1 797	1 540	429	484	469	366	20	25[g]	85	164
8. Feinkeramik	204	200	157	98	438	493	549	441	—	—	21	64
9 a) Nichtkohlenbergbau und Salinen	356	479	470	421	286	377	629	532	—	—	15	42
b) übr. Grundst.- u. Prod.güterind.	1 182	1 274	1 291	1 089	593	900	1 061	496	10	20[g]	189	350
c) Investitionsgüterindustrie	1 303	1 747	1 883	1 526	394	520	350	242	10	31[g]	280	583
d) übrige Verbrauchsgüterindustrie	738	751	634	560	197	249	196	182	—	—	75	168
e) Nahrungs- und Genußmittelind.	2 225	2 609	2 776	2 209	1 258	1 387	1 425	1 079	10	20[g]	228	509
10. Industrie, nicht aufteilbar	100	190	325	300	5	31	108	—	—	—	—	—
Industrie	24 228	28 054	32 570	29 561	8 709	10 048	10 869	9 723	195	414	2 737	4 980
II. Verkehr	11 955	11 257	10 735	8 350	277	299	180	155	436	519	1 095	1 326
III. Haushalt u. and. Kleinverbrauch	13 212	16 374	23 901	17 568	9 058	9 867	12 792	12 672	30	245	2 119	4 291
IV. Militär	1 778	2 831	2 969	1 627	311	250	120	74	—	—	2	77
Endverbrauch	15 526	59 391	70 559	57 433	18 524	20 808	24 087	22 707	710	1 178	5 979	10 674
Endverbrauch (in 1000 t SKE)	51 370	59 152	70 305	57 111	10 776	12 216	14 385	13 582	994	1 649	8 371	14 945

Energieendverbrauch der Bundesrepublik Deutschland[a]) in den Jahren 1950, 1953, 1957 und 1959 (Fortsetzung)

	Strom in Mill. kWh				Erdgas in Mill. Nm^3				Energieendverbrauch in 1000 t SKE[c])			
	1950	1953	1957	1959	1950	1953	1957	1959	1950	1953	1957	1959
I. Industrie												
1. Eisen und Stahl	3 729	4 427	7 560	8 418	—	—	170	123	12 234	15 085	22 030	20 887
2. Chemische Industrie	7 940	9 858	15 676	17 590	35	44	100	96	5 989	6 717	9 820	10 435
3. Steine und Erden	1 534	2 223	2 941	3 353	—	—	—	—	5 385	6 712	7 708	8 010
4. Eisen-, Stahl- und Tempergießereien	410	561	918	1 062	—	—	—	—	1 136	1 314	1 633	1 515
5. Glasindustrie	177	266	476	599	—	—	—	—	881	1 108	1 473	1 556
6. Holz, Zellstoff, Papier, Pappe	1 366	1 838	2 776	3 173	—	—	—	—	1 666	1 876	2 147	2 184
7. Textilindustrie	1 359	1 844	2 480	2 550	—	—	—	—	1 990	2 309	2 471	2 298
8. Feinkeramik	100	170	267	285	—	—	—	—	492	564	626	565
9 a) Nichtkohlenbergbau und Salinen	595	807	1 050	1 038	—	—	—	—	623	812	1 011	981
b) übr. Grundst.- u. Prod.güterind.	2 352	4 233	5 745	6 014	—	—	—	—	1 958	2 480	3 071	2 958
c) Investitionsgüterindustrie	1 929	3 550	5 616	6 636	—	—	—	—	1 995	2 775	3 496	3 875
d) übrige Verbrauchsgüterindustrie	595	855	1 328	1 551	—	—	—	—	939	1 016	1 034	1 107
e) Nahrungs- und Genußmittelind.	1 107	1 495	2 041	2 209	—	—	—	—	2 972	3 493	4 047	3 753
10. Industrie, nicht aufteilbar	—	—	—	—	—	—	20	22	471	567	862	1 051
Industrie	23 202	32 127	48 874	54 478	35	44	290	241	38 731	46 828	61 436	61 175
II. Verkehr	1 644	2 121	2 847	3 421	—	—	—	—	16 641	18 627	22 950	23 454
III. Haushalt u. and. Kleinverbrauch	8 237	11 651	18 435	22 546	—	—	—	—	24 666	29 023	42 462	39 703
IV. Militär	—	—	—	—	—	—	—	—	1 985	3 061	3 394	2 728
Endverbrauch	33 167	45 899	70 689	80 877	35	44	290	241	—	—	—	—
Endverbrauch (in 1000 t SKE)	4 079	5 646	8 695	9 948	45	57	373	310	82 925	99 444	132221	128542

a) ohne Saarland und Berlin. — b) Kohle, Koks, Briketts usw. wurden ohne Berücksichtigung der unterschiedlichen Heizwerte zusammengezählt. — c) Diese Summe enthält auch den Verbrauch anderer Energieträger. — g) geschätzt

Quelle: Energiegutachten, Anhang: Energiebilanz der Bundesrepublik Deutschland 1950—1960, Aufkommen und Verwendung der Energieträger.

Preise für Heizöl in der Bundesrepublik (in DM)

Jahr Monat		extra leichtes Heizöl: Großhandelseinkaufspreise ab Lager (einschl. Umsatzausgleichssteuer, ohne Umsatzsteuer)a)		schweres Heizöl: Preise frei Betrieb des gewerblichen Verbrauchers, bei Abnahme von mindestens 15 t a)	
		Hamburg	Mannheim/ Ludwigshafen	Hamburg	Mannheim/ Ludwigshafen
		100 l		1000 kg	
1959	Januar	11,65	13,14	84,50	.
	Februar	11,91	13,44	84,50	.
	März	12,23	13,92	84,50	.
	April	12,28	13,94	84,50	.
	Mai	12,36	13,52	84,50	.
	Juni	11,86	13,21	84,50	.
	Juli	11,35	12,74	84,50	.
	August	10,97	12,11	80,00	.
	September	10,78	12,11	73,47	91,60
	Oktober	10,51	12,22	71,26	87,30
	November	10,08	12,02	68,79	85,10
	Dezember	9,88	12,03	66,41	82,94
1960	Januar	10,56	12,26	64,69	80,30
	Februar	10,74	12,36	63,67	79,23
	März	10,55	12,37	63,79	79,28
	April	10,23	11,94	63,26	78,88
	Mai	11,13	12,50	89,01	104,54
	Juni	10,84	12,25	88,41	102,18
	Juli	10,53	11,88	88,99	100,48
	August	9,96	11,33	87,12	98,56
	September	9,65	10,92	85,70	98,36
	Oktober	9,60	10,88	83,99	97,96
	November	9,49	10,82	82,70	95,46
	Dezember	9,41	10,88	81,35	94,22
1961	Januar	10,16	11,55	80,35	91,12
	Februar	10,70	12,11	80,05	90,82
	März	10,29	11,65	80,68	90,51
	April	10,12	11,44	82,47	89,92
	Mai	9,47	10,77	82,72	89,92
	Juni	9,40	10,45	83,13	90,49
	Juli	9,31	10,20	83,13	90,49
	August	9,28	10,24	83,13	90,49
	September	9,62	10,61	83,13	91,33
	Oktober	10,87	11,91	85,21	92,57
	November	10,84	12,23	86,00	92,84
	Dezember	10,83	12,23	86,24	92,84
1962	Oktober	11,49	12,86	88,45	95,70
	November	11,37	13,32	89,05	98,50
	Dezember	11,46	13,88	89,05	98,50
1963	Januar	12,50	14,88	91,51	105,98
	Februar	13,11	16,48	91,51	105,98
	März	12,99	15,81	91,41	105,98

a) Ab Mai 1960 einschließlich Verbrauchssteuer (leichtes Heizöl 1,00 DM, schweres Heizöl 2,50 DM je 100 kg).

Quelle: Statistisches Jahrbuch für die Bundesrepublik Deutschland, 1961—1963, hrsg. v. Statistischen Bundesamt, Wiesbaden.

Literaturverzeichnis

I. Materialien

Amtsblatt der Europäischen Gemeinschaft für Kohle und Stahl. Hrsg. von der Abteilung Drucksachen der Europäischen Gemeinschaft in Luxemburg, Ausgabe in deutscher Sprache, Jg. 1 ff. [ab 1958 unter dem Titel: Amtsblatt der Europäischen Gemeinschaften, Jg. 1 ff. (1958 ff.)].

Bundesgesetzblatt, Teil I, Jg. 1963.

Gerichtshof der Europäischen Gemeinschaft für Kohle und Stahl, Sammlung der Rechtsprechung des Gerichtshofes, Bd. 1 ff. (1954 ff.), Luxemburg, (ab Bd. 5 hrsg. v. Gerichtshof der Europäischen Gemeinschaften).

Republique Française, Ministère des Affaires étrangères (Hrsg.), Rapport de la Délégation Française sur le Traité instituant la Communauté Européenne du Charbon et de l'Acier et la Convention relative aux dispositions transitoires signés à Paris le 18 Avril 1951.

Vorliegen eines Preiswettbewerbs, Beschluß des Kammergerichts vom 20. März 1962 — 5 Kart V 20/60 („Reifen"), in: Wirtschaft und Wettbewerb 12. Jg. (1962), S. 689 ff.

II. Bücher, Aufsätze, Artikel

Albers, W.: Steuerprobleme der Montanunion, Eine Auseinandersetzung mit dem Bericht des Tinbergen-Ausschusses, in: Die Weltwirtschaft, Halbjahresschrift des Instituts für Weltwirtschaft an der Universität Kiel. Hrsg. von Fritz Baade. Jg. 1953 Heft 2, S. 162 ff.

von Beckerath, Gerhard: Ordnungspolitik in der Montanunion. Erläutert am Beispiel der Kohlenwirtschaft, Köln, Opladen 1960.

Bockelmann, Horst: Zur Kritik der klassischen Tradition in der Außenhandelstheorie, Kölner Dissertation 1957, Frankfurt a. M.

Brandt, Karl: Preistheorie, Ludwigshafen a. Rh. 1960.

Buddeberg, Hans: Der Betriebsvergleich als Instrument der Handelsforschung, in: Betriebsökonomisierung durch Kostenanalyse, Absatzrationalisierung und Nachwuchserziehung, Festschrift für Rudolf Seyffert zu seinem 65. Geburtstag. Dargebracht von Erich Kosiol u. a. Hrsg. v. Erich Kosiol u. Friedrich Schlieper, Köln, Opladen 1958, S. 83 ff.

— Über die Vergleichbarkeit der Handelsbetriebe, in: Schriften zur Handelsforschung. N. F. der Schriftenreihe des Instituts für Handelsforschung an der Universität zu Köln. Hrsg. von Rudolf Seyffert, Nr. 5 Köln, Opladen 1955.

Corlett, W. J. and *Hague*, D. C.: Complementarity and the Excess Burden of Taxation, The Review of Economic Studies, 1953/54, S. 21 ff.

Diebold, William: The Schuman Plan, A study in economic cooperation 1950—1959, New York 1959.

Die Energiewirtschaft. Struktur, Organisation und Tendenzen. Eine Studie der Forschungsstelle der Friedrich-Ebert-Stiftung, Schriftenreihe der Forschungsstelle der Friedrich-Ebert-Stiftung, Bd. 1, Hannover 1960.

Erb, Gottfried, u. *Rogge*, Peter: Preispolitik im teilintegrierten Markt. Mit einem Vorwort von Edgar Salin, Basel 1958.

Europäische Gemeinschaft für Kohle und Stahl, Hohe Behörde (Hrsg.). Bericht über die durch die Umsatzsteuer aufgeworfenen Probleme auf dem Gemeinsamen Markt. Verfaßt von dem gemäß Beschluß der Hohen Behörde Nr. 1/53 vom 5. März 1953 gebildeten Sachverständigenausschuß.

— (Hrsg.). Entwicklung der Löhne und der Lohnpolitik in den Industrien der Gemeinschaft. Vorläufige Ausgabe. Mit einem Vorwort von Paul Finet, Bd. 1, Luxemburg 1957.

— (Hrsg.). Gesamtberichte über die Tätigkeit der Gemeinschaft.

Fredeke, Eberhard: Die Problematik der Kohlentarifentwicklung unter dem Einfluß der Montan-Union. Dissertation Freiburg i. Br. 1957.

Geschäftsbericht der Deutschen Bundesbank für das Jahr 1960.

Giersch, Herbert: Allgemeine Wirtschaftspolitik, Bd. 1, Grundlagen, in: Die Wirtschaftswissenschaften. Hrsg. v. Erich Gutenberg, Wiesbaden 1960.

Gutenberg, Erich: Grundlagen der Betriebswirtschaftslehre, Bd. 2, 6. Aufl., Berlin, Göttingen, Heidelberg 1963.

Haberler, Gottfried: Artikel „Außenhandel (Theorie)", in: Handwörterbuch der Sozialwissenschaften. Zugleich Neuauflage des Handwörterbuch der Staatswissenschaften. Hrsg. von Erwin v. Beckerath, Carl Brinkmann u. a., Stuttgart, Tübingen, Göttingen, Bd. 1, 1956, S. 457 ff.

— Der internationale Handel, Theorie der weltwirtschaftlichen Zusammenhänge sowie Darstellung und Analyse der Außenhandelspolitik, Berlin 1933.

Hahn, L. Albert: Geld und Kredit. Währungspolitische und konjunkturtheoretische Betrachtungen, Frankfurt a. M. 1960.

Hellwig, Fritz: Strukturelle Marktveränderung in der EGKS, in: Bulletin der Europäischen Gemeinschaft für Kohle und Stahl, Luxemburg, 7. Jg. (1962), Nr. 2.

Hochbaum, M.: Das Diskriminierungs- und Subventionsverbot in der EGKS und EWG, Baden-Baden, Bonn 1962.

Jahrbuch des deutschen Bergbaus. Das Handbuch für Bergbau und Energiewirtschaft, Jg. 55 (1962) [70. Erscheinungsjahr]. Hrsg. v. Wolfgang Raack, Paul Schorn u. a., Essen (1962).

Jöhr, Walter Adolf: Das Modell der vollkommenen Konkurrenz. Seine Funktion und seine Stellung in der Nationalökonomie, in: Konkurrenz und Planwirtschaft. Beiträge zur theoretischen Nationalökonomie. Hrsg. von der Studiengruppe für theoretische Nationalökonomie der Schweizerischen Gesellschaft für Statistik und Volkswirtschaft, Bern 1946, S. 17 ff.

Kobusch, Bert: Die Wettbewerbsstellung des Heizöls in der westdeutschen Energiewirtschaft, in: Forschungsberichte des Landes Nordrhein-Westfalen, Nr. 789. Hrsg. durch das Kultusministerium, Köln, Opladen 1960.

Kruse, Alfred: Außenwirtschaft. Die internationalen Wirtschaftsbeziehungen, Berlin 1958.

Küng, Emil: Die Selbstregulierung der Zahlungsbilanz. Eine Untersuchung über die automatischen Methoden des Zahlungsbilanzausgleichs, St. Gallen 1948.

Lehbert, Berndt: Beitrag zum Problem der ökonometrischen Bestimmung einer Substitutionselastizität, in: Weltwirtschaftliches Archiv, Zeitschrift des Instituts für Weltwirtschaft an der Universität Kiel. Begründet von Bernhard Harms. Hrsg. v. Fritz Baade, Bd. 38 (1959 II), S. 75 ff.

Lipsey, R. G.: and *Lancaster*, Kelvin: The General Theory of Second Best, The Review of Economic Studies, 1956/57, S. 11 ff.

Lister, Louis: Europe's Coal and Steel Community, An experiment in economic union, New York 1960.

Little, J. M. D.: Direct versus Indirect Taxes, The Economic Journal, 1951, S. 577 ff.

Malvestiti, Piero: Die Revision der Verträge der Europäischen Gemeinschaften, in: Bulletin der Europäischen Gemeinschaft für Kohle und Stahl, Luxemburg, 7. Jg. (1962), Nr. 3.

McKenzie, L. W.: Ideal Output and the Interdependence of Firms, The Economic Journal, 1951, S. 785 ff.

Meade, J. E.: Trade and Welfare, London 1955.

Mestmäcker, Ernst Joachim: Probleme des Bestmöglichen in der Wettbewerbspolitik, in: Probleme der normativen Ökonomik und der wirtschaftspolitischen Beratung. Verhandlungen auf der Arbeitstagung des Vereins für Socialpolitik der Gesellschaft für Wirtschafts- und Sozialwissenschaften in Bad Homburg 1962. Hrsg. v. Erwin v. Beckerath u. Herbert Giersch, Schriften des Vereins für Socialpolitik der Gesellschaft für Wirtschafts- und Sozialwissenschaften. N. F. Bd. 29, Berlin 1963.

Meyer, F. W., u. *Willgerodt*, H.: Der wirtschaftspolitische Aussagewert internationaler Lohnvergleiche, in: Internationale Lohngefälle, wirtschaftspolitische Folgerungen und statistische Problematik. Hrsg. vom Bundesministerium für wirtschaftliche Zusammenarbeit, Bonn (1956).

Monatsberichte der Deutschen Bundesbank, 13. Jg. (1961).

Neuffer, Ernst: Der Wettbewerb zwischen Steinkohle und Heizöl auf dem westdeutschen Energiemarkt unter Berücksichtigung der übrigen Energieträger und unter Berücksichtigung der ausländischen Energiemärkte, Dissertation Tübingen 1960.

Neuhauser, Gertrud: Die wirtschaftspolitische Konzeption als Problem der theoretischen Wirtschaftspolitik, in: Zur Grundlegung wirtschaftspolitischer Konzeptionen. Hrsg. v. H.-J. Seraphim, in: Schriften des Vereins für Socialpolitik der Gesellschaft für Wirtschafts- und Sozialwissenschaften. N. F. Bd. 18, Berlin 1960.

Ott, Alfred E.: Marktform und Verhaltensweise, Stuttgart 1959.

Ozga, S. A.: An Essay in the Theory of Tariffs, The Journal of Political Economy, 1955, S. 489 ff.

Raiser, Ludwig, *Sauermann*, Heinz u. a. (Hrsg.): Das Verhältnis der Wirtschaftswissenschaft zur Rechtswissenschaft, Soziologie und Statistik, Verhandlungen auf der Arbeitstagung des Vereins für Socialpolitik der Gesellschaft für Wirtschafts- und Sozialwissenschaften in Würzburg 1963, in: Schriften des Vereins für Socialpolitik der Gesellschaft für Wirstchafts- und Sozialwissenschaften, N. F. Bd. 33, Berlin 1964.

Regul, Rudolf: Wirtschaftsintegration und Steuersysteme. Der gegenwärtige Stand der Untersuchungen über das Steuerproblem in der Europäischen Gemeinschaft für Kohle und Stahl, in: Finanzarchiv. Begründet von Georg von Schanz. Fortgeführt von Hans Teschemacher. Herausgegeben von Fritz Neumark, N. F. Bd. 20 (1955/56), S. 313 ff.

Reuter, Paul: Les interventions de la Haute Autorité, Rapport présenté, au nom de la quatrième Commission scientifique internationale, in: Actes officiels du Congrès International d'Etudes sur la Communauté Européenne du Charbon et de l'acier, Milan-Stresa 31 Mai — 9 Juin 1957, Bd. 5, Les interventions de la Haute Autorité, Milano 1957.

Ricardo, David: Grundsätze der Volkswirtschaft und Besteuerung, (On the principles of political economy and taxation, 3d ed. London 1821, dt.) übersetzt von Ottomar Thiele und eingeleitet von Heinrich Waentig, Jena 1905.

Schneider, Erich: Einführung in die Wirtschaftstheorie, Teil 3, Geld, Kredit, Volkseinkommen und Beschäftigung, 5. verb. Aufl., Tübingen 1959.

— Einführung in die Wirtschaftstheorie, Teil 3, Geld, Kredit, Volkseinkommen und Beschäftigung, 7. verb. Aufl., Tübingen 1962.

Steindorff, Ernst: Sonderlasten und Subventionen im Gemeinsamen Markt der Europäischen Gemeinschaft für Kohle und Stahl, Anmerkung zu dem Urteil des Gerichtshofes der EGKS vom 23. April 1956, in: Wirtschaft und Wettbewerb, Jg. 7 (1957), S. 633 ff.

Timm, Herbert: Bemerkungen zu einem fundamentalen Problem der Theorie des Zweitbesten, in: Probleme der normativen Ökonomik ... a.a.O.

Untersuchung über die Entwicklung der gegenwärtigen und zukünftigen Struktur von Angebot und Nachfrage in der Energiewirtschaft der Bundesrepublik unter besonderer Berücksichtigung des Steinkohlenbergbaus. Auf Beschluß des Deutschen Bundestages vom 12. Juni 1959 durchgeführt von der Arbeitsgemeinschaft deutscher wirtschaftswissenschaftlicher Forschungsinstitute e.V., Bonn. Abgeschlossen und vorgelegt 1961, Berlin (1962).

Unternehmensverband Ruhrbergbau, Essen. Schreiben vom 22. Juni 1964.

Viner, J.: The Custom Union Issue, New York 1950.

Wagenführ, Rolf: Die Vergleichbarkeit der Wirtschafts- und Sozialstatistik zwischen den sechs Ländern der Gemeinschaft, in: Statistische Informationen. Hrsg. v. Statistischen Amt der Europäischen Gemeinschaften, 9. Jg. (1962) Heft Nr. 1/2, S. 7 ff.

Wiel, Paul: Untersuchungen zu den Kosten- und Marktproblemen der westeuropäischen Kohlenwirtschaft, o. O. 1953.

Zimmermann, Erich: Die Preisdiskriminierung im Recht der Europäischen Gemeinschaft für Kohle und Stahl, Frankfurt a. M. (1962).

Zimmermann, H.: Zur Frage der Substitutionselastizität zwischen Steinkohle und Heizöl, in: Mitteilungen des Rheinisch-Westfälischen Instituts für Wirtschaftsforschung, Essen, 11. Jg. (1960), S. 161 ff.

Kolibri 360 GmbH
Ferdinand-Jühlke-Straße 7
99095 Erfurt, Deutschland
produktsicherheit@kolibri360.de

Druck:
CPI Druckdienstleistungen GmbH
im Auftrag der
Kolibri 360 GmbH
Ferdinand-Jühlke-Str. 7
99095 Erfurt